AF523748

PETER JOSEPH LENNÉ
UND SEINE LANDSCHAFTSGÄRTEN

Dino Heicker

PETER JOSEPH LENNÉ

UND SEINE LANDSCHAFTSGÄRTEN

Ein Künstlerleben

parthas berlin

IMPRESSUM

Lektorat: Gabriela Wachter
Layout, Satz und Reproduktionen: Angelika Bardou, Berlin
Druck und Bindung: Grafisches Centrum Cuno, Calbe

Umschlagabbildung:
Park Seiner königlichen Hoheit des Prinzen Carl von Preussen Kl. Glineke
Parkplan nach den letzten Erweiterungen (Leopold Kraatz, Berlin, 1862)

Gabriela Wachter
Liselotte-Herrmann-Straße 2
D-10407 Berlin

www.parthasverlag.de
ISBN 978-3-86964-111-9

INHALT

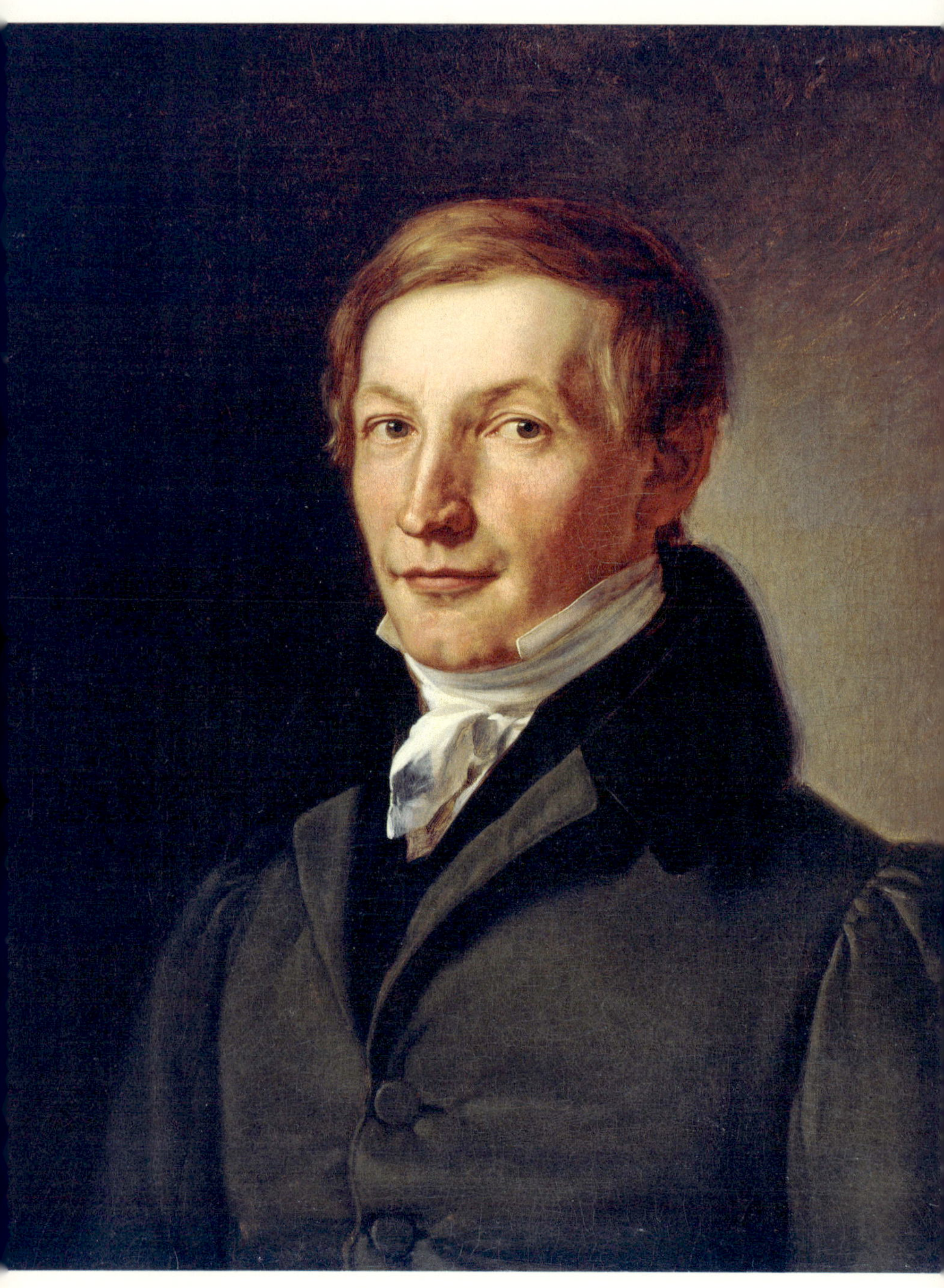

Carl Begas, *Peter Joseph Lenné,* Öl auf Leinwand, 1830.

EINLEITUNG

Sich von der Persönlichkeit Peter Joseph Lennés ein Bild zu machen, ist nicht einfach. Bereits der erste, von ihm noch selber bestimmte Biograph Ferdinand Jühlke (1815–1893), sein Nachfolger als preußischer Hofgartendirektor, scheiterte an dieser Aufgabe. So fiel dem Komponisten und Musikdirektor Hermann Wichmann (1823–1905) die Aufgabe zu, Ende des 19. Jahrhunderts die erste ausführlichere biographische Skizze über den Landschaftsplaner zu verfassen. Was der Arbeit gleichermaßen zum Vorteil wie zum Nachteil gereichte, war die persönliche Bewunderung, die der jüngere dem älteren Mann entgegenbrachte. So lieferte Wichmann zwar viele Informationen aus erster Hand, übernahm aber auch unkritisch Dinge, die auf bloßem Hörensagen beruhten. Doch gerade in dieser anekdotischen Darstellungsweise sah sein Freund Theodor Fontane generell einen Vorteil vor trockener Geschichtsschreibung: »Für Alle, die mal über das gute, alte Berlin unter Friedrich Wilhelm III. schreiben wollen, werden Ihre Aufzeichnungen ein werthvoller Beitrag sein. So der Culturhistorie dienen, ist das Allerbeste.«[1]

Im 20. Jahrhundert haben sich Gerhard Hinz, Harri Günther und Heinz Ohff an biographischen Darstellungen des Bonner Hofgärtnersohns versucht, die jedoch über eine Darstellung der beeindruckenden Karriere nicht wirklich zur Person Lenné vordrangen.[2] Ohff ging sogar so weit, die Arbeit am Lenné-Lebenslauf mit der an der Biographie von Charles Dickens zu vergleichen: »Versessen in seine Aufgaben, auch wohl durch wachsenden Rang immer härter ins Joch gespannt, hinterließ er ein gewaltiges, weit ausgedehntes Werk. Wie bei Dickens verschwindet der Mensch Lenné fast völlig dahinter.«[3] Das führte letzten Endes wohl auch dazu, dass Lenné unlängst in einem vielbeachteten Roman zu einem wahren Buhmann ausgestaltet werden konnte: Thomas Hettches *Pfaueninsel* von 2014 lässt kaum eine Gelegenheit aus, den Gartendirektor zum unsympathischen Karrieristen mit homoerotischen Anwandlungen zu stilisieren.[4] Das Buch, das den Lebensweg der kleinwüchsigen Maria Dorothea Strakon bis zu ihrem spektakulären Tod im brennenden Palmenhaus anno 1880 ausfabuliert, wird von einer ganzen Reihe historischer Persönlichkeiten bevölkert, so treten neben Lenné u.a. Hofgärtner Gustav Adolph Fintelmann (1803–1871), die Fürstin Liegnitz und Friedrich Wilhelm III. höchstpersönlich auf und erweisen sich nicht selten als ausgesprochen triebgesteuert. Nebenbei bemerkt, der Friedhof von Nikolskoe, auf dem sich das Grab von Schlossjungfer Marie Strakow (1805–1878) befindet, dem Vorbild für Hettches fiktive Protagonistin, ist Teil einer Lenné-Anlage.[5]

Eine vor ein paar Jahren erschienene Monographie von Clemens Alexander Wimmer brachte schließlich mit großer Detailkenntnis Licht ins Dunkel und tilgte gerne tradierte Fehler. Aufgrund eingehender Quellenstudien liefert sein Werk für die Beschäftigung mit Lenné unerlässliche Grundlagen, ohne die das vorliegende Buch so nicht hätte geschrieben werden können. Und dem Gartenplaner Wimmer zufolge ist es eben nicht unerheblich, was für ein Mensch der jeweilige Gestalter eines Parks ist: »Am Anfang jeder Gartengeschichte sollte deshalb nicht die Analyse von Plänen, sondern die Frage nach den Schöpfern des Gartens stehen«.[6] Diesen Wunsch im Falle Peter Joseph Lennés zumindest ansatzweise zu erfüllen, ist Anliegen dieses Buches.

Es ist erstaunlich, was in Archiven und gedruckten Quellen doch noch über die Privatsphäre Lennés auffindbar ist, und so wird das Leben des Landschaftsgärtners vor dem Hintergrund seiner in Auswahl vorgestellten Schöpfungen in den Blick gefasst. Ein Hauptakzent liegt dabei auf dem Künstler, als den sich Preußens Generalgartendirektor empfand, und als solcher war er in der Kunstszene seiner Zeit bestens vernetzt. Mehr noch, später wurde er auch schon einmal dankbar als »Kunstmäcen« bezeichnet.[7] Und in seiner eigenen Zunft war er in gewisser Weise durchaus ein Star, und sei es nur deshalb, weil er dank seiner unermüdlichen Tätigkeit stilbildend wurde.[8]

Heutzutage ist der Erhaltungszustand der zahlreichen Schöpfungen Lennés höchst unterschiedlich, was angesichts der großen Anzahl von ihm geschaffener Parks und Gärten nicht weiter verwundert. So reicht die Spannbreite von fast gänzlich untergegangenen Gärten wie dem in Französisch-Buchholz über völlig verwilderte Anlagen wie der in Lanke bis hin zu liebevoll mit bodenarchäologischen Maßnahmen rekonstruierten Stadtparks wie dem in Frankfurt an der Oder. Anlässlich des 150. Todestages Lennés im Januar 2016 wurde einmal mehr deutlich, dass sein Name zwar in aller Munde ist – insbesondere dann, wenn es darum geht, strukturschwache Regionen in Ostdeutschland mit einem marke-

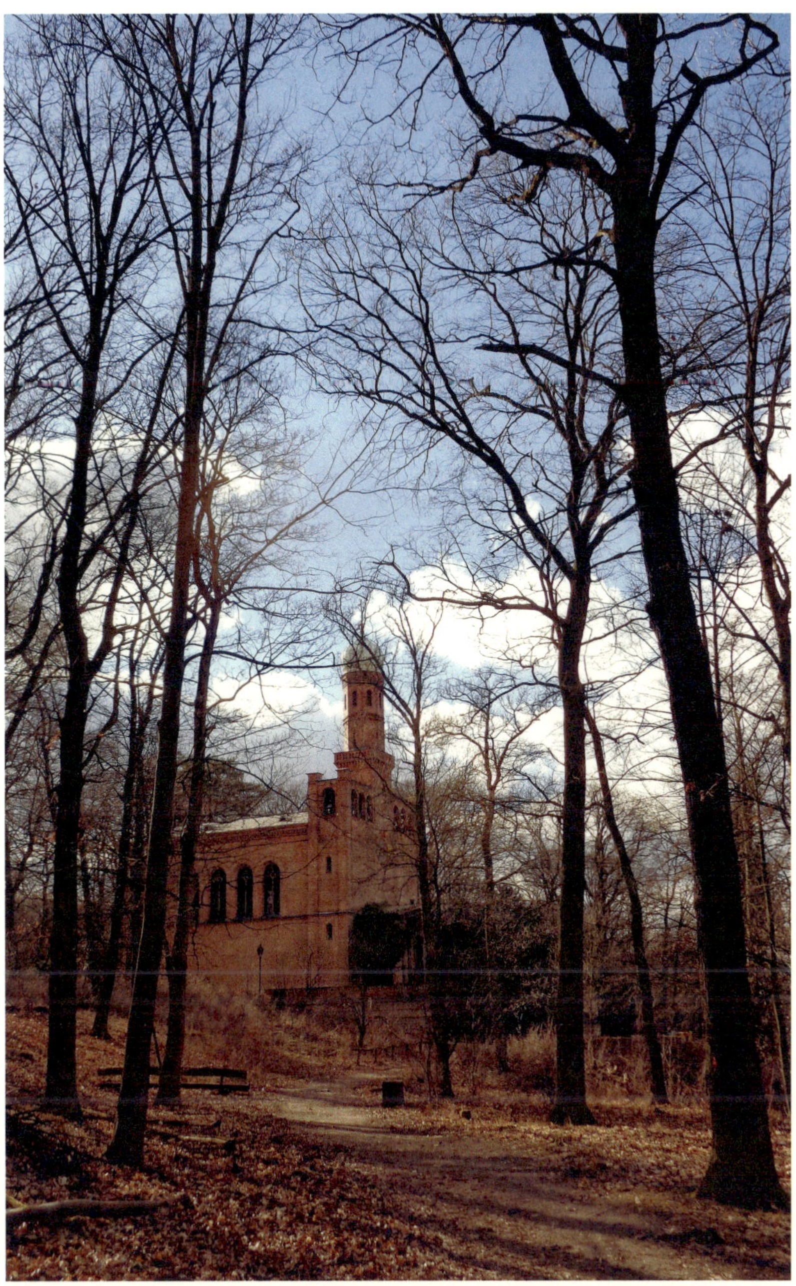

Die 1837 von Friedrich August Stüler erbaute Kirche Sankt Peter und Paul auf Nikolskoe, hinter der sich der von Lenné geplante Friedhof befindet, auf dem einige der Bewohner der Pfaueninsel ihre letzte Ruhestätte fanden.

tingwirksamen »Label« zu versehen –, dass jedoch der tatsächliche Zustand vieler seiner Landschaftsgärten oft nur noch wenig mit dem Ursprungszustand zu tun hat. Dennoch steht in Deutschland der Name »Lenné« für den Landschaftsgarten schlechthin, den er selbst in Abgrenzung zur ebenfalls gebräuchlichen Bezeichnung »Englischer Garten« lieber »Naturgarten« nannte.

RHEINISCHE PFLANZSCHULE

Peter Joseph Lenné wurde am 29. September 1789 in Bonn geboren.[1] Sein Geburtshaus existiert noch heute, wenn auch, durch Zerstörungen im Zweiten Weltkrieg bedingt, in veränderter Gestalt. Der Alte Zoll mit seinen Kanonen und dem Denkmal für Ernst Moritz Arndt befindet sich nur wenige Schritte entfernt; von dort hat man einen wunderbaren Blick über den Rhein bis hin zum Siebengebirge bei Königswinter. Einstmals schlossen sich an das Gebäude, das Mitte des 18. Jahrhunderts von seinem Großvater Johann Cunibert (1714–1787) für die stetig wachsende Familienschar erbaut worden war, die Orangerie des Bonner Stadtschlosses an. So war die Aufsicht der kostbaren, im Sommer im Hofgarten

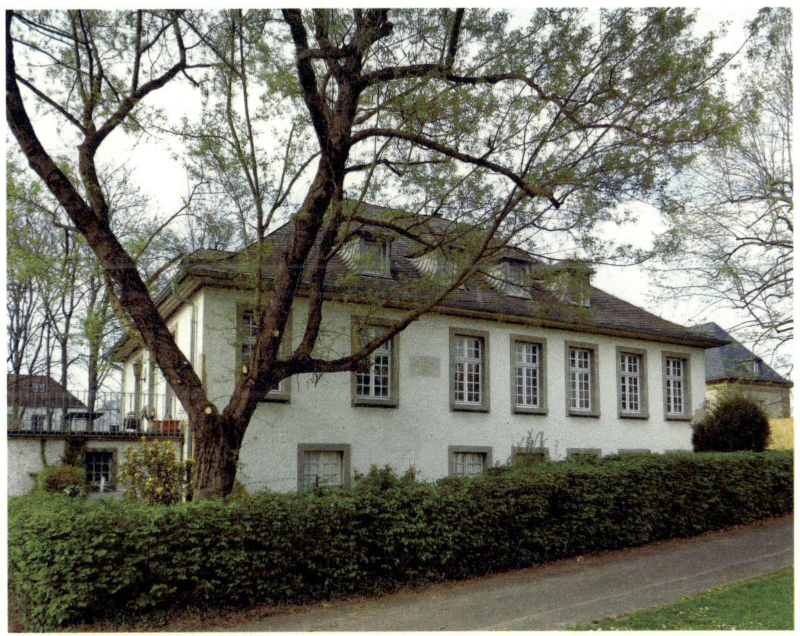

Das Geburtshaus von Peter Joseph Lenné in Bonn.

aufgestellten Orangenbäume leichter zu bewerkstelligen als vom alten Familiendomizil der Familie im Bonner Vorort Poppelsdorf aus. Ein barockes Broderieparterre südlich des Bonner Stadtschlosses war wohl der ganze Stolz des Großvaters, ließ er sich doch auf einem Porträt mit dem Plan desselben darstellen. Da es einigermaßen schwerfällt, sich angesichts einer nüchternen grünen Rasenfläche die ehemalige Pracht vorzustellen, soll eine hochpoetische Beschreibung des romantischen Schriftstellers William Beckford (1760–1844) eine Ahnung davon geben, welche Empfindungen der Park einst hervorzurufen imstande war: »Ich betrat das Gasthaus in Bonn und wurde in eine Zimmerflucht geführt, gegenüber der Hauptfront des kurfürstlichen Palastes [...]. Ich erblickte sie in einem sehr günstigen Augenblick, denn die Dämmerung, welche die gesamte Fassade in Schatten hüllte, verbarg die verputzten Wände und bemalten Säulen. Da die Giebel und Kapitelle ziemlich wohlgeformt und die Masse an Fenstern darunter beträchtlich war, gestand ich dem Architekten mehr Verdienst zu, als ihm eigentlich zukam, und schritt den Bogengang auf und ab, so zeremoniös, als wäre ich im Vatikan eingetroffen. Doch was meinen Spaziergang wirklich angenehm machte, war ein köstlicher Duft. Es dämmerte schon stark, so dass ich ein oder zwei Minuten lang vergeblich den Zugang zur Orangerie suchte, von wo dieser erfrischende Geruch kam. Schließlich fand ich ihn und sah mich, nachdem ich einen Torbogen passiert hatte, inmitten in voller Blüte stehender Zitronen- und Orangenbäume versetzt, die vor dem Palast einen regelrechten Hain bildeten, der sich zu beiden Seiten des großen Portals ins Unendliche verlor. Einige Stufen trennten diese ausgedehnte Terrasse von einem mit Buchenhecken gesäumten Rasen. Dahinter, genau in der Mitte dieses verblüffenden Schauplatzes, erhob sich in der Ferne eine romantische Ansammlung von Bergen, gekrönt von Burgruinen, deren nur schwach erkennbare Türme wie zur Vervollkommnung einer Aussicht geschaffen waren. Ich war das einzige menschliche Wesen in den dunstigen Weiten dieses Gartens und in meiner Einsamkeit über alle Beschreibung glücklich. Kein Geräusch störte die Stille, außer flatternden Nachtfaltern und plätschernden Springbrunnen. Diese uneindeutigen, zur Düsternis und Dunstigkeit des Schauplatzes passenden Klänge versetzten mich in eine nachdenkliche, weder fröhliche noch niedergeschlagene Stimmung. Ich rief mir die wechselhaften Abenteuer meiner Kindheit ins Gedächtnis und hing einem jeden Moment nach, der mich einstmals glücklich gesehen hatte. Dann, indem ich meine Gedanken in die Zukunft richtete, schlug mein Herz schneller bei der Vorstellung jenes furchtbaren Schleiers, der die kommende Zeit verhüllt.

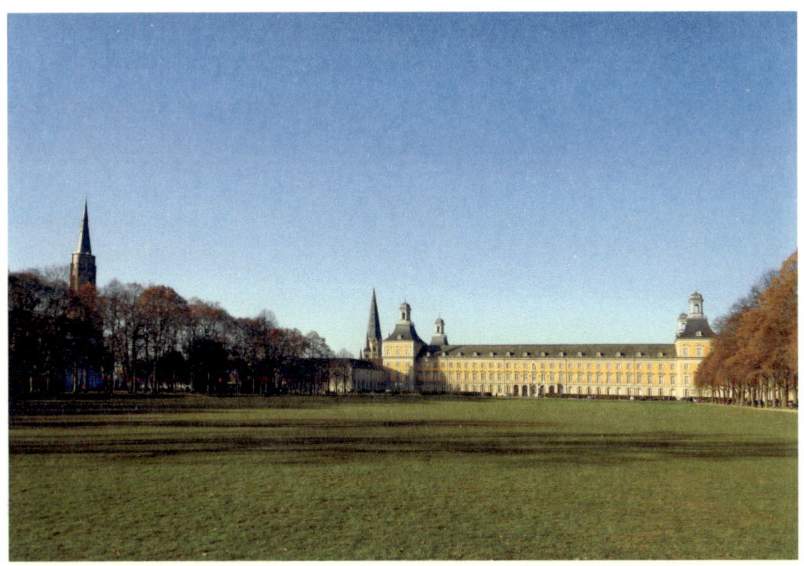

Der Bonner Hofgarten heute.

In einem Augenblick erglänzte dahinter die strahlendste Hoffnung, im nächsten überschattete eine Reihe von melancholischen Bildern den Ausblick. Auf diese Art, zwischen Ängsten und Frohlocken schwankend, brachte ich in der Abenddämmerung eine bemerkenswerte Stunde zu, zwischen den Orangenbäumen umherstreifend oder am Springbrunnen niedergelassen. Ich konnte mich nicht rühmen, vollkommen zufrieden zu sein, da diejenigen abwesend waren, ohne die nicht einmal die Gefilde von Enna bezaubernd sein könnten. Dennoch war ich weit davon entfernt, verstimmt zu sein angesichts der klaren Wasser, die um mich herum niederrieselten, und hätte bereitwillig einschlummern können. Hätte ich in einer derart romantischen Umgebung geruht, hätte ich zweifellos ›einen seltsam mysteriösen Traum‹[2] gehabt, und vielleicht wäre mir die Zukunft enthüllt worden.«[3]

Lenné war das zweite von insgesamt sieben Kindern, die seine Eltern Peter Joseph Lenné d.Ä. (geb. 1756) und Anna Katharina Potgieter zwischen 1787 und 1804 haben sollten – drei Söhne und vier Töchter.[4] Der zweitgeborene Sohn wurde noch am Tag der Geburt in der Kirche Sankt Remigius getauft. Die Paten des kleinen Peter Joseph waren der Jüchener Schultheiß Peter Joseph Brandt, wohl ein Verwandter mütterlicherseits[5], der angeheiratete Onkel und kurfürstliche Gärtner Joseph Clemens Weyhe d.Ä. (1749–1813) sowie seine Tante Anna Margaretha.

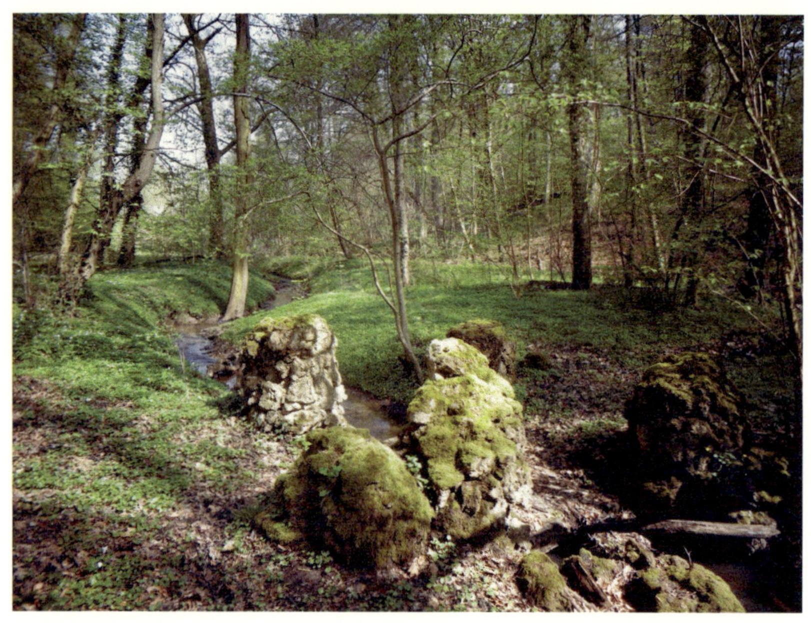

Reste der vom Zoologen Franz Hermann Troschel (1810–1882) im Melbtal initiierten zweiten Parkgestaltung.

Es war die Ära des Habsburger Kurfürsten Maximilian Franz, ein Sohn Kaiserin Maria Theresias. Mit seinem Amtsantritt im Jahr 1784 war frischer Wind in die Bonner Gartenarchitektur gekommen, hegte er doch eine Vorliebe für die englische Gartenkunst. Zum Ausdruck kam dies unter anderem in einer neuen Anlage im empfindsamen Stil entlang des oberhalb von Poppelsdorf gelegenen Melbtals, »ein an sich schon schönes Thal, das der jetzige Kurfürst durch verschiedene schlängelnde Weege im englischen Geschmack noch verschönern liess.«[6] Ob Peter Joseph Lenné d. Ä. für die Anlage verantwortlich zeichnete, ist unbekannt.

Um diese Zeit wurde auch die Idee eines Kurbades im nahegelegenen Godesberg wieder aufgegriffen, und der Kurfürst gab nicht nur den Bau eines Veranstaltungssaals, der Redoute, in Auftrag, sondern ließ auch die heilkräftige Draitsch-Quelle neu einfassen. Die sie umgebenden Gartenanlagen »im englischen Geschmack«[7] gab er bei Peter Joseph Lenné d. Ä. in Auftrag. »Sie wurden meistens erst im Jahr 1789 angelegt«, heißt es in einem zeitgenössischen Reiseführer, »und die Arbeit der Anlage war mühsam. Es ward eine breite Anhöhe, die vor dem Brunnen lag, abgetragen, seitwärts hinter demselben ein neuer

Hügel gebildet, und mit jungen Stämmen bepflanzt. Fast alle um den Brunnen gelegene Gründe wurden von den Eigenthümern erkauft, Bäume und Gesträuche, die die Aussicht hinderten, weggehauen, und das Erdreich in angenehme Wiesen und neu geschaffene Gebüsche verwandelt.«[8] Dort habe man »kleine Anhöhen gebildet, mit jungen Stämmen bepflanzet, und schmale schlangenförmige Gänge bereitet«. Dieser sich bis zum Kloster Marienforst hinziehende Weg habe insbesondere »empfindsame Seelen« angesprochen.[9]

Eine weitere Arbeit, die Lenné senior zuzuschreiben ist, war die englische Anlage, die sich unmittelbar vor seinem Wohnhaus vom Alten Zoll in Richtung Hofgarten erstreckte. Ebenso ließ die 1786 in den Rang einer Universität erhobene Kurkölnische Akademie in Bonn für ihre Arzneiwissenschaftliche Fakultät einen eigenen botanischen Garten an der Sterntorbastion einrichten, welchen man vertrauensvoll Peter Joseph Lenné d.Ä. in die Hände legte. Im Geburtsjahr seines zweiten Sohnes firmierte er somit als »Hofgärtner des Lust- und Botanischen Gartens«; Letzterer wurde von ihm nach dem Linnéschen System

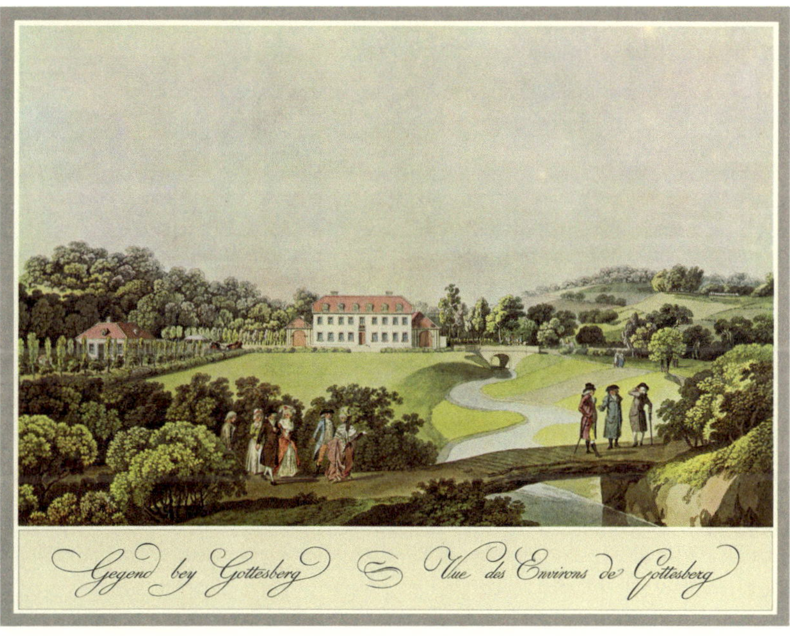

Johann Andreas Ziegler nach Laurenz Janscha, *Bad Godesberg, Draitsch-Quelle*, kolorierte Radierung 1798. Die sich einst bis zum Kloster Marienforst hinziehende Gartenanlage war ein Werk Peter Joseph Lennés d.Ä. Der dreieckige Giebel ganz links hinter den Pappeln bekrönte damals die Mineralquelle.

angelegt. Die zusätzlichen 50 Taler Bezahlung von der Universität konnte der Vorstand einer sich weiter vergrößernden Familie gut gebrauchen, doch war er nicht nur auf den Gebiet der Gartenkultur und Botanik versiert, sondern verstand es auch, anderweitig Geldquellen zu erschließen. Als gewiefter Kaufmann »zeichnete er Anleihen auf Bergwerke und Lotterien, kaufte Obligationen des Bankhauses Bethmann, verwaltete fremdes Vermögen und verlieh Geld.«[10] Und als echter Rheinländer besaß er auch eigene Weinberge, deren Erzeugnisse ebenfalls gewinnbringend veräußert werden konnten.

Mit der Besetzung des Rheinlands durch die Franzosen war es mit der Kurfürstenherrlichkeit vorbei. Maximilian Franz setzte sich am 2. Oktober 1794 auf die andere Rheinseite ab, am 8. Oktober marschierten die französischen Truppen in Bonn ein und machten sich prompt an den wertvollen Orangenbäumen im Hofgarten zu schaffen. »Den 9. Oktober«, so schrieb Lenné senior später an das ins rechtsrheinische Gebiet gezogene kurkölnische Hofbauamt, »war die Orangerie noch nicht ganz eingewintert, drei Bataillone nebst der fliegenden Artillerie, die hernächst das Lager oben in den Weingärten [bei dem am Rhein gelegenen Lustschloss Vinea Domini] bezogen, fingen an, die Bäume zu beschädigen. Ich erhielt durch den General d'Artillerie zwei Sauvegarden bis zur gänzlichen Einwinterung der Orangerie, denen ich nebst Kost jedem eine halbe Krone gab«.[11] Mit Geld und guten Worten gelang es den Bonner Gärtnern, größeren Schaden zu verhindern, nachdem die kurfürstlichen Parkanlagen zu Jardins nationales erklärt worden waren. Was die neuen Herrn im Land nicht selber nutzen wollten, schrieben sie zur Verpachtung aus. So sicherte sich Peter Joseph im folgenden Mai einige seiner ehemaligen Reviere und bewirtschaftete sie auf eigene Kosten. Das war auch nötig, denn der Kurstaat bezahlte nur noch bis März 1797 die Gehälter weiter, danach gestand Frankreich den Schlossgärtnern in Bonn und im nahegelegenen Brühl erst im August wieder »einen geringen Etat zu«.[12] Mit der Einrichtung des Département Rhin-et-Moselle am 23. Januar 1798 verlegte man zudem noch die Verwaltung endgültig nach Koblenz, und mit dem Friedensschluss in Lunéville wurden die von den Franzosen neu geschaffenen Départements auf der linken Rheinseite dann am 9. Februar 1801 Frankreich einverleibt.

Die Verhältnisse gestatteten keine solide Schulbildung. Dass Peter Joseph Lenné d.J. später unter den so entstandenen Defiziten litt, belegen die Übertreibungen, die er sich in (auto-)biographischen Darstellungen erlaubte. »Lenné«, heißt es in einem in dritter Person verfassten Lebenslauf für die Akademie der

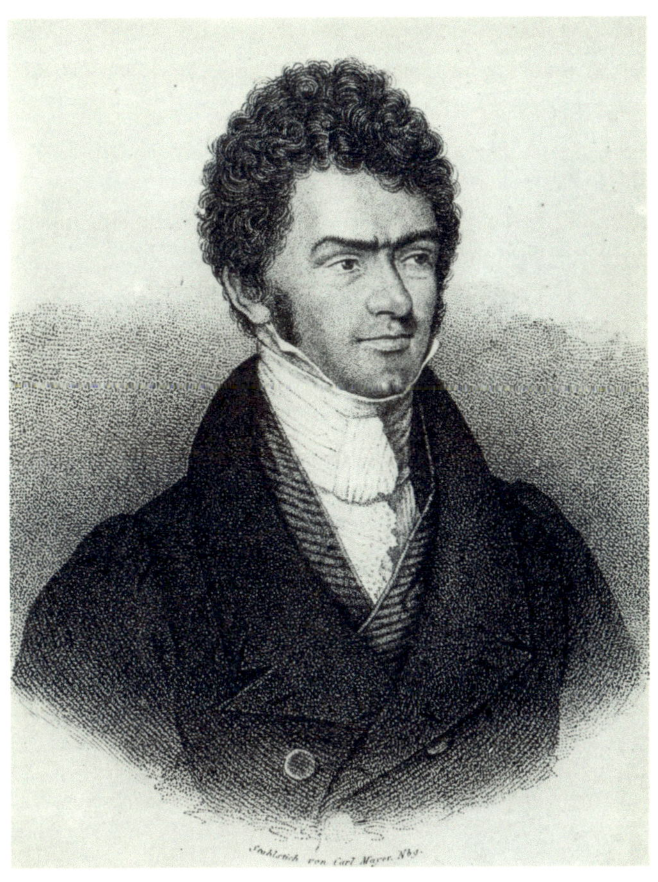

Carl Mayer, *Ferdinand Ries*, Stahlstich, um 1820.

Künste, »machte die Gymnasial-Studien in seiner Vaterstadt.«[13] Fünf Jahre später ist in einem ebenfalls auf ihn zurückgehenden Artikel in der *Illustrirten Zeitung* nicht nur von »vollendeter Gymnasialbildung« die Rede, sondern auch davon, dass es ihm gelungen sei, sich »an der Universität [...] umfassende botanische Kenntnisse anzueignen«.[14] Beide Behauptungen gehören wohl in den Bereich der Phantasie. Als er in seinen Potsdamer Anfangsjahren durchaus kritisch beobachtet wurde, beging er so manchen Schnitzer. Besonders seine mangelnden Lateinkenntnisse wurden ihm angekreidet, auch wenn er in vertrautem Kreis selber eingestand, »nicht in der lateinischen Sprache gewandt« zu sein. »War Lenné auch klug wie eine Schlange und pfiffig wie der Fuchs, wissenschaftlich war er nicht gebildet, hat wohl nie mensa deklinirt, und amo konjugirt«.[15] Neben

Lateinkenntnissen wurden ihm damit gleich noch Tischmanieren und Liebesfähigkeit abgesprochen.

Ein Freund aus Bonner Zeiten war der knapp fünf Jahre ältere Komponist Ferdinand Ries, ein Sohn von Hofkapellmeister Franz Anton Ries (1755–1846).[16] Ferdinand und Peter kannten sich seit Schultagen.[17] Und noch etwas hatten die Freunde gemein: beide wurden Opfer einer Pockenerkrankung, die Ferdinand bereits als Kleinkind[18] auf einem Auge erblinden ließ und Peters Gesicht zeitlebens mit Narben verunstaltete. Wann genau sie sich kennenlernten, ist nicht bekannt, aber bis zum Jahr 1801, als Ries sich über München nach Wien aufmachte, um bei Ludwig van Beethoven, dem wohl berühmtesten Sohn der Stadt Bonn, in die Lehre zu gehen, muss eine innige Freundschaft entstanden sein. In späteren Briefen duzte man sich, Ries sprach Lenné als »Liebster Freund«[19] an und man besuchte sich in Berlin, London und Frankfurt am Main, wenn sich die Gelegenheit dazu ergab.

LEHR- UND WANDERJAHRE

Dem Park am barocken Lustschloss Augustusburg in Brühl war es dank der tatkräftigen Anteilnahme von Altgraf Joseph Salm-Reifferscheidt-Dyck (1773–1861) besser ergangen als den Bonner Schlossgärten, so dass der junge Peter dort am 15. September 1805 seine Lehre antreten konnte. Der Park gehörte nun der vierten Kohorte der Ehrenlegion, deren Kanzler der Altgraf war, der darüber hinaus von der Leidenschaft für Gärten und Pflanzen erfüllt war, so dass er 1805 den Auftrag erteilte, den Brühler Garten wiederherzustellen. Und das bedeutete, hier konnte ein angehender Gartenkünstler etwas lernen. Peter scheint fortan seine Zeit zwischen Brühl und Bonn geteilt zu haben, wo er sowohl beim Onkel Joseph Clemens Weyhe als auch beim eigenen Vater praktische Erfahrungen aller Art sammelte. Sein dekorativer Lehrbrief verkündet, dass seine Lehrzeit am 15. September 1808 beendet war. Was der nun schon beinahe 19-Jährige in den beiden Jahren danach gemacht hat, liegt jedoch im Dunkeln. Sollte er die Zeit in Bonn zugebracht haben, könnte er bereits 1810 auf den aus Heinsberg stammenden Maler Carl Joseph Begas (1794–1854) aufmerksam geworden sein. Begas, der am Bonner Lyceum Zeichenunterricht beim ehemaligen Hofmaler Clemens August Joseph Philippart (1751–1825) nahm, hatte eine Kopie nach Raffaels »Johannes der Täufer« angefertigt, die der junge Mann der Bonner Lese-Gesellschaft schenkte und daraufhin in deren Mitgliederliste aufgenommen wurde.[1] Spätestens in Berlin sollten sich die beiden Rheinländer und Katholiken anfreunden. Eine von Stramberg erwähnte innige Freundschaft zum in Bonn geborenen Geologen Jacob Nöggerath (1788–1877), der damals die Alaunwerke in Friesdorf leitete, lässt sich mangels anderer Belege dagegen nur schwer fassen.[2]

Im Jahr 1811 ging Lenné zunächst einmal nach Paris. Ab April fand er im Jardins des Plantes beim Botaniker André Thouin (1747–1824) »freundliche Aufnahme und Förderung seiner wissenschaftlichen Bestrebungen«.[3] Lenné senior, der mit Thouin auf professioneller Ebene in Verbindung stand, scheint seine Kontakte genutzt zu haben, um seinen Sohn im Zentrum der neuen Machthaber

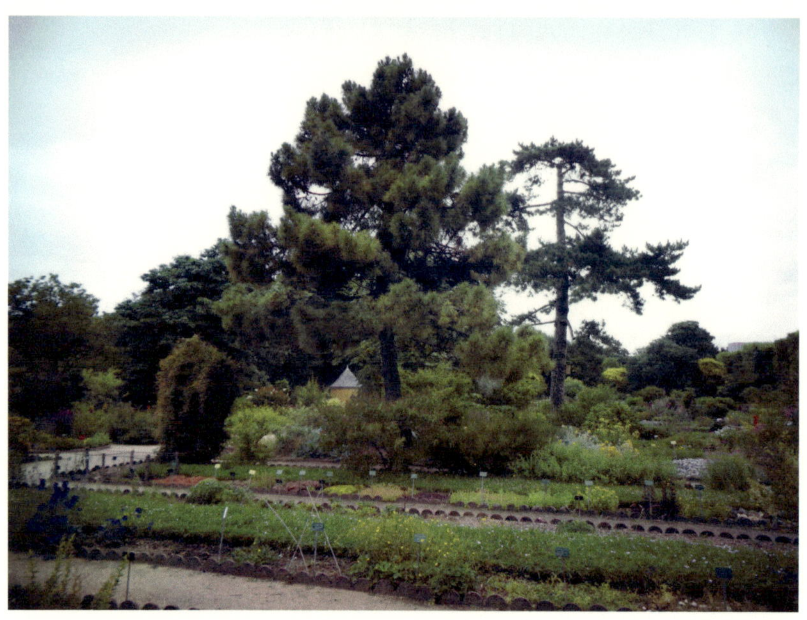

Der Jardin des Plantes in Paris. Im Hintergrund die 1774 von Bernard de Jussieu gepflanzte Schwarzkiefer.

unterzubringen. Peters älterer Bruder, der angehende Kaufmann Philipp Joseph (1787–1843), war bereits vor Ort, wo er als Offizier der Nationalgarde Dienst tat, und auch zu dem Münchner Gartengesellen Carl Effner (1792–1870), der zur selben Zeit in Frankreichs Hauptstadt seine Ausbildung vervollkommnete, ergab sich ein erster Kontakt.[4] »In Paris«, so heißt es im Lebenslauf von 1853, »beschäftigten Lenné neben Botanik, die reichen ihm gebotenen Hilfsmittel benutzend, die Naturwissenschaften im weiteren Sinne und machte er hier außerdem einen cursus der Architectur unter Durand.«[5] Dass er bei dem Architekten Jean-Nicolas-Louis Durand (1760–1834) architektonisches Zeichnen erlernte, wurde später vehement in Abrede gestellt, erst sein Potsdamer Vorgesetzter habe ihm dies beigebracht, alles andere sei schlicht »Lüge«.[6] In späteren Jahren erzählte Lenné dem Botaniker Karl Heinrich Koch (1809–1879), er habe während seiner Pariser Zeit die formalen Anlagen André Le Nôtres (1613–1700) in Versailles sehr anziehend gefunden, aber mehr noch den botanischen Garten am Petit Trianon, den Bernard de Jussieu (1699–1777), der »Gründer des natürlichen Systems« 1759 angelegt hatte; begeistert habe er 1811 die noch vom Botaniker selbst dort gepflanzten Bäume bewundert.[7]

Als Lenné im Sommer 1812 nach Deutschland zurückkehrte, hatte seine Familie Bonn den Rücken gekehrt und sich in Koblenz niedergelassen. Am 1. August des Vorjahres hatte Peter Joseph Lenné d.Ä. auf Geheiß der französischen Regierung ebendort eine Anstellung als Leiter des Forstbotanischen Gartens angetreten. Womöglich um der im August erneut erfolgten Einberufung zum Militär zu entgehen, verließ Lenné junior im Spätsommer Koblenz wieder und reiste nach Aschaffenburg, wo er am 4. September mit dem Hofgärtner Karl Ludwig Seitz (1792–1866) zusammentraf. Ende des Monats ging die Reise dann weiter nach Augsburg und wohl über München nach Wien. Ob er bei dieser Gelegenheit den berühmten bayerischen Hofgartenintendanten Friedrich Ludwig von Sckell (1750–1823) kennenlernte, den Schöpfer des Englischen Gartens in München, ist nicht belegt, läge aber nahe. Im Spätherbst traf er in Wien ein, wo ihn ein alter Freund aus den Wanderjahren seines Vaters, der mittlerweile zum Gartendirektor avancierte Franz Boos (1753–1832), als »Garten-Subjeckt«[8] im Botanischen Garten von Schönbrunn unter seine Fittiche nahm. Vier Jahre später sollte Lenné über seine in Wien gemachten Eindrücke schreiben: »So wie in und bey allen Grenzstädten Teutschlands finden wir auch die meisten Kunstgärten bey Wien aus dem Zeitalter Le Notres herstammend, oder doch nach dessen Grundsätzen angelegt. Dahin gehören vorzüglich Schönbrunn, Belvedere und der Augarten. Das Zeitalter in welchem dieser Geschmack sich bildete, ist nicht das Unsrige. Wissenschaften und Künste wurden erweckt aus ihrem langen Schlummer, und wie der menschliche Geist sich sehr oft von dem entfernt, was ihm am nehsten liegt, so wurde auch bey dem Aufblühen der Gartenkunst die Natur einem Gesetze unterworfen welches sie nicht kennt. Freylich staunen wir jetzt über die Verirrung des damaligen Zeitalters, können es nicht begreifen, wie man die reitzende Unordnung, die Freyheit und manigfaltigkeit der erhabenen Gegenstände der Natur, dem ängstlichen Ebenmaße, der sorgfältigsten Regelmäßigkeit aufopfern konnte. Bedenkt man aber, daß die Gärten in jener Zeitperiode blos durch Baumeister angelegt wurden, so läßt es sich die Moeglichkeit erklären, daß ein Garten, welcher in so naher Verbindung mit den Wohngebäuden steht, als ein architectonisches Kunstwerk betrachtet wurde, und [sich] den Regeln dieser Kunst unterwerfen musste; wodurch denn […] die einzelnen Bäume und Sträucher in […] mancherley seltsame Figuren verwandelt wurden.«[9]

Laut eigener Aussage machte er im Oktober seinen Antrittsbesuch bei Ludwig van Beethoven, um ihm Briefe vom Vater und von Franz Anton Ries zu überreichen. Entzückt ob des Dialekts des jungen Mannes soll sein komponierender Landsmann ausgerufen haben: »Dich versteh' ich, Du sprichst Bönnisch. Du mußt Sonntags immer mein Gast sein, im weißen Schwan in der Kärnthner Straße.«[10] Mindestens einmal soll er der Einladung Beethovens Folge geleistet haben, »doch war nichts von besonderer Wichtigkeit, was bei dieser Gelegenheit vorgefallen wäre, in Lennés Gedächtnis geblieben.«[11] Andererseits konnte Beethovens Unbeherrschtheit ein Mittagsmahl im Weißen Schwan durchaus zu einem zwiespältigen Vergnügen machen, wie sich dessen Schüler Ferdinand Ries erinnerte: »Eines Tages aßen wir im Gasthaus zum Schwanen zu Mittag; der Kellner brachte ihm eine unrechte Schüssel. Kaum hatte Beethoven darüber einige Worte gesagt, die der Kellner eben nicht bescheiden erwiederte, als er die Schüssel (es war ein sogenanntes Lungenbratel mit reichlicher Brühe) ergriff, und sie dem Kellner an den Kopf warf. Der arme Mensch hatte noch eine große Zahl Portionen verschiedener Speisen auf seinem Arm (eine Geschicklichkeit, welche die Wiener Kellner in einem hohen Grade besitzen) und konnte sich daher nicht helfen; die Brühe lief ihm das Gesicht herunter. Er und Beethoven schrieen und schimpften, während alle anderen Gäste laut auflachten. Endlich brach auch Beethoven beim Anblick des Kellners los, da dieser die über das Gesicht triefende Sauce mit der Zunge aufleckte, schimpfen wollte, doch lecken mußte und dabei die lächerlichsten Gesichter schnitt.«[12] Wohl eher in den Bereich der Fabel gehört, was der alte Lenné dem jungen Komponisten Wichmann im privaten Gespräch anvertraute, nämlich »dass der große Musiker ihm […] in Wien anvertraut, wie er Niemand auf der Welt so lieb habe, als sein Peterchen, auch in seiner Taubheit keinen Menschen besser als diesen verstände.«[13] Die nächsten beiden Jahre verbrachte Lenné bei Boos. Er scheint sich damals noch nicht sicher gewesen zu sein, ob er bei der Gartenkunst bleiben oder nicht besser Botaniker und später vielleicht Leiter eines botanischen Gartens werde sollte.

Als Gartengestalter war er bereits zu diesem Zeitpunkt selbstbewusst genug, um an dem im Januar 1813 ausgelobten Wettbewerb der königlichen Verschönerungskanzlei zu Pest teilzunehmen, der ersten öffentlichen Ausschreibung einer Parkplanung überhaupt.[14] Dabei ging es um die Umgestaltung des damals wie heute als Ausflugsziel beliebten Stadtwäldchens (Városliget). In der *Vereinigten Ofner und Pester Zeitung* war seinerzeit folgende Anzeige zu lesen: »Preisaufgabe. Nachdem das sogenannte Stadtwäldchen zu Pest die Bestimmung zu einem öffentlichen Belustigungsorte erhalten hat, und es darum zu thun ist,

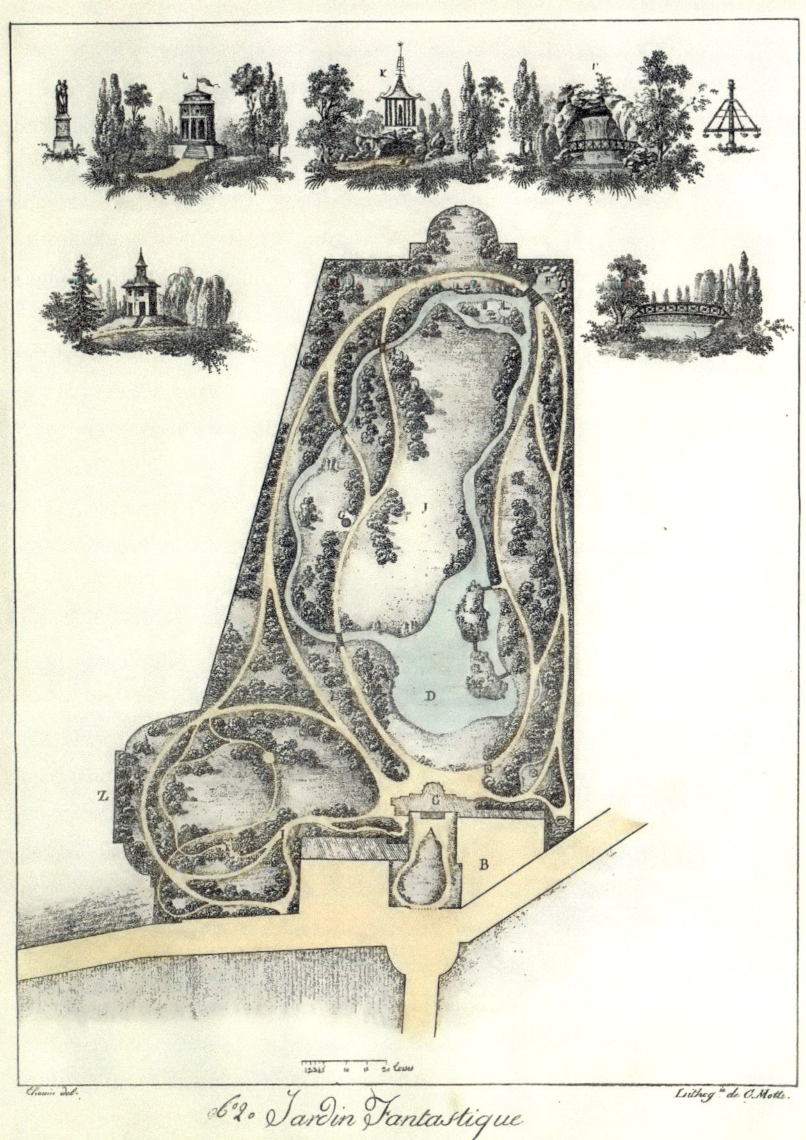

Gabriel Thouin, Jardin fantastique, in: *Plans raisonnés de toutes les espèces de jardins*, Paris 1820. Der Gartenarchitekt Gabriel Thouin war der jüngere Bruder des Botanikers André Thouin, ein Einfluss auf Lenné ist nicht auszuschließen.

diesen Platz auf das möglichste für alle Einwohner angenehm zu machen, so werden alle Kunst-Freunde und Liebhaber dergleichen Anlagen, hiemit öffentlich aufgefordert, ihre Ideen über diese Anlage bis 10. März 1813 bei der königl. Verschönerungs-Kanzley zu Pest einzureichen, allwo diese Pläne und Abhandlungen durch eine besonders aufgestellte Commission mit Beiziehung von Kunstverständigen geprüft werden. Für die am besten befundene Abhandlung ist ein Preis von 200 fl. WW., für jene dieser am nächsten 150 fl., für die dritte aber 100 fl. bestimmt«.[15] Bei einem gewissen Herr von Kinnerer im Harrachischen Haus an der Hohen Brücke in Wien konnte man einen Situationsplan und Bodenproben des zu bearbeitenden Terrains in Augenschein nehmen, und so waren, laut einem Schreiben der Verschönerungskommission, nach Ablauf der Frist insgesamt 4 Pläne oder Abhandlungen eingereicht worden. Heinrich Nebbien (1778–1841) errang den ersten Platz und sein Entwurf wurde später in veränderter Gestalt umgesetzt. Der Lenné zugeschriebene Plan mit seinen akribisch gezeichneten Pflanzungen und den dezent rot gestrichelten Linien für die Blickachsen wies für einen Volksgarten wohl zu wenig Volkstümliches auf und war eher »für den gepflegten Spaziergang und die Spazierfahrt«[16] konzipiert. Erst später, bei dem deutlich kleineren Klosterbergepark in Magdeburg, sollte er seine inzwischen modifizierten Vorstellungen von einem Park für das Volk umsetzen können. Doch der Umstand, dass Lennés Plan und ein weiterer Entwurf eines Unbekannten in den Beständen des Ungarischen Nationalarchivs aufbewahrt wurden, verweist womöglich darauf, dass es sich um die zweit- oder drittplatzierten Entwürfe handelte. Sicherlich hätten dem Gärtnerlehrling damals sowohl 150 als auch 100 Gulden Wiener Währung ein höchst willkommenes Zubrot zu seinem kargen Lohn bedeutet. Wie dem auch sei, der zu den Akten gelegte und erst jüngst in Budapest wiederentdeckte Plan Lennés gilt nun als die älteste bekannte Zeichnung von seiner Hand.

Im Frühjahr 1813 traf in Koblenz ein Einberufungsbefehl für Peter Joseph ein, den der Vater jedoch abschmettern konnte. »Was ist's nicht ein Glück«, schrieb er am 18. April nach Wien, »dass ich auf Coblenz gezogen bin, um dem Gewitter obpuniren zu können.«[17] Dem von ihm geleiteten Forstbotanischen Garten ging es da bereits nicht mehr gut, blieben doch die Gelder für seinen Unterhalt aus. So verwahrloste das Terrain und sollte noch im selben Jahr parzelliert werden. Dass im September der Widerstand gegen Napoleon zu kriegerischen Auseinandersetzungen am Rhein führte und Koblenz am letzten Tag des Jahres von russischen Truppen eingenommen wurde, brachte neue Schwierigkeiten für Lenné senior mit sich. Drückten die finanziellen Aufwendungen für die einquartierten Offiziere und Soldaten auch arg, schlimmer war, dass diese auch noch eine Krankheit einschleppten, die sich schnell ausbreitete und der am 12. Januar 1814 auch Lennés Mutter zum Opfer fiel. Da war erst einmal weniger wichtig, dass preußische Truppen im selben Monat Köln befreiten und dass im März Paris erobert und Napoleon vertrieben wurde. Nachdem sie sich »in den 5 Monathen« zuvor nicht geschrieben hatten, musste der Vater am 17. Januar nach Wien melden: »Viele tausende Bewohner dieser Gegend starben, und sterben noch, doch nicht mehr zu zahlreich. Lisgen wurde im Nobr davon angegriffen, die gute Mutter und Trautgen leistete ihr alle möglige Hülfe, sie endkamen; allein Mutter plagte sich am 26ten Debr und Trautgen am 1ten Jenner. – und lieber Peter fasse dich [...] – Sie ist nicht mehr die gute edele sanfte Mutter, sie starb am 12ten Jenner, ein unvergessliger Dienstag für mich und deine Geschwister, worinnen wir uns noch gar nicht zu fassen wissen.«[18]

Am 15. August 1814 war die Lehrzeit bei Boos für Lenné beendet. Ein knapp zwei Monate zuvor vom Vater verfasster Brief dokumentiert, dass der junge Mann sich letztlich gegen die Botanik entschieden hatte. »Halte dich also an Garten anlagen und Bäume«, heißt es darin, »dein urtheil ist ganz richtig.«[19] Im Anschluss an seine Zeit in Schönbrunn gelang es Lenné, eine Anstellung bei der Schlosshauptmannschaft in Laxenburg zu erhalten, wo er Pläne zeichnen sollte. Sein Vertrag mit einer halbjährlichen Laufzeit trat am 5. September in Kraft, die Bezahlung war mit einem Gulden und 30 Kreuzer täglich, wie sein Vater bemängelte, empörend gering. Als der Vertrag im Februar ausgelaufen war, wurde er noch einmal bis August verlängert, bei einer Bezahlung von jetzt zwei Gulden täglich. Von Schlosshauptmann Riedl sei er beauftragt worden, »einen Plan zur Vergrößerung und Verschönerung des Gartens von Laxenburg« zu entwerfen.[20] Auf diesem Plan, erst im Jahr 2000 im Kunsthandel wieder aufgetaucht, bezeichnete er sich selbstbewusst als Kunstgärtner.[21] Heute nimmt man an, dass von dem Plan seinerzeit wohl kaum etwas verwirklicht wurde.

Im Sommer 1815 war erst einmal Schluss mit dem Abstecher nach Wien. Eine längerfristige Anstellung war nicht in Sicht, ganz zu schweigen von einem auskömmlichen Gehalt. Unter diesen Umständen blieb dem 26-Jährigen keine andere Wahl, als zur Familie nach Koblenz zurückzukehren, zumal das Rheinland nach dem Wiener Kongress Preußen zugesprochen worden waren. Das bedeutete, man musste seine Fühler woandershin ausstrecken. Auf einem Ball, der um diese Zeit in Koblenz beim Einzug der preußischen Offiziere gegeben wurde, fiel

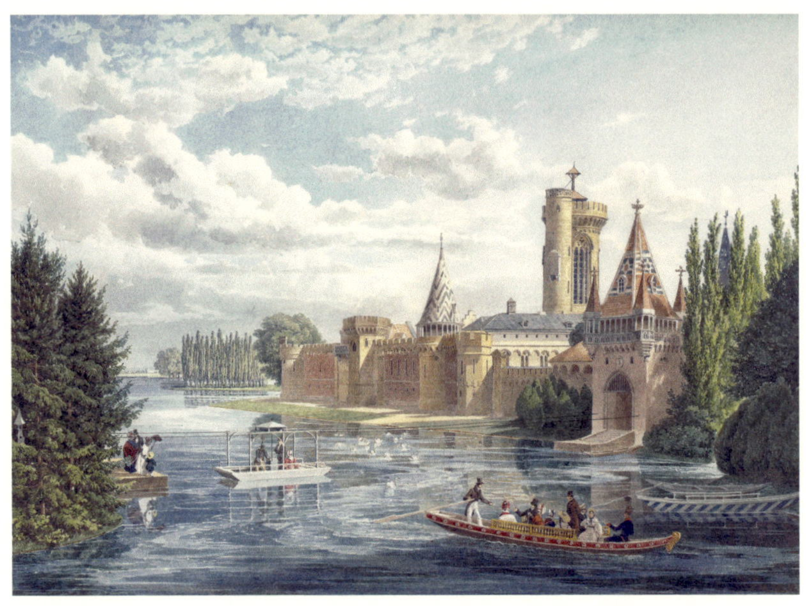

Eduard Gurk, *Die Franzensburg in Laxenburg bei Wien,* Aquarell, um 1838.

der Hofgärtnersohn offenbar unangenehm auf. Die Rede ist von seiner »Brutalität«, ohne dass näher gesagt würde, worin diese eigentlich bestand.[22] Vielleicht kam hier seine Frustration zum Ausbruch, sah es doch damals mit seiner Zukunft alles andere als rosig aus, denn de facto war er arbeitslos, auch wenn er bei seinem Vater Handlangerdienste verrichtete. Der einzige größere Auftrag in dieser Zeit bestand in der Komplettierung der Schlossstraße nach Schleifung der Bastion, wobei Lenné seinen Anteil an dieser doch eher anspruchslosen Arbeit später ziemlich übertrieb.[23]

GESELLE IM POTSDAMER NEUEN GARTEN

Einmal mehr hatte sich Lenné senior in ein gutes Einvernehmen mit den neuen Oberen zu setzten gewusst und er ließ seine Kontakte spielen, so dass Peter durch Vermittlung des preußischen Oberlandforstmeister Georg Ludwig Hartig (1764–1837) dem preußischen Hofmarschall Burchard Friedrich von Maltzahn (1773–1837) seine Planzeichnungen vorlegen durfte. Über den aus Mecklenburg stammenden Adligen wurde später mit eindeutig herabsetzender Absicht geurteilt: »Herr von Maltzahn war ein gewandtes schnellfüßiges feines Hof-Männchen, gutmüthig aber schwach – eigenwillig und hielt sich gewiß auch für sehr weise! – Ob er eine wissenschaftliche Bildung besaß, ist zu bezweifeln, wenn er nur geläufig französisch sprechen konnte und etwa eine moderne Erziehung genossen haben mag, so genügte das für seine Stellung am Hofe.«[1] Dass darin wohl zumindest ein Körnchen Wahrheit steckte, beweist eine Äußerung der Gattin Prinz Wilhelms von 1835, wo es über den Oberhofmarschall heißt: »notre bon M. de Maltzahn, excellent homme du reste, mais entièrement nul à sa place«.[2] Immerhin besaß er aber wohl einen guten Riecher für vielversprechende neue Gartenkünstler, und seinem Zutun war es zu verdanken, dass Peter Joseph in Potsdam Hofgärtner Johann Friedrich Morsch (1765–1834) im Neuen Garten des am Heiligen Sees gelegenen Marmorpalais an die Seite gestellt wurde. Mitte Februar trat Lenné die Reise in sein neues Leben an, als offizielles Datum seines Dienstantritts galt später der 15. Februar.[3]

Bis September 1816 wurde der 27-Jährige auf Probe angestellt und bekam schließlich im Oktober den Auftrag, dem Landschaftsgarten am Heiligen See ein ansprechenderes Äußeres zu verleihen. Man wolle doch mal sehen, so Maltzahn an den König, »ob dieser Gärtner, welcher mir so sehr anempfohlen, wirklich Geschmack bei der Ausführung zeigen wird.«[4] Gerade bei diesem Park war die »erste Anlage desselben unter der nichts weniger als kunstverständigen Oberleitung des Geheimen Cämmeriers Rietz [...] plan- und geschmacklos, allmälig und stückweise, auf den nach und nach zusammengekauften Privat-Grundstücken geschehen. Nirgends waren die schönen See-Prospecte auf den Promenaden den Augen offen gelegt. Wildes Gebüsch bedeckte die Ufer. Erst Lenné ließ mit Verlegung der Wege Durchblicke auf die reizende Landschaft öffnen, legte malerische Baumgruppen, Waldpartien und Rasenplätze an […], und so entstand denn der heutige Neue Garten als eine der schönsten Oasen in der märkischen Sandlandschaft, welche geeignet war, später der neuern Arrondirung aller landschaftlichen Verschönerung der Umgegend Potsdams als ein reizender Schmuck eingereihet zu werden.«[5] Zuvor hatte Hofgärtner Morsch derart ungeschickt die Axt an den bestehenden Baumbestand anlegen lassen, dass der preußische König Friedrich Wilhelm III. ungehalten war. In dem 1858 in der *Illustrirten Zeitung* erschienenen Artikel über Lenné liest man: »Lenné's erstes Werk war eine theilweise Veränderung des ›Neuen Gartens‹, einer überaus günstig gelegenen, künstlich geschaffenen Landschaft, aber verfehlt in der Anlage. Der König war vorsichtig, ja mißtrauisch, da ein vorher von anderer Hand gemachter Versuch einer Veränderung durch Aushauung sein Mißfallen erregt hatte. Aber Lenné's sinniger, durchdachter Plan gefiel und das vollständige Gelingen des ersten Versuchs befestigte das Vertrauen, welches der König Lenné bis an sein Ende bewahrte.«[6]

Lennés Vater geizte nicht mit guten Ratschlägen, um das Fortkommen seines Sohnes zu befördern. So schrieb er am 9. März: »Die gute Aufnahme bey Hrn. Staatsrath Hartig, wie auch jene des Hrn. Obermarschals ist die wichtichste Nachricht was du mir sagen konntes, aber das deine Lage so kritisch unter den vielen Hofgärtnern ist, wie du mir meldes hätte ich nicht glaubt, doch läst sich diese schwierichkeit gewinnen, wenn du den Herren höfflich und vertraut thues, und nicht aus dem Gleiß als Gärtner Heraus trits. Ich schreibe deiner Klugheit alles dieses zu.«[7]

Wie es scheint, wollte man damals den über Generationen in Familienhänden befindlichen Hofgärtner-Revieren in Berlin und Potsdam eine Blutzufuhr von außen verpassen, damit dort nach den Vernachlässigungen der französischen Besatzungszeit endlich wieder frischer Wind wehe. Eine Anweisung von Maltzahn nahm wohl genau diese »Inzucht« ins Visier. In einem Briefkonzept Lennés heißt es noch sechs Jahre später: »Eur Exzellenz haben in weiser Absicht die Anordnung in den Königl. Gärten getroffen, daß die Söhne der Königl. Hofgärtner nachdem sie ausgelernt haben, oder von den zu ihrer ferneren Ausbildung unternommenen Reisen zurückgekehrt sind, nicht in dem Gartenrevier welchem der Vater vorsteht, conditioniren sollen«.[8] Genauso waren auch Bonner Hofgärtner in der Vergangenheit verfahren, wenn sie ihre Söhne adjungier-

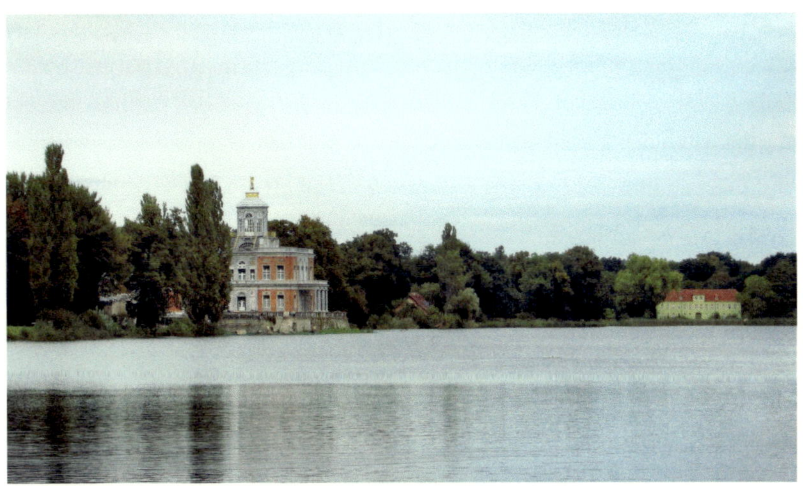

Blick über den Heiligen See auf den Neuen Garten mit Marmorpalais und Grünem Haus.

ten und so quasi als Nachfolger installierten. Doch die Zeiten hatten sich nicht nur im Rheinland geändert. Auch in Preußen war man darauf erpicht, nicht den Anschluss an neue Tendenzen auf dem Gebiet der Gartenkunst zu verpassen. Schon mit der Berufung des Dessauer Hofgärtnersohns Johann August Esyerbecks (1762–1801), der bereits vor Lenné die Gärten am Marmorpalais und am Schloss Charlottenburg umgestalten sollte, war man ähnlich verfahren. Doch mit dessen frühem Tod war diese Initiative eher folgenlos geblieben. Nun also wagte man einen zweiten Versuch mit dem jungen Mann aus Bonn. Dass diesem in Potsdam nicht nur Sympathien entgegenschlugen, ist nachvollziehbar.

Einem soll Lenné trotz seines versehrten Äußeren dennoch auf Anhieb sympathisch gewesen sein: Gartendirektor Johann Gottlob Schulze. Als Lenné am »15. oder 16. April«[9] seinen Antrittsbesuch machte, schloss der ältere den jüngeren Mann spontan ins Herz. Die »von Pockennarben verzerrte Maske« des Gartengesellen erinnerte den Direktor angeblich an eine liebe »Jugendfreundin seiner Gattin«, und so führte er ihn umstandslos in seine Familie ein, die von dem Neuzugang weit weniger begeistert war: »Wir«, hieß es im Rückblick, »waren aber höchlich erstaunt, als der simple, häßliche Geselle bei uns vorgestellt wurde. Lennés verschmitzten [!] Gesichtszüge, die kleinen gekniffenen Augen, die schlechte Haltung, kurz, er machte bei der Familie kein Glück.«[10]

Schulze war 1755 im thüringischen Waldstedt geboren worden und 1777 nach Potsdam gekommen, wo er unter dem Oberhofbaurat und Garteninspektor Heinrich Ludwig Manger (1728–1790) zunächst hauptsächlich als Architekt tätig war.[11] Zehn Jahre später wurde er von König Friedrich Wilhelm II. zum Gartendirektor ernannt, ohne über größere Erfahrungen auf dem Gebiet der Gartenbaukunst zu verfügen, was schnell zu Konflikten mit dem ein oder anderen Hofgärtner führte.[12] Ihm war jedoch die Anlage der ersten Baumschulen in Potsdam und Brandenburg zu verdanken, ebenso die erfolgreiche Obst- und Gemüsetreiberei in den zahlreichen Glashäusern Sanssoucis. Seiner Ehe mit einer Tochter Mangers entsprangen 15 Kinder, darunter die 1794 geborene Tochter Karoline (gest. 1881), die zu Lennés ganz speziellem Plagegeist werden sollte. Von ihr mit wahrhaft manischem Eifer gesammelte Informationen, die ein negatives Licht auf den Bonner Hofgärtnersohn werfen, sind heute eine Informationsquelle, welche – mit entsprechender Vorsicht genossen – dem Biographen wertvolle Einblicke gewähren.[13] Ihr zufolge war es von Anfang an Schulzes Absicht, Lenné zu seinem Dienstnachfolger heranzuziehen, da »damals kein Mann vorhanden war, der die Fähigkeit besaß, Gartendirektor zu werden«. Das habe ihr »edler und so rechtschaffener Vater« sofort erkannt, während ihre Mutter gewarnt habe: »Schulzechen, du wirst dir eine Schlange am Busen nähren.«[14]

Zunächst jedoch setzte sich Schulze dafür ein, dass Lenné »eine eigene Wohnung in dem sogenannten Grünen Hause im Neuen Garten überwiesen« bekam[15], einem Gebäude, das ansonsten zur Bewirtung von Gartenbesuchern benutzt wurde. Friedrich Wilhelm III. habe »einem pensionirten Laquai« gestattet, »in einem bequemen, am See romantisch gelegenen Hause Kaffee und Bier« auszuschenken, was insbesondere im Sommer eifrig in Anspruch genommen wurde.[16] Dieser exponierte Wohnsitz habe Lenné, »diesen undankbaren Menschen«, in eine Position versetzt, »die ihn aus aller Autorität des Hofgärtner[s] setzte, auch den Hochmuth dieses maskirten Fripon nur spornte.«[17]

Neben dem Neuen Garten war im Herbst 1816 das zweite große Projekt die Anlage des Pleasureground vor dem Gut Klein-Glienicke, das damals dem einflussreichen Staatskanzler Fürst Karl August von Hardenberg (1750–1822) gehörte.[18] Beim Zustandekommen dieses Auftrags vermutete Karoline die Protektion Maltzahns: »Vom Hr. Hofmarschall empfohlen, reiste Herr Lenné auf Privatgüter, wo er Gartenanlagen ausführte, wozu er daheim die Pläne zeichnete, und die Friedrichs d'ore in die Tasche steckte. Seine erste hier geschaffene, selbständig ausgeführte Gartenanlage, war die dem Staatskanzler Fürsten Hardenberg bei Glinike gehörige Besitzung, deren vortreffliche Lage diese sehr begünstigte.«[19] Hierbei kam es zur ersten Zusammenarbeit zwischen Lenné und dem Geheimen Oberbaurat Karl Friedrich Schinkel (1781–1841), der bereits vom Vorbesitzer des Gutes mit Umbauarbeiten am Herrenhaus beauftragt worden war, die er unter Hardenberg, der ihn seit 1798 kannte, fortführen durfte.

Diese Gartenanlage sollte zu so etwas wie einer Visitenkarte für den frisch zugereisten Gartengesellen werden, darin habe er »seine Gestaltungsweise exemplarisch« vorgeführt.[20] Er selber ließ darüber verlauten: »Die überaus gelungene Anlage des reizend gelegenen nahen Maierhofes Klein-Glienicke, welche Lenné für den Staatskanzler Fürsten Hardenberg auf das Lieblichste herstellte, trug nicht wenig dazu bei, des Künstlers Ruf zu befestigen«.[21] Das zog weitere Aufträge nach sich. Und noch jemandem rückte diese Arbeit ins Bewusstsein, dass da eventuell ein unliebsamer Konkurrent heranwachsen könnte, hatte doch am 9. Oktober 1817 niemand geringerer als Graf Hermann von Pückler-Muskau (1785–1871) Lucie, die wohlhabende Tochter Hardenbergs, zur Frau genommen. Ein Notizzettel in den Handakten des Gutsarchivs von Branitz, der um diese Zeit entstanden sein muss, dokumentiert die erste Kenntnisnahme Pücklers:

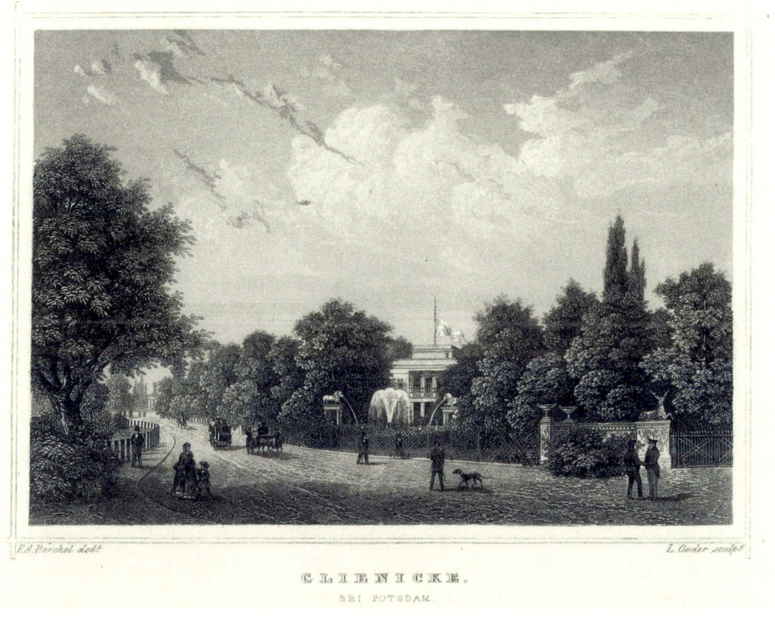

L. Oeder, *Glienicke bei Potsdam,* Lithographie nach einer Zeichnung von F. A. Borchel, um 1850. Nach längerer Vernachlässigung in den 1980er-Jahren penibel rekonstruiert, ist der Pleasureground am Schloss Klein-Glienicke gegenwärtig das am besten gepflegte Frühwerk Lennés.

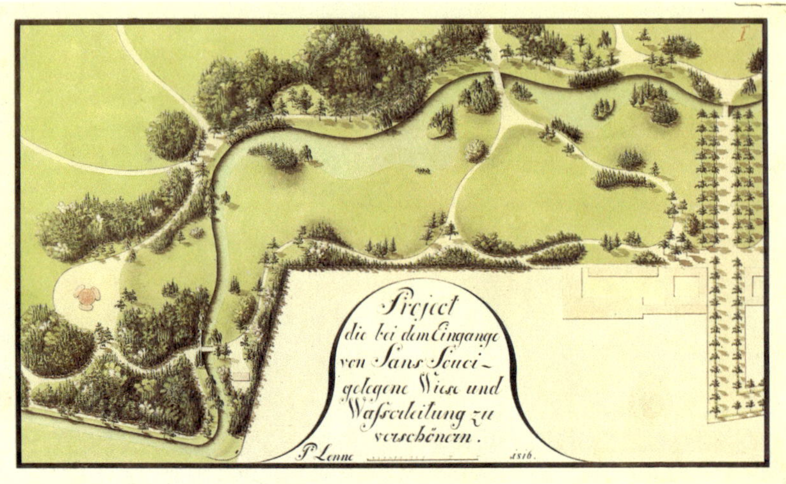

Ein 1816 von Peter Joseph Lenné gezeichneter Teilplan zur landschaftsgärtnerischen Umgestaltung des Parks von Sanssouci im Bereich des Chinesischen Teehauses.

»Herr Lenné«, heißt es dort, »Königlicher Garten-Ingenieur zu Sans-Souci bei Potsdam. recomm. v. Hofgärtner zu Charlottenburg für Ankauf v. Sträuchern u. Blumen.«[22] Mithin hätte Georg Steiner (1774–1834), ein illegitimer Spross von König Friedrich Wilhelm II. und Nachfolger Eyersbecks als Leiter der königlichen Gartenverwaltung in Charlottenburg, Pückler den neuen Landschaftsgärtner empfohlen.

Dem König hatte der Gartengeselle bereits 1816 einen ersten »Plan von Sans-Souci und dessen Umgebungen nebst Project fliessendes und springendes Wasser dahinzubringen, sowie auch die Promenaden zu verschönern« vorgelegt, der radikal alle formalen Gärten durch landschaftliche Anlagen ersetzte und die geraden Alleen des Barockzeitalters komplett ausmerzte. Dies blieb ein Gedankenspiel und wurde so nicht umgesetzt. In den kommenden Jahrzehnten sollte Lenné jedoch mit einer anderen Strategie das Projekt einer landschaftlichen Umgestaltung des Parks von Sanssouci doch noch durchsetzen, indem er immer wieder Teilstücke der Anlage landschaftlich gestaltete und nie das große Ganze aus dem Blick verlor. Dabei war er mit der Zeit durchaus kompromissbereit, stieß er doch immer wieder auf Widerstand, wenn er das Althergebrachte allzu beherzt beseitigte. Insbesondere die lange schnurgerade Allee zum Neuen Palais musste auf Geheiß des Königs unangetastet bleiben, und so bildet sie auch heute noch eines der prägenden Elemente des Parks von Sanssouci.

Insgesamt drei frei werdende Posten als Hofgärtner schlug Lenné 1817 in Potsdam aus, was ihm prompt Vorwürfe seines Vater einbrachte. Erst die vierte Gelegenheit bot dann das, was der junge Mann sich vorstellte. »Freund Hain war«, so Karoline, »in diesen Jahren unersättlich, und erfüllte geheime Wünsche – trat aber nicht bei Schulze ein, der in dem gefährlichen Stufenalter von 62 Jahren stand, ging in das Haus gegenüber und nahm den 73 Jahre alten Garten Kontrolleur zu sich, im November 1817.«[23] Der Tod des in der westlichen Gärtnerwohnung von Sanssouci lebenden Gartenkontrolleurs Lange eröffnete Lenné die Möglichkeit, eine Stelle nach seinem Gusto anzutreten, gleichzeitig verfügte er jetzt in unmittelbarer Nähe zu Schloss Sanssouci über ein geräumiges Domizil, dessen Haushaltung in den Händen seiner Schwester Gertrud – Trautchen – (1795–1884) lag. Mit königlicher Genehmigung wurde die Stelle des Gartenkontrolleurs darüber hinaus im Dezember zu einer Anstellung als »Mitglied der Königl. Gartenintendantur« umgewandelt, Dienstbeginn war Januar. Die nächste Karrierestufe war erklommen.

Am 9. Februar 1818 instruierte Hofmarschall von Maltzahn den jungen Garteningenieur schriftlich über seine dienstlichen Obliegenheiten: »Der Hr. Lenné muß sich im Generellen genau von den Verhältnissen sämtlicher Königl. Gärten und der einzelnen Reviere unterrichten, die Obliegenheiten eines jeden Hr. Gärtners genau kennen lernen, um beurtheilen zu können, ob ein jeder seine Pflichten erfüllt, die Säumigen warnen, und nöthigenfalls mir anzeigen; da, wo er glaubt, daß Verbesserungen statt finden können, dieses mit dem Gärtner des Reviers und dem Garten-Director besprechen, berathen und dann, gemeinschaftlich mit Letzterm, mir hierüber Anzeigen und Vorschläge einreichen. Im Speciellen muß er sich Alles, was in ästhetischer Rücksicht mit den Königl. Gärten und Anlagen in Berührung kommt, besonders angelegen sein laßen, weshalb derselbe über die Verschönerung der Gärten und Anlagen durch neue Anlagen Zeichnungen und Anschläge zu entwerfen hat, und bei der Ausführung der von Sr. Maj. dem Könige genehmigten Anlagen besonders darauf zu sehen verbunden ist, daß diese geschmackvoll angelegt und ausgeführt werden. – Auch würde derselbe bei den Anlagen, die Aussteckung der Wege und Gruppirungen selbst zu besorgen haben; jedoch darf derselbe keine Hauptveränderungen, welche die Umgestaltung einer Garten-Scene bezweckt, vornehmen, noch Hauptbäume fortnehmen lassen, ohne dieserhalb mit mir Rücksprache genommen und meine Genehmigung erhalten zu haben. Sollten indessen bei Ausführung neuer Parthien sich Veränderungen gegen den Plan erst beim Anlegen ergeben und durch Rücksprache mit mir aufgehalten werden, da ich nicht immer an Ort und Stelle sein kann, so sind diese zwar Hr. Lenné erlaubt, er bleibt aber hierüber allein verantwortlich.

Unter der speciellen Aufsicht des Hr. Lenné stehen ferner sämmtliche Baumschulen. Er muß sich die zweckmäßige Bepflanzung und Bewirtschaftung dieser bedeutenden Köngl. Baumschulen besonders angelegen sein laßen und hauptsächlich darauf sehen, daß die zur Bepflanzung der Königl. Gärten nöthigen Holzarten angezogen werden, damit der theure Einkauf aufhöre.

In den Obstbaumschulen ist besonders darauf zu sehen, daß nur gute bekannte Obst-Sorten gezogen, und daß das Aechtmachen nur auf gesunde und gerade Stämme bewirkt werde, und daß diese Branche der K. Gärten endlich einmal zu der Vollkommenheit gedeihe, wie es in andern Ländern der Fall ist. Denn es ist nicht zu leugnen, daß wenn gleich die Königl. Gärtnereien zu Potsdam und Berlin in mancher Hinsicht sehr fortgeschritten sind, sie in Hinsicht der Baumschulen noch sehr zurück sind. Statt daß diese Branche der Gartenkasse Geld einbringen sollte, so sind noch immer bedeutende Kosten damit verbunden. Ich erwarte, daß Hr. Lenné sich hierüber mit dem Garten-Director berathen und nur mit demselben gemeinschaftlich Vorschläge über Verbesserung dieser Branche vorlegen wird.«[24]

Einen Tag später ließ Maltzahn einen Rundbrief an die Hofgärtner in Berlin und Potsdam ergehen, in dem Lenné vom »Mitglied der Königlichen Garten-Intendatur« zum »Mitglied der Köngl. Gartendirection« aufgestiegen war: »S. Majestät der König haben die Gnade gehabt, den Hr. Lenné zum Mitgliede der Garten-Direction zu ernennen. Ich mache solches den Hr. Hofgärtnern hierdurch bekannt, mit dem Bemerken, daß Sie den Anordnungen des Hr. Lenné ebenso Folge zu leisten haben, als wenn solche von mir oder von dem Garten-Director ergangen, welches ein Jeder von Ihnen gewiß mit Vergnügen thun wird, da Hr. Lenné die Gartenkunst erlernt hat und ein Mann ist, der gründliche Kenntnisse und Geschmack besitzt.«[25] Karolines Kommentar zu dem Zirkular lautete: »Die armen Gärtner! nun sollten sie die Anordnungen dreier verschiedener Personen befolgen! – ist das nicht Unsinn, so weiß ich nicht, was Unsinn ist.«[26]

Nun war Lenné seinem Gönner Schulze, der mit seinen 62 Jahren keineswegs ans Aufhören dachte, gefährlich nahegerückt. Wen wundert es da, dass Familie Schulze fortan allergisch auf Lenné reagierte: »Und als Lenné seit Januar 1818 die Anstellung als Garteningenieur erlangt hatte«, so Karoline, »fiel die Maske hinter welcher Mephistopheles hervortrat.«[27] Andererseits war Lenné jetzt in

Potsdam etabliert und, in den Augen mancher jungen Dame, ein geeigneter Heiratskandidat. Vater Schulze hätte es wohl gerne gesehen, wenn Lenné seine widerborstige Tochter Karoline zur Frau genommen hätte, doch diese merkte angeblich noch nicht einmal, dass dieser »Filou« ihr den Hof machte, außerdem sei ihr Herz ohnehin schon vergeben gewesen. »Und ich danke noch heut«, behauptete sie in den 1870er-Jahren, »daß Gott mich davor geschützt hat, diesem unwürdigen Menschen näher zu treten.«[28]

Nachdem sein berufliches Fortkommen gesichert war, sah Lenné die Zeit für gekommen an, wie sein Vater in eine Freimaurerloge einzutreten. Seine Wahl fiel auf die »Gerechte und vollkommene Freimauerloge zur Standhaftigkeit im Orient« in Potsdam, kurz Constantia, in die er am 10. April eintrat; Gärtnerkollege Ferdinand Fintelmann (1774–1863) von der Pfaueninsel war fortan sein »Geliebter Ordens-Bruder«.[29]

AUF FREIERSFÜSSEN

Als Karolines ältere Schwester starb, begegnete Lenné ausgerechnet auf deren Beerdigung am 24. Juni 1818 zum ersten Mal Friederike, der 1798 geborenen Tochter des für den Potsdamer Küchengarten zuständigen Hofgärtners Joachim Heinrich Voß (1764–1843). Ihre »Jugendgespielin« Karoline schrieb wenig schmeichelhaft über sie: »Ein bildschöner Kopf zierte einen weniger schönen Körper, welcher durch die Anlage zum Schiefwerden, wie die Mutter, von dieser fast von Kinderbeinen an in ein eisernes Schnürleib gepreßt wurde, worüber mein armes Fritzchen sich oft zu mir beklagte, selbst Nachts den Küraß tragen zu müssen.«[1] Friederike galt in den Augen der Potsdamer Gesellschaft eigentlich nicht mehr als comme il faut, da sie bereits drei Verlobungen hinter sich hatte. Als erster Bewerber hatte sich der Kammergerichtsregistrator Hermling um die erst 15-jährige Friederike bemüht, doch diese Verbindung scheiterte an der krankhaften Eifersucht des Bräutigams in spe. Auslöser für die zweite Verlobung soll ein Gemälde gewesen sein, dass der Verwalter der Potsdamer Bildergalerie, Johann Gottlieb Puhlmann (1751–1826), von ihr gemalt und unter die anderen Bilder geschmuggelt hatte. Es stellte Friederike als Kleopatra dar, die im Begriff ist, eine Perle in einem Kelch mit Essig aufzulösen. Dieses Gemälde stach einem nicht namentlich bekannten Major ins Auge, der sich daraufhin bei der Familie Voß einführen ließ. Doch auch diese Verlobung scheiterte. Das Gemälde, dies sei am Rande bemerkt, kam später in den Besitz der Familie Lenné, weil es »gerade kein einer Kunst-Galerie würdiges« gewesen sei.[2] Karoline ließ es sich nicht nehmen, die von allen nur Fritzchen genannte Friederike unter Anspielung auf ihre Liebschaften fortan als Kleopatra zu bezeichnen oder sie mit dem Namen der Hetäre Laïs zu belegen.

Der dritte Mann, der um Friederike warb, war der Hauslehrer der Kinder von Hofmarschall Maltzahn, Johann Heinrich Lehnert. Bereits als er 1813 in den Krieg gegen Napoleon gezogen war, hatte er seine Habseligkeiten bei Familie Voß gelassen, was die lebenslustige Tochter des Hauses prompt zu einer Verklei-

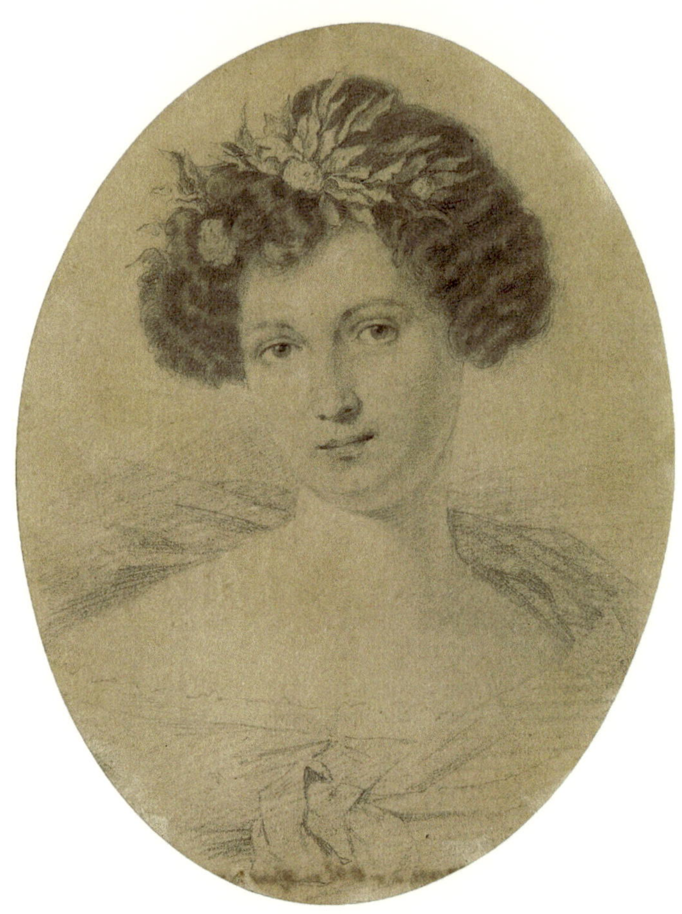

Carl Begas, *Friedericke Lenné*, Bleistift auf Papier, um 1829.

dung nutzte. Karoline erinnerte sich: »Als er mit ins Feld gerückt […], ließ er seine Sachen zur Verwahrung bei Voß. Fritzchen erschien in seine Kleider gehüllt vor uns! – ich war entsetzt!«[3] Im Jahr 1817 bat Lehnert, inzwischen Pfarrer in Falkenrehde geworden, Friederike um ihre Hand, doch auch diese Verlobung führte nicht zum erhofften Ziel. Da Lehnerts Äußeres wohl nicht besonders vorteilhaft war, hielt sich Friederikes Begeisterung in Grenzen. Letztendlich nahm die Angelegenheit eine überraschende Wendung: statt Friederike wurde ihre Schwester Mathilde die Gattin Lehnerts. Ein Gedicht mit dem Titel *Der Tausch* griff im *Potsdamschen Wochenblatt* diesen ungewöhnlichen Vorgang auf.

Der Tausch

Entzückt von Laura's lieblicher Gestalt
Ein edler Jüngling warb um ihre Liebe;
Noch fühlt sie nicht Cupido's Allgewalt,
Und still und schlummernd sind des Busens Triebe.

Sie haßt den Jüngling nicht, sie liebt ihn nicht;
Doch theu'r ist ihr der guten Eltern Friede.
Des Herzens höh'res Glück verdrängt die Pflicht;
Sich täuschend siegt das kindliche Gemüthe!

Nicht ferne ist er mehr, der große Tag,
Wo festlich glänzen soll des Opfers Weihe;
Ach! soll dich erst im bräutlichen Gemach
Ereilen des Entschlusses späte Reue?

Es naht und naht der letzten Stunde Graun;
Das bange Herz fühlt seines Kampfes Schwere;
Nicht weichen will's der Pflichten kalter Laun',
Nicht weihen sich der kalten Freundschaft Leere.

Des Lebens höh'rer Anspruch wird ihm klar,
Daß Liebe nur mit Liebe sich vermähle;
Ein hold Gestirn beut ihm die Ferne dar;
Es schweben süß're Bilder um die Seele.

Da lös't sich auf des Kampfes dumpfer Schmerz,
Und es zerfließt der Täuschung schwarzer Schleier;
Bekennend sinkt den Eltern sie ans Herz,
Und schwinden sehn sie ihres Wunsches Feier.

Doch welche Scene fesselt ihren Blick?
Ist's todter Zufall? Ist's der Vorsicht Leitung?
Verkündend im enträthselten Geschick
Der schönern Loose schön enthüllte Deutung?

Verschlossen in der schwesterlichen Brust
Tobt lange schon des Wechselkampfes Ringen;
Jetzt wecken Laura's Klagen ihre Lust,
Und durch den Kummer soll die Wonne dringen.

Denn kaum entschwebt ist der Verschmähung Laut
Der Lippe Zagen, als von innerm Harme
Entfesselt jetzt der froh erlös'ten Braut
Die Schwester wirft sich in die offnen Arme.

Und seufzt: Mich, Laura, traf der Liebe Blitz,
Um mein Gefühl mußt' sich der Zauber winden;
Dich heitert sein Verlust, mich sein Besitz;
So mög' ein Tausch uns *Beiden* Frieden gründen.

Der Jüngling hört's, und ob er schwer entsagt
Der süß genährten Träume süßer Wonne;
Nicht minder hold ist Hulda, und ihm tagt
Aus ihrem Blick nicht mindern Glückes Sonne.[4]

Friederikes Kommentar zur gelösten Verbindung: »Das Nest gefiel mir wohl, aber der Vogel nicht!«[5] Pfarrer Lehnert wird später unter anderem ein Buch über Friedrich Wilhelm III. in Paretz veröffentlichen, in dem er auch auf des Königs Einstellung zur Natur zu sprechen kommt. Die Anlage des dortigen Parks sei eine, bei der »man sich mehr durch die Natur als durch die Kunst hat leiten lassen.« Durch »diese einfach-ruhige Ländlichkeit« habe sich »das Gemüth des Königs angesprochen« gefühlt, »dessen ganzer Sinn dem Einfachen und Schmucklosen zugewendet war, und der, wenn er Naturgenuß suchte, nur da die gewünschte Befriedigung fand, wo er ungestört dem ernsten Nachdenken und der stillen Betrachtung sich hingeben konnte.«[6]

Nach Lehnert warf Fritzchen ihr Augenmerk auf Lenné und schreckte angeblich auch vor Drohungen nicht zurück, um ihn zu kriegen. »Fritzchen hatte erklärt«, so Karoline, »wenn sie Lenné nicht bekäme, würde sie sich erschießen!« Mutter Voß setzte Lenné davon in Kenntnis, und der wusste, was zu tun war. »Kurz, die Verlobung fand statt, und der noch nicht ganz entlarvte Mephisto sprach sich einst in meiner zufälligen Gegenwart dahin aus: Seine Braut sei ein solcher Engel, daß er ihr nachstreben müße.« Am Rand ihres Manuskripts vermerkte Karoline hämisch: »Es gibt auch böse Engel!«[7]

Im Jahr 1819 durfte Lenné seinen im Vorjahr gezeichneten Plan zur Neugestaltung des Berliner Tiergartens persönlich dem König vorlegen. In einem Begleitschreiben versah er diesen mit einer Art gartenkünstlerischem Credo: »Der Tiergarten könnte den Bewohnern Berlins diejenige Ergötzung gewähren, welche die Natur der Umgebung dieser Stadt versagt hat. Es ist angenehm, auf breiten graden Alleen zu fahren und zu reiten, allein es ist weit unterhaltender und die Eindrücke sind viel angenehmer, die man auf Gängen empfindet, welche sich zwischen dichten schattenreichen Pflanzungen an rasen- und Wasserpartien hinschlängeln. Findet man Wasserpartien, so sind sie allezeit nach mathematischen Figuren gebildet und künstlich eingefaßt. Wie ganz anders sind die Formen in einem Naturgarten! Den Naturgegenden ähnlich, sind sie bald mit Gebüschen und sanften Anhöhen eingefaßt, bald kommt man auf eine Wiese, auf ein Feld, bald an eine Wasserpartie, deren Ufer mit Rasen bedeckt oder mit Gebüschen bepflanzt, sie frei umgrenzen. Die Gebäude passen zu den Szenen und natürliche Sitze laden uns zum Ausruhen unter schattigen Bäumen und in Lauben ein. Welche Abwechslung herrscht in den Partien eines Naturgartens, wie wenig Verschiedenheit hingegen in den Szenen des französischen Gartens, hier sind alle einander ähnlich, und wenn sie auch in Größe und Verzierung verschieden sind, so haben sie doch alle einen Ton. Die in einer graden Linie fortlaufenden Alleen, so angenehm und bequem sie dem fahrenden und reitenden Teile des Publikums sind, so viele Langeweile verursachen sie endlich den Umhergehenden, indem sie den ganzen Weg, welchen sie zu gehen haben, gleich bei Anfange übersehen. Wieviel angenehmer sind nicht die gekrümmten Gänge der Naturgärten, durch welche man nicht nur den Raum besser benutzt, sondern auch den Plan des Ganzen nicht übersehen kann und fast jeden Schritt etwas Neues erblickt.«[8] Diesmal ließ er die vorhandenen geraden Alleen unangetastet, auch wurde der dichte Bewuchs vieler Waldpartien belassen und nur durch einzelne geschlängelte Wege aufgelockert. Auf dem Plan zog sich ein Wasserlauf mäandernd durch den gesamten Tiergarten, immer wieder seeartig erweitert und mit Inselchen versehen. Rechts und links des Wassers waren Wiesenflächen mit Clumps (Baum- und Strauchgruppen) vorgesehen, die insbesondere in Richtung des Brandenburger Tor großzügige Lichtungen bildeten. Die am Tor vorhandenen Exerzierplätze wurden auf diesem Plan ebenso wenig berücksichtigt wie die Fasanerie und das Areal am Schloss Bellevue. Sie sollten erst in spätere Planungen einbezogen werden. An eine Verwirklichung dieses Plans war vorerst jedoch nicht zu denken.

Um die Fontänen in Sanssouci endlich zum Sprudeln zu bringen – ein seit Friedrichs II. Zeiten beklagtes Manko im Park –, schlug Lenné bereits zu diesem frühen Zeitpunkt die Errichtung einer Dampfmaschine zum Hochpumpen des Wassers vor. Doch dem sparsamen Friedrich Wilhelm III. war die dafür veranschlagte Summe von 11.500 Talern viel zu hoch, so dass er die Ausflucht gebrauchte, die zum »Wassertragen im Sommer gebrauchten Tagelöhner« verlören durch die Dampfmaschine »ihren Unterhalt«.[9] Erst unter seinem Nachfolger konnte dieses Projekt verwirklicht werden.

Am Montag, den 3. Januar 1820 fand in der alten katholischen Kirche Sankt Peter und Paul in Potsdam die Vermählung mit Fritzchen Voß statt. Der einstöckige Fachwerkbau von 1738 befand sich auf dem Gelände einer Gewehrfabrik an der heutigen Hoffbauerstraße, für ein Gotteshaus eine eher unwürdige Umgebung: Kohlenstaub und Torf aus der nahegelegenen Fabrik verschmutzten den Weg zur Kirche, und das Hämmern der Waffenschmiede war auch während des Gottesdiensts nicht zu überhören. Kein Wunder, dass in der katholischen Gemeinde Potsdams mit der Zeit der Ruf nach einem Neubau an geeigneterem Ort immer lauter wurde, auch Lenné setzte sich tatkräftig dafür ein. Immerhin waren der Hochaltar und zwei Seitenaltäre in der alten Kirche mit Gemälden vom Hofmaler Friedrichs des Großen versehen. Diese Gemälde von Antoine Pesne (1683–1757) schmücken auch heute noch den Nachfolgebau an anderer Stelle.

»Zu verschiedenen Zeiten nach ihrer Verheirathung« soll Fritzchen sich über die Natur dieser Ehe geäußert haben, wenn man ihrer Jugendfreundin Karoline Glauben schenken darf, die anscheinend stets mit gespitzten Ohren daneben saß: »wir, ich und mein Mann führen eine französische Ehe, jeder kann thun, was u wie es ihm beliebt!«[10] Bei einer späteren Gelegenheit, man hatte sich zum Whistspiel zusammengefunden, zeigte Friederike Karoline etwas in einem »älteren Kalender«, wobei sie seufzte: »Als Braut hatte mir mein Mann versprochen, mir alljährlich diesen Kalender zu schenken; aber der Mann ist nicht mehr Bräutigam.« Daraufhin sei der solcherart Gepiesackte aufgesprungen und habe gesagt: »und wer dich gekannt hätte, hätte dich nicht genommen!«[11]

Mit der Aufnahme in die Familie Voß ergaben sich für Lenné auch neue freundschaftliche Kontakte. So zum guten Freund seines Schwiegervaters Voß, dem Kammerdiener Carl Timm (1761–1839), der sowohl bei Friedrich Wilhelm II. als auch bei dessen Sohn Friedrich Wilhelm III. in Diensten gestan-

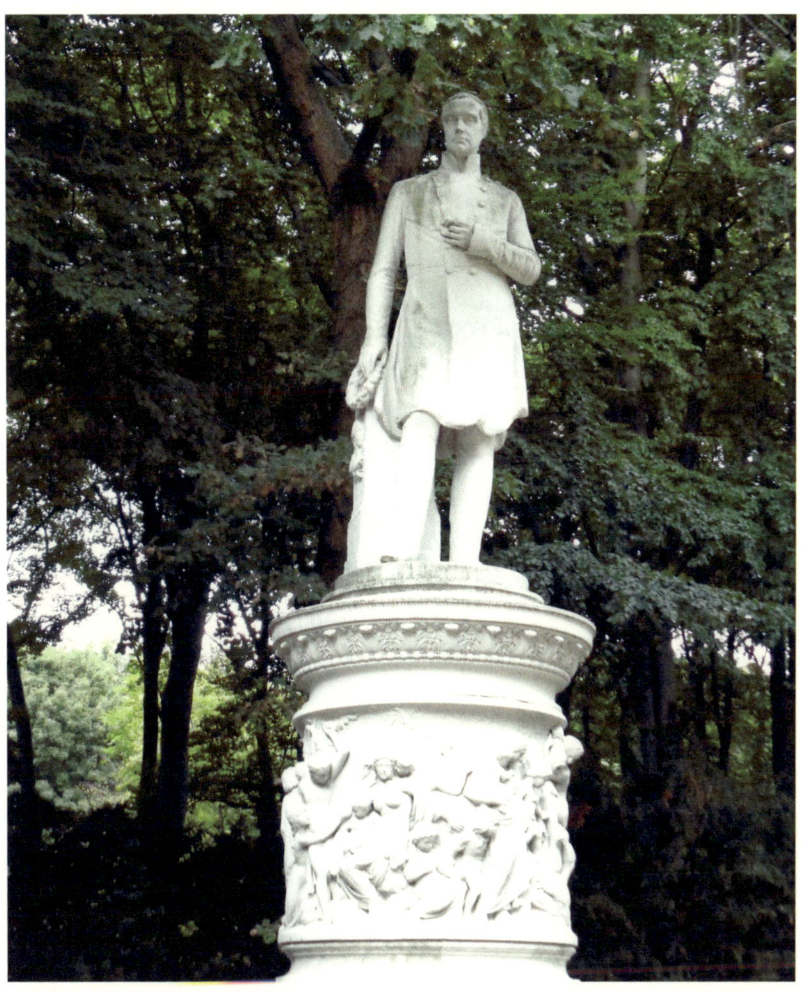

Das 1849 von den Bürgern Berlins gestiftete Denkmal Friedrich Wilhelms III. im Tiergarten.

den hatte beziehungsweise stand. Letzteren hatte er sich in Mimik und Habitus derart angeglichen, dass man schlechterdings nicht verkennen konnte, welchem Herrn er diente. »Timm war die rechte Hand des Königs in Privatsachen«, erinnerte sich Friedrich Wilhelm von Redern (1802–1883). »Er war Beschützer der dramatischen Kunst und versammelte bei sich die weiblichen Kunstgrößen des königlichen Theaters, aber nur die hübschesten. [...] Der König liebte es, in der Gesellschaft auf ein Viertelstündchen zu erscheinen und mit den Damen zu plaudern.«[12] Timm bewohnte in Potsdam ein Haus in der Allee Am Grünen

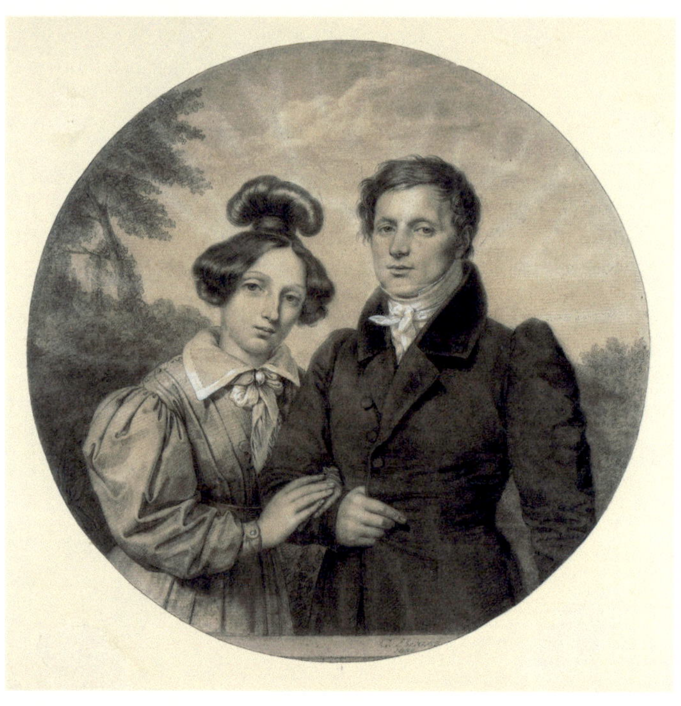

Carl Begas, *Der Bildhauer Ludwig Wichmann mit seiner Gattin Amalie*, Kreide auf Papier, 1830.

Gitter unmittelbar gegenüber der Familie Voß. Als er dort dem Berliner Bildhauer Ludwig Wichmann (1788–1859), Schüler des großen Johann Gottfried Schadow, Modell für eine Büste saß, knüpften die Lennés auch zu den Wichmanns Freundschaftsbande. Ludwig heiratete um 1823 Amalie (1806–1876), die Tochter des Tonwarenfabrikanten Tobias Feilner (1773–1839), dem Schinkel 1828/29 in der Hasenhegerstraße 1 (ab 1848 Feilnerstraße) in der Berliner Luisenstadt ein Wohnhaus aus gebrannten Formziegeln erbauen sollte, das wirksam für die Produkte der dahinter liegenden Fabrik warb.[13] Hans Mackowsky konnte 1923 noch letzte Spuren der ehemaligen, musikbegeisterten Bewohner im Haus ausfindig machen: »Im ersten Stock links […] findet man noch im Berliner Zimmer zwei plastische Sopraporten wahrscheinlich von des Bildhauers Erfindung: im großen mittleren achteckig gerahmten Felde einen Wagenkämpfer auf einer Biga mit feurigem Zweigespann, in den schmalen Eckfeldern eine Lyra mit einem Schwan darüber – Sinnbilder musikalischen Wettstreits. Auch der anstoßende Raum hat offenbar künstlerischer Hauspflege gedient. Noch steht im hinteren Teil, von dekorierten Holzsäulen eingefaßt, eine kleine Bühne, und von der ursprünglichen Eleganz der Ausstattung haben wenigstens noch die Türen mit reicher Ornamentik in Papiermaché die rohe Zerstörungslust namentlich der letzten unruhvollen Jahre, wenn auch kümmerlich, überdauert.«[14]

In dem dreigeschossigen Gebäude mit seinen sechs Wohnungen wohnte nicht nur die Familie Wichmann, sondern auch, von 1830 bis 1832, die Familie des Malers Carl Begas, der mit einer Cousine Amalies vermählt war. Von den drei Söhnen der Familie Wichmann – Hermann, Otto und Rudolf – hat sich insbesondere der Erstgeborene später dankbar »des väterlichen Freundes« Lenné erinnert. Es sei selten ein Jahr vergangen, in dem die Wichmanns »nicht fünf bis sechs Wochen« im Haus des Gartendirektors in Potsdam die Sommerfrische genossen hätten. Gemeinsam mit den »ganz Intimen, die selbst Bewohner von Sanssouci waren, Hofgärtner Fintelmann von der Pfaueninsel und Sello von gegenüber«, habe man den Sommer in vollen Zügen genossen. »Es wurde getanzt, gesungen, theatralische Vorstellungen fanden statt, Landparthieen wurden arrangirt nach dem Schwielow-See, nach Petzow, nach Teltow, nach Baumgartenbrück, nach der russischen Kolonie etc. etc. Immer folgte der Proviant im Küchenwagen nach. Von anerkannter Güte war Lenné's Wein, kein Tropfen französischen Gewächs kam in sein Haus, nur echter rheinischer und Mosel-Rebensaft wurde geschänkt.« Im Gegenzug war Lenné »allsonnabendlich« bei den Wichmanns in Berlin Tischgast, da er sich am Samstag immer geschäftlich in der Stadt aufzuhalten pflegte.[15]

RINGEN UM DIE VORMACHT IM GARTENREVIER

Im Januar 1821 verfasste Schulze, der sich immer mehr in die Enge gedrängt fühlte, ein Promemoria, dass er, wie seine Tochter meinte, womöglich gar nicht abschickte, sondern eher als »Selbstgespräch« ansah. Unter Punkt 5 führte er an, es dürften »weder Herr Lenné noch ein Hofgärtner ohne mein Wissen sich Königl. Gespann bestellen und damit verreisen, ohne es mir anzuzeigen, und nur von mir [ist] Anweisung auf dergl. Gespann zu erstellen.«[1] Nachdem am 4. Mai Lenné senior in Koblenz gestorben war, begab sich sein Sohn einen Monat später in Begleitung von Gattin und Schwester dorthin. Ein von Maltzahn am 4. Juni ausgestellter Reisepass weist diese Reise als Geschäftsreise aus: »Vorzeiger Dieses, der Königl. Preußische Garten Ingenieur Herr Lennée, nebst Frau und Schwester, reißt von hier über Francfurt und Maynz nach Coblentz und zurück. Ich ersuche demnach alle respective Militair und Civil Behörden, dem Lennée, welcher in Dienstgeschäften reißt, ungehindert pass und répassieren zu laßen.«[2] Einen Tag darauf setzte Lenné pflichtschuldigst seinen Vorgesetzten Schulze von der Fahrt und zugleich über die Dauer des Aufenthaltes in Kenntnis: »Mit Bewilligung des Herrn Hofmarschall Baron v. Maltzahn reise ich heute Abend nach Coblenz, wo ich mich vermutlich für 4 bis 6 Wochen aufhalten werde.«[3]

Ein weiterer Punkt von Schulzes Denkschrift lautete: »Des Herrn Lenné Instruktion muß durchaus einer Abänderung unterworfen werden. Er ist zwar Mitglied der Gartendirektion, er muß aber immer unter mir stehen, und darf keine eigenmächtigen Anordnungen oder Veränderungen ohne mein Wissen unternehmen. Meiner Instruktion nach kann ich das mit Recht fordern. Noch weniger kann ich mich aus der Baumschule verdrängen lassen, ich habe nichts dabei verbrochen, sondern, da an dieser einzigen nützlichen Branche meine ganze Glückseligkeit von jeher hing, und ich sie ohne daß Sr Majestät der König auch nur einen Pfennig extra dazu gegeben haben aus einer Wildniß geschaffen habe, so ist mir das gar nicht zu verdenken. Auch muß der p. Lenné angewiesen werden, wöchentlich wenigstens einmal zu meiner Conferenz zu mir zu kommen«.[4]

Der Ton zwischen den beiden Alphamännchen im Revier von Sanssouci war eindeutig rauer geworden, und Lenné drohte Maltzahn sogar damit, die Auseinandersetzung könnte seine Arbeitsfähigkeit beeinträchtigen: »Die bildende Gartenkunst weicht darin von den anderen Künsten ab: dass ihre Werke nie als vollendet zu betrachten sind. Diese bleiben immer noch und zu allen Zeiten einer Veredelung, Verfeinerung und Ausschmückung fähig, und des Künstlers Hand und Auge darf nimmer ruhen, sondern muss in steter Aus- und Fortbildung dem Ideale entgegenstreben. Muss ich bei jeder kleinen Veränderung in den Garten-Anlagen, die oft von ungeahnter Wirkung ist, erst bei dem Oberhof-Baurat und Garten-Direktor Schultze anfragen und muss ich meine Absichten gegen veraltete und irrige Begriffe durchfechten, so geht nicht nur die Zeit des Schaffens ungenützt verloren, sondern ich werde bald bei solchen Hemmungen und unter diesen Bedingungen für eine Kunst erschlaffen, für welche ich jetzt mit voller Seele lebe.«[5] Und noch Jahre später, als es beim Tiergartengarten-Projekt erneut zu Problemen mit einem vorgesetzten Beamten kam, erinnerte sich Lenné: »Während zehnjähriger gemeinschaftlicher Verwaltung der königl. Gärten mit meinem Kollegen, dem verstorbenen Oberbaurat Schulze [...] habe ich der bitteren Erfahrungen, die aus geteilter Administration hervorgehen, so viele gemacht, daß ich ein ähnliches Verhältnis ganz entschlossen abzulehnen entschlossen bin.«[6]

Am 31. August 1821 präsentierte Lenné einen weiteren Plan für Sanssouci und vor Ort wurden die Arbeiten in Angriff genommen. Bereits unmittelbar nach dem Tod Friedrichs II. war unter dem Gartendirektor Manger mit der Umwandlung der barocken Gartenanlagen zu Füßen des Weinbergschlösschens sowie vor den Neuen Kammern und am Chinesischen Haus »im englischen Geschmack« begonnen worden.[7] Spätere Vernachlässigungen hatten jedoch dazu geführt, dass sich der Park um 1820 in einem desolaten Zustand befand. Viele der »Statuen, Büsten und Vasen« waren »beschädigt und durch Schmutz unansehnlich geworden«, denn »seit 1801 wurden sie nicht mehr im Winter mit Gehäusen gedeckt, da der damalige Chef, Hw. Hofmarschall v. Massow die Bretter zu anderen Zwecken anzuwenden befohlen hatte.«[8] »Immer zunehmende Verwilderung, Versumpfung und Trümmerhaftigkeit« hatten 1818, »als der Besuch des Kaisers Alexanders erwartet wurde«, dazu geführt, dass an Lenné der Auftrag ergangen war, »die besuchtesten Partien in besseren Stand zu setzen.«[9] Nun jedoch sollte, was zuvor in kleinem Umfang begonnen worden war, insgesamt zum Landschaftsgarten umgestaltet werden: »Als Lenné endlich so gestellt war,

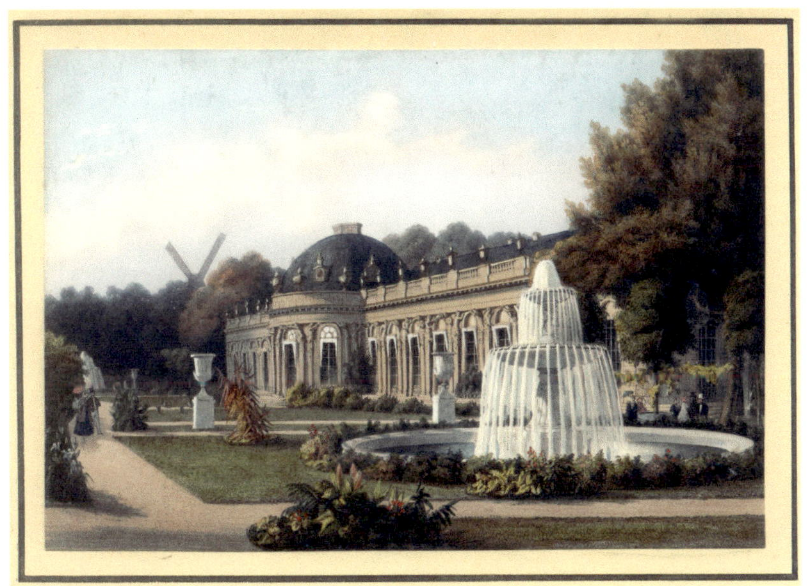

F. Meyer, *Schloss Sanssouci*, Farblithographie, um 1855

daß er selbständig schaffen konnte, wollte er ganz Sanssouci zu einem homogenen englischen Parke umgestalten, und begann auch diejenigen Theile des Gartens unmittelbar vor und neben den berühmten Terrassen nach englischer Art anzulegen.«[10] Noch Jahrzehnte später konnte sich Karoline darüber empören: »Hecken, Statuen, Büsten, Vasen, alles sollte fortgeschafft werden, und ein kahles langweiliges krummliniges Wegenetz dafür hergestellt werden.«[11] Und auch Lenné wohlgesinnte Zeitgenossen waren später der Ansicht, »der Künstler« habe damals »die Grenzen, welche ihm Geschichte, Pietät und preußische Tradition hätten setzen sollen«, überschritten.[12] Nun, die vollständige Umgestaltung sollte unterbleiben. Als Kronprinz Friedrich Wilhelm an »einem schönen Frühlingstage« den gewohnten Weg zum Neuen Palais einschlug, kam er bald nicht mehr weiter. Zornig fragte er einige beim Chinesischen Haus beschäftigte Arbeiter: »wer hat das befohlen?« Die Antwort lautete: »Lenné!« Daraufhin entfuhr Friedrich Wilhelm angeblich der Ausruf: »was ist das für ein Thier!«[13]

Der traditionsbewusste Kronprinz erreichte bei seinem Vater, dass die begonnenen Arbeiten eingestellt und – zumindest teilweise – wieder rückgängig gemacht wurden. »Die besagten Wege mußten wieder frei und gangbar gemacht werden; die Lücken zwischen den [Allee-]Bäumen aber mit neuer Pflanzung ausgefüllt werden, kurz Friedrichs II. Anlagen ganz hergestellt, Statuen, Büsten wieder aufgestellt werden.« Aus ihrer Genugtuung, dass dieser »Frevel« getilgt werden musste, machte Karoline keinen Hehl. Als sie Lenné triumphierend sagte, nun sei alles wiederhergestellt, antwortete der »in seinem stets beibehaltenen rheinischen Dialekt«: »wer kann wider den Strom schwimmen!«[14] Apropos, ein anderer Zeitgenosse entsann sich später »seiner etwas langsamen Redeweise«, aber alles, »was er sprach, war überlegt, geistreich und doch freundlich und gewinnend.«[15]

Als Ausgleich für dieses »Nichteingehen auf die modernen Umgestaltungspläne Lennés« verfiel der Kronprinz darauf, man könnte ja stattdessen »das Terrain des alten Hopfenkruges von Bornstedt« als Landschaftsgarten anlegen. Da gab es jedoch einen Haken: »Es kam auf die Zustimmung Friedrich Wilhelms III. an, und da es sich dabei um rentables Terrain handelte, so war die Gewährung zweifelhaft, denn wer kannte nicht den sorgsamen Haushalt des Königs, der sich selbst sogar keine Ausgabe erlaubte, wenn sie blos zu seinem Vergnügen diente.« Um doch zum Ziel zu gelangen, nahm Lenné Zuflucht zu einem Trick, wie er mit »diplomatischem Lächeln« zu erzählen wusste: Da die Gaststätte Hopfenkrug, sonntäglicher Treffpunkt von »Soldaten, Handwerksburschen und Dienstmädchen«, einen übel beleumundeten Ruf hatte und es öfters zu Schlägereien gekommen war, appellierte er an die Sittlichkeit des Königs. »Unsittlichkeit in der Nähe Friedrich Wilhelm III.« sei genug gewesen, »um sofort die Wegschaffung des hinderlichen Hopfenkruges herbeizuführen. Alles weitere ergab sich dann leicht von selbst.«[16]

FRÜHE PRIVATAUFTRÄGE

Dass Lennés Arbeiten in Preußen Aufmerksamkeit zu erregen begannen, belegt der Briefwechsel mit dem Grafen Wilhelm von Hake (1785–1841), preußischer Major und Kammerherr von Prinz Friedrich von Preußen. Graf Hake hatte sich an Hofmarschall von Maltzahn mit der Bitte gewandt, ihm einen »der Königlichen Kunstgärtner« zu empfehlen, da er die bei seinen »Gütern Dahlwitz und Ranft befindlichen Lustgärten in einem neueren Geschmack einzurichten« gedachte. Nachdem sich keine Gelegenheit ergeben hatte, Lenné in Berlin zu treffen, nahm er »Zuflucht zur Feder« und schrieb am 10. März 1821 dem »Königlichen Hofgärtner Herr[n] Lainnée« einen schmeichelhaften Brief: »Ich wünsche nemlich, daß Ew. Wohlgeboren die Güte haben möchten, mir einen Plan zu den von mir anzulegenden Gärten zu entwerfen, und mir bei dieser Gelegenheit das Vergnügen Ihrer näheren Bekanntschaft zu verschaffen. Der Ruf Ihrer Geschicklichkeit Ihres Geschmacks und Ihrer Sachkenntniß hat sich bei mir dadurch bewährt gefunden, indem ich Gelegenheit gehabt, die von Ihnen bei dem Onkel meiner Frau zu Glienicke und in dem Garten des Herrn Minister von Bülow gemachten Anlagen zu bewundern«. Der mit Julie von Marschall, einer Großnichte des Fürsten Hardenberg vermählte Graf bat den Garteningenieur eindringlich, ihn in seiner Wohnung am Wilhelmplatz oder auf seinem Gut in Dahlwitz zu besuchen, denn er hatte es eilig: »Wie wohl die Jahreszeit schon weit vorgerückt ist, so beabsichtige ich doch den größten Theil der Anlagen in diesem Frühlinge und so vieles thunlich ist im Laufe dieses Sommers auszuführen, wenn Ew. Wohlgeboren mich recht bald dazu in Stand setzen.« Auch sollte dies keinesfalls zu Lennés Nachteil sein, wie der Graf durchblicken ließ, für die ihm gewidmete Zeit werde er ihn »gern schadlos halten« und ihm tätig seine »Erkenntlichkeit zu bezeugen bemüht sein«.[1] Lenné beantwortete den Brief postwendend und legte alsbald einen ersten Plan vor.

Im September erinnerte der Landwirtschaftsreformer Carl von Treskow (1787–1846), der am Schloss Friedrichsfelde ein Mustergut betrieb, Lenné an

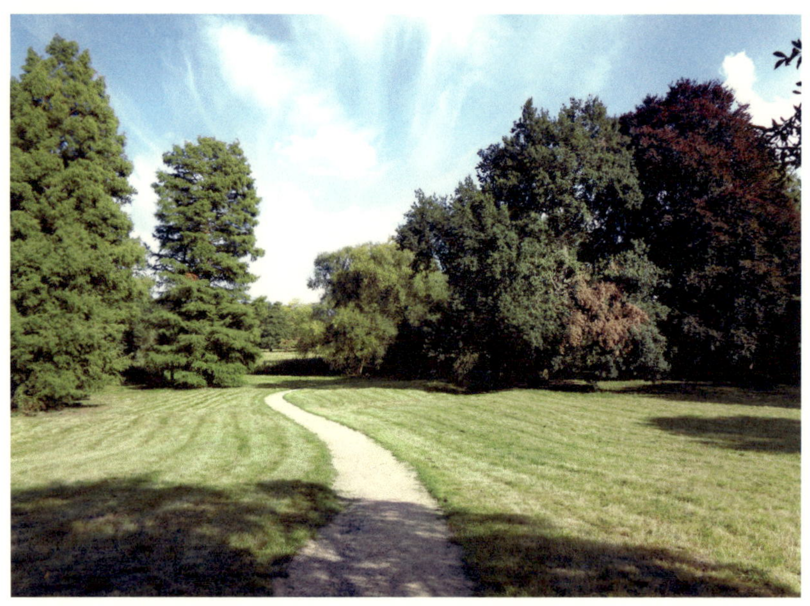

Blick vom Schloss in den Park von Dahlwitz-Hoppegarten.

sein im Frühjahr gegebenes Versprechen, ihn »im Herbst zu besuchen, um einige Aenderungen in meiner Gartenanlage anzuraten.«[2] Eine Aufforderung, der Lenné Folge leistete und Pläne für eine landschaftsgärtnerische Gestaltung des Areals vorlegte. Teile des von ihm angelegten Landschaftsgartens gehören jetzt zum Tierpark Berlin. Unweit der Eisbärenanlage befindet sich nach wie vor das Erbbegräbnis, wo auch der Initiator des Parkplans Carl von Treskow seine letzte Ruhestätte gefunden hat. Heute erinnert eine 1964 im Tierpark aufgestellte Lenné-Büste der Bildhauerin Senta Baldamus (1920–2001) an dessen Anteil an den Anlagen.

Mit dem Park in Bad Freienwalde, für den Lenné eigenhändig einen Plan entwarf, verwirklichte er erstmals ein Projekt für eine Kuranlage, zudem war es sein »erstes Projekt für das Preußische Königshaus außerhalb der Residenzstädte Berlin und Potsdam.«[3] Die bereits 1683 erschlossene Kurfürstenquelle am Fuß einer Hügelkette erfreute sich auch im späten 18. und frühen 19. Jahrhundert einiger Beliebtheit, so dass Carl Gotthard Langhans (1732–1808) 1790 ein noch bestehendes Bade- und Logierhaus erbauen ließ und Schinkel knapp 30 Jahre später einen Saalbau (ein erster Teil wurde 1961 abgerissen, der klägliche Rest 1992/3). Lenné oblag es um 1821, einen Landschaftsgarten zwischen dem

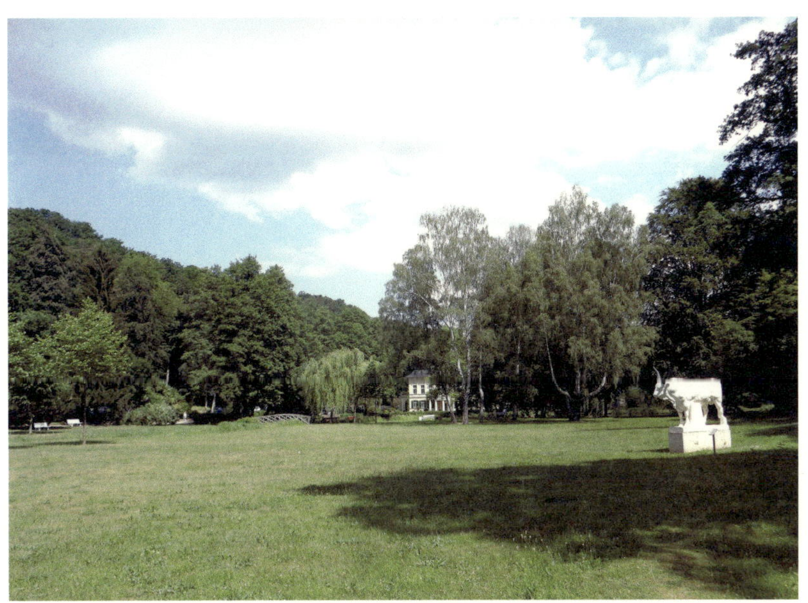

Der Kurpark in Bad Freienwalde mit der Stierplastik von Louis Tuallion (1862–1919).

Berghang und den Kuranlagen zu entwerfen. Der Park mit Teich samt Inselchen sowie einem Flusslauf mit kleinen Wasserfällen am Hang sollte ihn die nächsten Jahre beschäftigen, wie aus dem Briefwechsel mit dem Kurarzt August Treumann hervorgeht: »Die Umpflanzung des unter Ihrer Leitung gewiß nach Wunsch gelungenen Wasserfalles kann jedoch, bei der Ungewissheit, ob ich frühzeitig genug überkommen werde, nicht bis dahin ausgesetzt bleiben, und ersuche ich Sie mein hochgeehrter Freund daher dringend, an dieses Geschäft baldmöglichst Hand anzulegen.« Darüber hinaus mahnte er einen schon früher zugesagten Besuch in Potsdam an. »Meine Frau freut sich mit mir auf die Erfüllung Ihres schon oft gegebenen Versprechens, uns zu besuchen.«[4]

Auch der Park des für die Königinwitwe Friederike Luise erbauten Schlösschens in Bad Freienwalde wird hin und wieder Lenné zugeschrieben, was jedoch nicht eindeutig geklärt ist. Rechterhand hinter dem Schloss, oberhalb einer Freilichtlichtbühne aus DDR-Zeiten, befindet sich übrigens die Grabstätte des Oberhof- und Hausmarschalls von Wilhelm I., Hermann Erdmann Graf Pückler, Freiherr von Groditz (1797–1892). Dem Hofmarschall fiel in den 1840er-Jahren eine Vermittlerrolle zu zwischen den hohen Herrschaften, denen er diente, und seinem Vetter Hermann von Pückler-Muskau, als es darum ging, den ursprünglich von Lenné geplanten Babelsberger Park umzugestalten. Offenbar machte er seine Sache gut. Denn, so schrieb der Fürst, er empfände ihn als »den Gentleman artigsten, die persönliche Würde nie verläugnenden, und doch eifrigsten, geschicktesten und seine Stellung erschöpfendsten Diener den ich kenne. So zu Dienen ist eine Ehre und Freude für beide Theile, aber leider auch eine starke Ausnahme von der Regel.«[5]

FRÜCHTE DER FREUNDSCHAFT

Im Mai 1822 besuchte der britische Architekt und Gartenbauer John Adey Repton (1775–1860), Sohn des berühmten Landschaftsgärtners Humphry Repton (1752–1818) und so gut wie taub seit Geburt, auf Veranlassung von Fürst Pückler-Muskau Preußen, wo er ein reiches Betätigungsfeld vorfand. So begutachtete er nicht nur den Pleasureground in Klein-Glienicke und die Königlichen Gärten in Potsdam, sondern wurde auch in Muskau und, auf Anweisung von Pücklers Gattin Lucie, in Neuhardenberg tätig, dem Landgut ihres Vaters, des Staatskanzlers Hardenberg, für das Lenné im Vorjahr einen eigenhändigen Plan vorgelegt hatte. Heute wird dieser Park als »Gemeinschaftswerk von Lenné, Repton und Pückler« angesehen.[1] Auf Anweisung Maltzahns wurden Repton von Lenné die Gartenanlagen am Schloss Charlottenburg, auf der Pfaueninsel, am Marmorpalais sowie in Sanssouci gezeigt, über die sich der britische Gartenfachmann ausgesprochen positiv äußerte. Fürst Pückler dagegen war damals der Ansicht, Lenné sei »un pauvre génie auprès de Repton« und habe »höchst einseitige in England veraltete Ideen.«[2]

Wie man sich den frisch in den Fürstenstand erhobenen Pückler damals vorzustellen hat, schilderte der evangelische Bischof Rulemann Friedrich Eylert (1770–1852), nachdem er Pückler in Bad Pyrmont als Begleiter Hardenbergs kennengelernt hatte: »Er stand und ging wie auf Sprungfedern und Alles an ihm pulsirte und sprudelte.« In jenen Jahren sei in »dem klaren und tiefen Strome seines Lebens [...] noch viel wildes, sprudelndes Wasser« geflossen, »welches Manchen begossen und überstürzt« habe. Doch sei Pückler durch und durch originell gewesen. »Originelle Menschen«, so Eylert, »leben und bewegen sich in eigenen Gedanken, und auch dem Gewöhnlicheren, was täglich vorkommt und wiederkehrt, wissen sie eine neue Ansicht abzugewinnen. Ihr Geist, ihr Auge sieht nicht bloß die Oberfläche, sondern auch das Tiefere. Sie tragen es hinein, sie holen es heraus, und weil dabei nichts Gesuchtes, weil Alles natürlich ist, was von selbst kommt, so geht von ihnen eine anziehende Kraft aus.

Sie werfen Festes und Cohaerentes in die Oberfläche hinein; dadurch entsteht ein Mittelpunkt, in welchem sich immer größer werdende Kreise bilden. Man siehet hin bis sie verschwunden sind; aber in dem Schiff des Lebens wissen sie selbst mit dem prosaischen Fährmann ein interessantes Gespräch anzuknüpfen. Ein solcher origineller Mann ist der Fürst Pückler; er bringt in Alles Geist und Leben, und wo er ist, da gähnet nie die lange Weile. Vorzüglich sind alle seine geistigen Kräfte im freien Spiel, wenn er sie losläßt und es ihm darauf ankommt, sich zu entwickeln.«[3] Es scheint, Lenné, der wie der Fürst nach dem Wiener Kongress zum »Neupreußen« geworden war und sich ebenso wie dieser auf dem Gebiet der Gartenkunst einen Namen in seiner neuen Heimat zu schaffen versuchte, gehörte zu den Menschen, die Pückler – zumindest in seiner privaten Korrespondenz – gerne mit kaltem Wasser übergoss. Untereinander wahrten der schlesische Adelige und der Bonner Hofgärtnersohn aber selbstverständlich den guten Ton, auch wenn Lenné durchaus Kenntnis von der Kritik seines Konkurrenten besaß. Sie konnte ihn kalt lassen, hatte er doch bald schon eindeutig die Nase vorn.

Als Friedrich Wilhelm III. am 4. Juli 1822 per Kabinettsorder die Gründung des »Vereins zur Förderung des Gartenbaues in den Königlich Preußischen Staaten« gestattete, gehörte zu den elf Gründungsmitgliedern neben Hofgärtner Ferdinand Fintelmann auch Garteningenieur Lenné. Letzterer sollte mit einer zweijährigen Unterbrechung bis 1858 als stellvertretender Vorsitzender fungieren. Im ersten Paragraphen der Vereinssatzung wurde neben anderen ausdrücklich auch der künstlerische Aspekt des Gartenbaus angeführt: »Der Zweck des Vereins ist die Beförderung des Gartenbaues in dem Preußischen Staate, die Obstbaumzucht in allen ihren Zweigen, des Baues der Gemüse- und der Handelskräuter, der Erziehung von Zierpflanzen, der Treibereien und der bildenden Gartenkunst.«[4] In der Vereinspublikation *Verhandlungen des Vereins zur Beförderung des Gartenbaues in den Königlich Preußischen Staaten* sollte sich Lenné in den kommenden Jahrzehnten regelmäßig zu Wort melden, und manche Einzelheiten zu seinen Gartenreisen erfährt man einzig aus dieser Quelle, so auch zu der 1822 angetretenen Englandfahrt.

Die Ratschläge von Repton junior und die damit unmittelbar in Zusammenhang stehende Kritik Pücklers hatten zu einer vom König finanzierten Englandreise zu Studienzwecken geführt, wobei wohl auch Staatskanzler Hardenberg seine Finger im Spiel hatte. Am 15. Juni wurde dem Garteningenieur mitgeteilt, sein Wunsch, zu seiner »größeren Ausbildung nach England reisen zu dürfen«, sei genehmigt worden. Daraufhin hatte er sich instruieren lassen, was er am besten in Augenschein nehmen sollte. »Euer Hochfürstliche Durchlaucht«, schrieb er am 22. an Hardenberg, »darf ich die Versicherung geben, daß ich keine Anstrengung scheuen werde, um den höchsten Nutzen für meine Kunst von dieser für mich so interessanten Reise zu ziehen, und hoffe dann zukünftig um so mehr die Zufriedenheit Sr. Königl. Majestät zu erreichen.«[5] Und so hielt sich der preußische Garteningenieur im Sommer einige Wochen lang in Bedfordshire, Berkshire, Buckinghamshire, Cheshire, Hertfordshire, Surrey, Yorkshire und London auf. Die von ihm selbst verfasste Reisebeschreibung *Allgemeine Bemerkungen über die Brittischen Parks und Gärten*, die leider nur zum Teil veröffentlicht wurde, listet einige der besuchten Parkanlagen auf. So Eaton Hall bei Chester, damals Sitz des Earl of Grosvenor, das zwischen 1803 und 1813 von William Porden (1755–1822) für eine erkleckliche Summe spektakulär im neugotischen Stil umgebaut worden war. Lenné beeindruckte an dieser Anlage besonders die Verbindung des beim Dörfchen Ecclestone gelegenen Schlosses mit der »3 englische Meilen« entfernt gelegenen Stadt Chester. »Um sich die Reise nach seinem Landgute angenehm zu machen, und gewissermaßen in Chester und Caton [!] Hall zugleich zu Hause zu seyn, hat er [der Earl of Grosvenor] einen großen Theil der zwischen beiden Orten belegenen Landstücke an sich gebracht und dieselben durch einen nicht weit von den Thoren der Stadt anhebenden Park verbunden.« Könnte man nicht, kam Lenné beim »Anblick dieser Anlagen« die Idee, »die besuchtesten Verbindungswege in der Umgebung der Königl. Residenzen Berlin und Potsdam einer ähnlichen Ausschmückung« unterziehen? »Durch Einstreuung ganzer Gruppen solcher Laubhölzer, welche in den vorhandenen Boden Gedeihen finden; durch Auslichtung der geschlossenen Waldbestände, wo die Umgebung anmuthige Landschaftsgemälde darbietet; durch Oeffnung der Baummassen, welche die schönen Wiesengründe zwischen Zehlendorf und dem Wannsee verhüllen, und durch Freistellen der einzelnen alten Eichen, welche an mehreren Orten von den Kiefern unterdrückt und versteckt sind, würde diesem Theile des Weges ein neuer und nicht geahnter Reiz gegeben werden können.«[6]

Über den Park von Ashridge House in Hertfordshire, den der preußische Garteningenieur ebenso besuchte wie die Anlagen von Claremont, Stowe und Woburn Abbey, vermerkt er nur, dass dort Wild im Überfluss gehalten wurde. Ursprünglich zwischen 1759 und 1768 von Lancelot »Capability« Brown (1716–1783) angelegt und Anfang des 19. Jahrhunderts von Humphry Repton dem

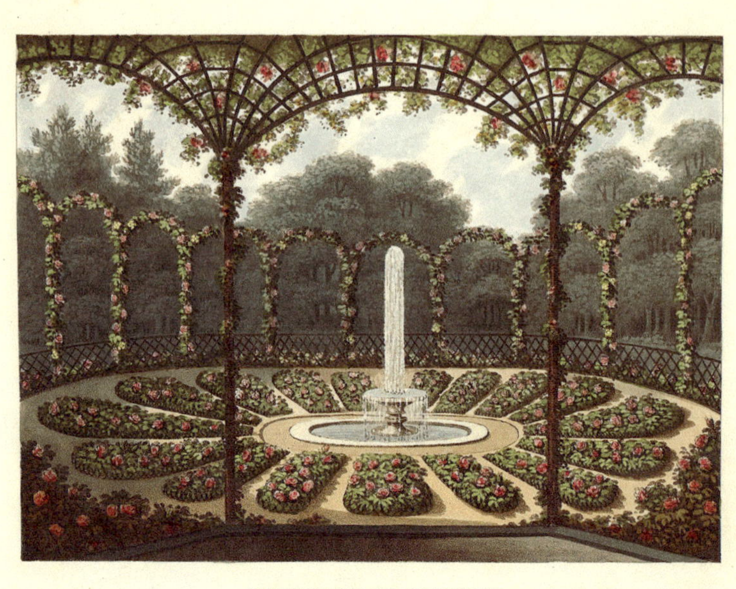

Humphry Repton, *The Rosary at Ashridge*, kolorierter Stich, 1816.

pittoresken Zeitgeschmack angepasst, war der Park von Ashridge ein Paradebeispiel für die englische Gartenkunst jener Jahre. Insbesondere das in Reptons Buch *Fragments on the Theory and Practice of Landscape Gardening* (1816) abgebildete und für diesen Park entworfene Rosenbeet in Gestalt einer mittelalterlichen Fensterrose wurde oft nachgeahmt, unter anderem von Fürst Pückler in Bad Muskau sowie im Babelsberger Pleasureground oder von Lenné im Burggarten von Stolzenfels.

Ein anderer von Repton überarbeiteter Park war der von Cassiobury in Hertfordshire, dem Lenné ebenso wie der Gartenanlage des Baron Beaumont bei Bretton Hall in Yorkshire ein schlechtes Zeugnis ausstellte. Was man 1822 im Landschaftsgarten von Bretton Hall sehen konnte, beruhte auf Entwürfen von Richard Woods (1715–1793). Woods Stil zeichnete sich durch eine größere Mannigfaltigkeit bei den verwendeten Pflanzen aus als bei seinem Zeitgenossen Lancelot Brown, und seine Manier, den Pleasureground weit in die Parklandschaft vordringen zu lassen, brachte seiner Art der Gartengestaltung den Überbegriff des »pleasure garden« ein.[7] Dass Lenné mit dieser Art der Gartengestaltung weniger anfangen konnte, ist offenkundig. »Das Schöne, Bezeichnende und Natürliche der Englischen Gartenkunst«, schreibt er mit Blick auf die Anlage von Bretton Hall, »geht daher gerade dadurch, daß man von der Natur, die ihr Vorbild seyn soll, wieder abweicht, und der Ausschmückungen, die ihr fremd sind, zu viele und am unrechten Orte anhäuft, wieder verloren.«[8] Gegenwärtig dient der Park mit seinem dramatisch in die Landschaft eingeschnittenen Tal dem Yorkshire Sculpture Park als grandiose Kulisse für die Arbeiten Henry Moores und anderer.

Ein Brief seines Freundes Ries legt nahe, dass Lenné sich auf seiner Rückreise in dessen Londoner Wohnung in der Norton Street 57 aufhielt, der heutigen Bolsover Street im vornehmen Stadtteil Fitzrovia.[9] Ferdinand Ries lebte seit 1813 in Englands Hauptstadt, wo er ein Jahr später die wohlhabende Harriet Mangeon (1796–1863) zur Frau genommen hatte und als Komponist große Erfolge feierte. Dass der alte Schulkamerad aus Bonner Tagen beim Ehepaar Ries logierte, war wohl selbstverständlich. Auch später wird er mit seiner Gattin die nach Godesberg und schließlich nach Frankfurt übergesiedelte Familie Ries mehrfach besuchen.

In London waren es vor allem die städtischen Parkanlagen, die der Garteningenieur in Augenschein nahm: St. James Park, Hyde Park, Kensington Park und Green Park sagten ihm aber weniger zu. »Ich kann diese Anlagen«, schreibt er, »trotz der Celebrität, welche sie durch die Anglomanie mehrerer deutscher Schriftsteller auch bei uns erhalten haben, nicht als Muster von Volksgärten erkennen.«[10] Dagegen dünkte ihm der im Entstehen begriffene Regent's Park des Architekten John Nash vielversprechender. Im botanischen Garten von Kew, einem Werk von William Chambers, bemängelte er, dass die schöne, ihn umgebende Landschaft nicht zu sehen war, in Windsor dagegen war es der »in einer wahrhaft romantischen Gegend erbaute Pallast« mit seinem »kühnen gothischen Styl«, der ihn an eine pittoreske Gesamtanlage denken ließ. Eines vermisste der gebürtige Rheinländer – in seinem Bericht betonte er seine Herkunft ausdrücklich – in England jedoch: die auch landwirtschaftliche Nutzung der Landschaftsgärten. An »den Anblick der Weinberge und Obstfelder« gewöhnt, hatte er sich »einer schmerzlichen Empfindung darüber nicht erwehren können, daß man diesen vor Allem lebendigen Schmuck in England ganz vermißt, und so viele fruchtbare Felder, welche tausend fleißige Menschen beschäftigen und beglücken könnten, in Einöden zur Hegung des Wildes verwandelt.«[11] Grundsätzlich war der preußische Garteningenieur der Ansicht, dass »Vermeidung von Wiederholungen« ein Hauptelement »der Composition Englischer Parks« sei, dass jedoch deren »Schönheiten« insgesamt »ein Kunstgeheimnis« seien. »Wir empfinden die Wirkung derselben, aber allgemein deutliche Begriffe hiervon gehören noch zu den unerfundenen Wahrheiten.«[12]

»Lenné ist«, so mäkelte Fürst Pückler nach der Lektüre der *Allgemeinen Bemerkungen* am 4. Mai 1824 in einem Brief an Lucie, »nicht ohne bedeutenden Nutzen in England gewesen, obgleich nicht lange genug.«[13] In einem weiteren Schreiben vom Januar 1827, der in sein Erfolgsbuch *Briefe eines Verstorbenen* aufgenommen wurde, wunderte er sich bei der Besichtigung von Eaton Hall in Cheshire, »wie Herr Lainé [!], dessen Verdienste um die Verschönerung seines Vaterlandes man alle Gerechtigkeit widerfahren lassen muß, in den Annalen des Berliner Gartenvereins, diesem Park vor allen, die er gesehen, den Vorzug geben kann«. Die »englischen Kritiker« hätten sich darüber »etwas lustig gemacht«.[14] Einer dieser Kritiker war der britische Gartenarchitekt und Verfechter des »gardenesque style« John Claudius Loudon (1783–1843), der in seiner Besprechung der *Allgemeinen Bemerkungen* hervorhob: »We see from […] Mr. Lennés paper, that he has not clear ideas of what English gardening is, or ought to be. […] A foreigner, to become acquainted with our gardening, would require to remain some years in the country, and to make himself master of the language.«[15]

Im Anschluss an seinen Englandaufenthalt reiste Lenné Ende September oder Anfang Oktober nach Paris. Bei einem Zwischenstopp in Haarlem suchte er die Gärtnerei von George Voorhelm Schneevogt (1775–1850) auf, mit dem er über die richtige Verwendung von Mergel fachsimpelte.[16] In der französischen Hauptstadt war ein Treffen mit seinem Auszubildenden Hermann Sello (1800–1876) verabredet, der jedoch auf sich warten ließ, da er seine Studienreise durch Italien in die Länge zog. Unter Hinterlassung eines Briefes begab sich der preußische Garteningenieur schließlich wieder zurück nach Potsdam. Sello traf seinerseits erst Ende Oktober in Paris ein, wo er bis März des kommenden Jahres blieb und wie zuvor auch schon aus München und Mailand eine »Saamensendung« nach Potsdam aufgab.[17] Nun wäre er gerne noch nach England gereist, gesetzt den Fall, der König verlängere das gewährte Drei-Jahres-Stipendium um ein weiteres Jahr. Dass dies nicht geschah, ist nicht zuletzt auch auf Lenné zurückzuführen. In einem Schreiben an Maltzahn führte der Garteningenieur aus, dass »bekanntlich in Italien für den Gärtner nur wenig Ausbeute zu finden ist; wo die Natur ohne Fleiß und Industrie alles in üppiger Fülle hervortreibt, da vernachlässigt der Mensch gewöhnlich die Mittel, welche die Kunst gewährt.

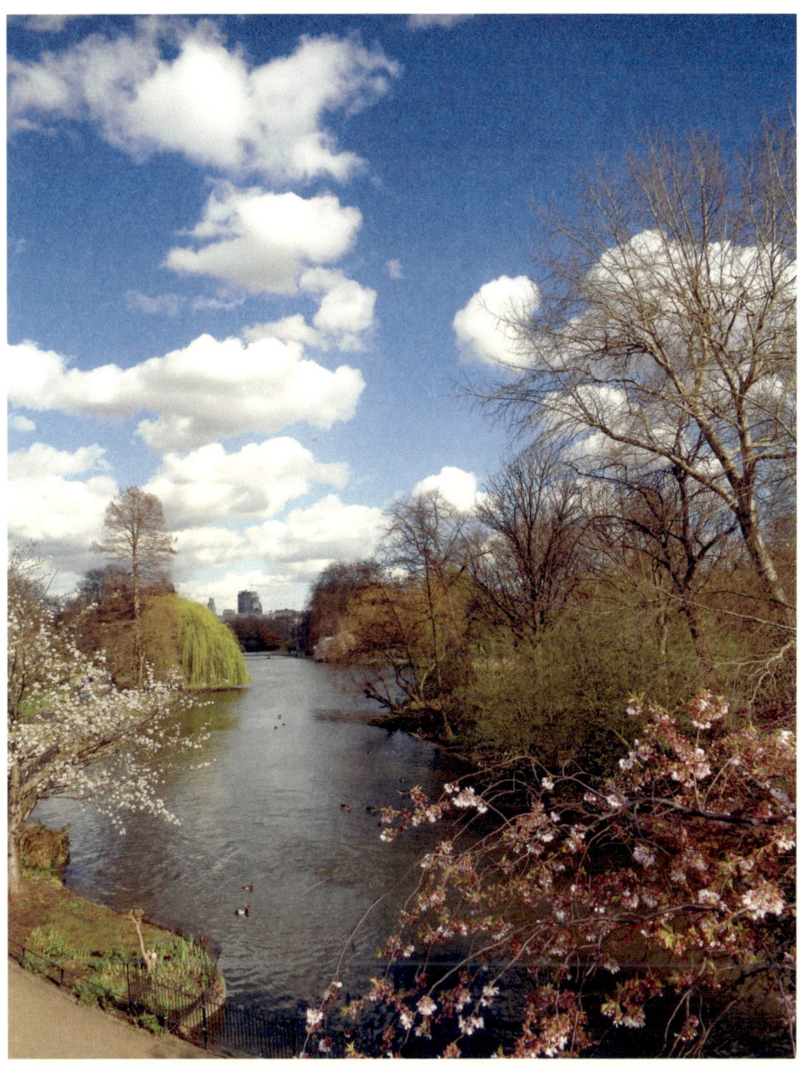

Der St. James Park in London.

Dieser Vorwurf trifft nach dem übereinstimmenden Urtheile aller Reisenden vorzüglich dieses Land.« Mit anderen Worten, Sello hatte in den Augen seines Vorgesetzten seine Zeit vertan, denn »wer ein Jahr in Deutschland, das 2te in Frankreich und das dritte in England seine Zeit gut verwendet hat, der wird den Anforderungen, welche hier an ihn gemacht werden, jederzeit entsprechen«.[18] Eine Ausnahme sollte auch deshalb nicht gemacht werden, um keinen Präzedenzfall für die Reisen anderer Gartengesellen zu schaffen, zumal Lenné Maltzahn bereits zuvor empfohlen hatte, dem jungen Mann als Anerkennung »seiner Leistungen eine Gratification von 30 ad 40 Rth gnädigst zu bewilligen«.[19] Sello konnte seine Englandreise schließlich doch noch bewerkstelligen, indem er den »lebenslangen Junggesellen« Alexander von Humboldt (1769–1859) um Hilfe bat, der ihm finanziell unter die Arme griff.[20] Seinen Vorgesetzten in Preußen versuchte er derweil, mit salbungsvollen Worten geneigt zu halten, wobei die Syntax arg ins Schleudern geriet: »[Ich kehre] in unseren freundlichen Kreise, den ich so lange schon entbehre, wieder zurück wo ich dann an Ihrer Hand, ohne ist mein Schicksal nicht bitter uns jeh wieder zu trennen, an die Früchte der Freundschaft zu laben mich gedenke.«[21]

Kaum wieder zurück in Potsdam erreichte Lenné die traurige Nachricht vom Tod seines Gönners. Am 26. November war Staatskanzler von Hardenberg in Genua gestorben. Sobald die Neuigkeit seines Ablebens publik war, wurde sein »offenkundiger Verkehr mit Frauen einer gewissen Klasse« vom Fürsten Hatzfeld König Friedrich Wilhelm III. gegenüber harsch kommentiert: »Der Kanzler hatte ein großes Unglück. Wenn er f---n wollte, nahm er nur H---n.« »Da mögen Sie nicht ganz Unrecht haben«, lautete die Antwort des indignierten Monarchen, »hatte aber sonst ooch seine Meriten, besonders zu gewissen Epochen; das muß man nicht vergessen.«[22] Ries bedauerte seinen Freund brieflich: »Deinen guten Fürsten hast du verlohren: ich hoffe, daß das auf dich keinen andern Einfluß hat, als einen würdigen Protektor weniger zu haben.«[23] Da war Lenné nach seiner »erfolgten Rückkehr aus England« längst wieder eifrig mit seinen Projekten in und um Berlin beschäftigt, und den Grafen Hake ließ er wissen, er behalte es sich vor, ihm »persönlich von den mancherlei interessanten Werken, die ich auf meiner letzten Reise zu bewundern Gelegenheit hatte, Nachricht zu geben.«[24]

Im folgenden Jahr befasste sich Lenné unter anderem mit dem Entwurf eines Parks für das Gut Criewen im unteren Odertal. Sieben Jahre zuvor hatte es der Rittmeister Otto von Arnim (1785–1857) erworben, der das Gutshaus in seiner gegenwärtigen Gestalt errichten und das alte Dorf auf die nordöstliche Seite desselben verlegen ließ, lediglich eine aus dem 14. Jahrhundert stammende Kirche durfte ihren ursprünglichen Standort behalten. Sie wurde in den geplanten Park integriert und bekam 1830 eine rosa getünchte Putzfassung, den Turm und einen Stufengiebel. Noch heute kündet eine imposante alte »Dorflinde« von der Stelle, an der ursprünglich einmal der Dorfplatz lag. Lenné schuf hier eine seiner malerischsten Anlagen: Ein buchtenreicher Teich mit Brückchen und Insel wird vom Turm der erhöht gelegenen Kirche überragt, während der Park mit seinem reichen Baumbestand unmerklich in die Landschaft übergeht. »Der Park«, so schreiben Sybille Harksen und Harri Günther, »wurde zu einem großen Kunstwerk, das in sich auf das raffinierteste ausgestaltet wurde. Dabei sind die Kirche mit ihren baulichen Veränderungen, die Formen der Teiche mit den Brücken, der [nordwestliche] Abschluß des Parkes mit neugotischem Gärtnergebäude und Pavillon sowie die Glasflächen für die Treibereien von außerordentlicher Bedeutung.«[25] Nach einer zwischen 2003 und 2006 erfolgten Sanierung strahlt die Kirche wieder in alter Pracht, und im ehemaligen Schafstall befindet sich das Besucherzentrum des Nationalparks Unteres Odertal. Auf selbiges kann ein Blick geworfen werden, wenn man auf dem Deich entlang der 1914 fertig gestellten Hohensaaten-Friedrichsthaler-Wasserstraße gut zwei Kilometer in das weiter im Nordosten gelegene Zützen wandert. Auch dort gibt es einen in Grundzügen erhaltenen Gutspark, für den Lenné respektive dessen Schüler Gerhard Koeber im November 1832 einen Plan entwarfen.

Im Jahr 1823 nahmen auch zwei der wichtigsten Projekte Lennés konkrete Gestalt an: die Gründung einer Ausbildungsstätte für angehende Gärtner sowie die Anlage einer zentralen Baumschule in Potsdam, um dem schon bei der Anlage von Klein-Glienicke schmerzlich verspürten Mangel an Ziergehölzen Abhilfe zu schaffen.[26] Bereits seit 1815 hatte sich Karl Freiherr vom Stein zum Altenstein (1770–1840) mit dem Gedanken einer preußischen Gärtnerschule befasst. Als er 1817 dem neu geschaffenen Ministerium für geistliche, Unterrichts- und Medizinalangelegenheiten vorstand, machte er sich daran, diese Idee in die Tat umzusetzen. Im Januar 1818 hatte der Minister Oberhofmarschall von Maltzahn veranlasst, den Garteningenieur Lenné mit einem Gutachten zu beauftragen. Im August 1823 war es dann soweit, per Kabinettsorder wurde die Königliche Gärtner-Lehranstalt zu Schöneberg und Potsdam sowie eine Landesbaumschule ins Leben gerufen. Lenné wurde am 21. Oktober zum Direktor des Potsdamer Teils der Lehranstalt und der Baumschule ernannt, fortan führte er »den irreführenden Titel«[27] Gartendirektor, denn dieser Titel stand in Potsdam nach wie vor einzig Schulze zu. Mit dieser Position hatte Lenné erreicht, was er wollte: Nun konnte er nach seiner Fasson Gärtner, Kunstgärtner und Gartenkünstler – in dieser Reihenfolge wurden die drei Stufen einer vierjährigen Ausbildung benannt – ausbilden lassen, die imstande sein würden, seine landschaftsgärtnerischen Visionen umzusetzen. Denn man darf sich Lenné nicht als Schulmeister im Klassenraum vorstellen, seine Art des Unterrichtens war wohl eher praktischer Natur: »Da Herr Lenné fortwährend mit neuen Garten-Anlagen beauftragt, und mit den Entwürfen dazu beschäftigt ist, und seine Gartenpläne wohl auch einzelnen Zöglingen zum Copiren übergiebt, so finden diese dadurch Gelegenheit, sich auch für die schöne Gartenkunst auszubilden; seine musterhaften Arbeiten reizen sie zur Nachahmung und seine freundliche Aufmunterung und Theilnahme an allen ihren Bestrebungen belebt ihren Eifer und ihre Liebe für alle Theile der Gärtnerei.«[28] Der Unterricht wurde in Schöneberg am 1. März 1824 und dann am 1. April des folgenden Jahres in Potsdam aufgenommen. Einer der wohl bedeutendsten Schüler, die seinerzeit aus dieser Anstalt hervorgingen, war Gustav Meyer (1816–1877), der ab 1840 als Gartenkondukteur in den Königlichen Gärten zu Lennés Hauptmitarbeiter werden sollte, später jedoch den großen Meister heftig kritisierte.

In einem Brief vom 6. November gratulierte Vetter Maximilian Friedrich Weyhe (1775–1846), königlich preußischer Garteninspektor in Düsseldorf, zur »neuen ehrenvollen Stellung, von wo Sie gewiß [im] ganzen Land in Hinsicht unseres Faches sehr wohlthätig [wir]ken können.«[29] Er und seine Frau Wilhelmine waren gerade noch einmal Eltern eines kleinen Mädchens geworden, Marie Friederike genannt, nach dessen Patin Friederike Lenné. Da das Kind früher gekommen war als erwartet, hatte man leider nicht mehr auf deren Namenswunsch – Bertha – Rücksicht nehmen können. Als Maximilian im Oktober die Anfrage geschickt hatte, ob Lenné oder seine Frau die Gevatterstelle übernehmen wollten, war gerade Lennés Schwester Gertrud zu Besuch bei der Verwandtschaft – den Weyhes in Düsseldorf und den Kürtens in Benrath. Sie lebte jetzt in Honnef, wo ihr älterer Bruder, der Kölner Bankier Philipp Joseph Lenné, das Hotel Klein besaß, hinter dem er sich gerade zu jener Zeit eine Villa errichten ließ. »Ihre liebe Schwester Trautchen ist seit 4 Wochen hier«, hatte Weyhe damals geschrieben, »logirt aber bey meiner Mutter [Lennés Tante Maria Gertrud] was uns freilich gar nicht lieb ist, wogegen wir aber nichts machen konnten, indessen ist sie so gütig uns recht oft zu besuchen, und trägt mir eben auf, weil sie den heutigen halben Tag bey uns zugebracht hat und eben mit Hannchen vom Grafenberg zurückgekommen ist, Sie beide herzlich zu grüßen, sie würde Ihnen von Honnef aus schreiben, beklagt sich aber so lange nichts von Ihnen gehört zu haben«.[30]

In Potsdam erließ Maltzahn noch im Dezember den Befehl, die von Schulze dezentral in ganz Brandenburg angelegten Baumschulen zu schließen und deren Bestände nach Potsdam in die damals in der Pirschheide angelegten Lan-

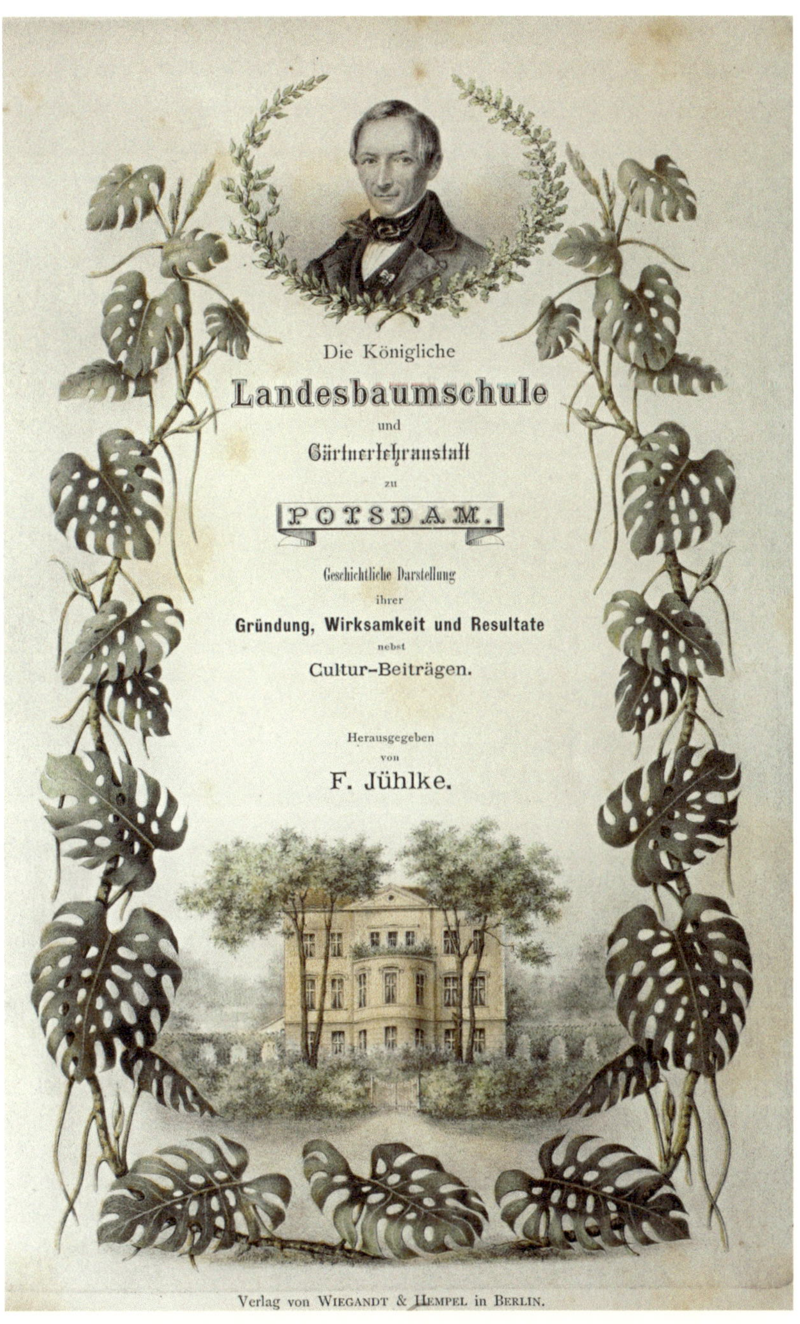

Titelbild von Ferdinand Jühlkes Monographie über die Gärtnerlehranstalt. Ab 1840 befand sich diese Ausbildungsstätte in dem unten dargestellten Gebäude.

desbaumschule zu transferieren. Der königliche Gartendirektor sah dadurch »sein Lebenswerk zerstört«[31], während Lenné als Direktor dieses Unternehmens auch persönlich kräftig dazuverdiente. Angriffe auf die mit der Zeit allzu große Marktdominanz parierte er später gelegentlich schlagfertig mit dem Verweis auf die Konkurrenz auf gartenkünstlerischem Terrain: »Wenn jetzt die Landesbaumschule mit ihren massenhaften Vorräthen nicht bestanden hätte, so würde z. B. die großartige Parkanlage des Fürsten Pückler in Branitz, wozu derselbe allein in diesem Herbst aus jener 18.000 Bäume bezieht, sistiren müssen.«[32]

VOLKSPARK UND PRINZENGARTEN

Im März 1824 veräußerten die Erben Hardenbergs das Gut Klein-Glienicke an Prinz Carl, den jüngsten Sohn König Friedrich Wilhelms III. Dieser ließ Schinkel die bereits begonnenen Umbauarbeiten fortsetzen, die unter der Aufsicht von dessen Schüler Ludwig Persius (1803–1845) standen. Dabei war natürlich immer wieder auch Lennés Hilfe vonnöten. In den 1830er-Jahren wurde der Park dann »nach der Angabe des Prinzen, eines feinen Kenners der Gartenkunst, von Jahr zu Jahr verschönert.«[1]

Im Herbst desselben Jahres kam aus Magdeburg der Auftrag, das Gelände des von Napoleons Truppen verwüsteten Klosters Berge vor den Stadtmauern in einen Volksgarten zu verwandeln. Die Stadtverwaltung hatte sich unter der Ägide von Oberbürgermeister August Wilhelm Francke (1785–1851) entschlossen, den preußischen Garteningenieur mit dieser Aufgabe zu betrauen. Nachdem Lenné Mitte September Geländeaufnahmen vom Kloster Berge erhalten hatte, stellte er am 9. Januar in der 20. Sitzung des Vereins zur Beförderung des Gartenbaus seinen gezeichneten Plan nebst einer erläuternden Beschreibung vor. Darin heißt es, er habe diesen Plan »mit besonderer Liebe bearbeitet«, gerade eben weil es sich um einen Volksgarten und nicht um eine Privatanlage eines Fürsten oder reichen Privatmannes handele.[2] Ein wenig pathetisch lobt er seinen Auftraggeber, den Magistrat der Stadt Magdeburg: »Die weisen Führer jenes Gemeinwesens haben erkannt: daß das Gefallen der Menge an den schönen Werken ein Bildungsmittel ist, welches diejenigen, welche wir mit vornehmem Ernste pflegen, in der Wirkung nicht nachsteht. Wie ich als Künstler mich freue, daß sich das Schöne mehrt, so fühle ich als Mensch und Bürger dieses Staates mich innig bewegt, daß uns die Zeit wieder zu tagen beginnt, welche den Musen und Grazien vertraut.«[3] Sein Entwurf sei von folgender Absicht geleitet worden: »Der Magdeburger soll in diesem Volksgarten nicht nur die allgemeine Freude einer geschmückten Natur genießen; er soll in demselben zugleich ein concentrirtes Bild von den Vorzügen seiner eigenthümlichen Lage, und in dieser Indi-

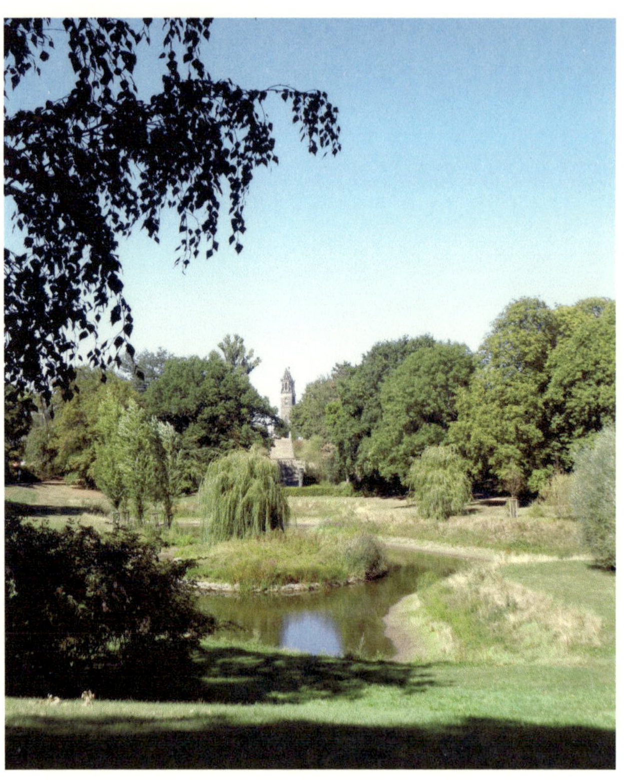

Der Madgeburger Klosterbergepark. Blickachse über den restaurierten See hinweg auf die Türme des Doms.

vidualität jene Freuden um so viel dankbarer empfangen und genießen.«[4] Dazu seien aber insbesondere noch Verbesserungen am Bodenprofil nötig, denn »die gefällige Wellenform der Boden-Oberfläche« gehöre »zu eben so wesentlichen Erfordernissen einer schönen Anlage als die mannigfaltigen Schwingungen und Umrisse der Wege und der sie umgebenden Pflanzungen.«[5] Ein weiteres wichtiges Gestaltungsmittel sei Wasser. »Der durch das Thal geleitete Wasserzug, die Erweiterung seines Bettes, das Anhalten in vergrößerten Teichen, und endlich die durch das starke Gefälle des Baches […] mit wenig Zuthun der Kunst leicht zu bildenden natürlichen Wasserfälle, vermehren die Kühlung eben so sehr, als sie die Anlage schmücken, und ihnen, von den höheren Stellen aus gesehen, ein inneres Leben verleihen.«[6]

Bezüglich des für den Park vorgesehenen Versammlungsgebäudes schrieb Lenné am 15. Januar an Francke: »Mit Herrn p. Schinkel habe ich wegen des

Gesellschaftshauses umständlich Rücksprache genommen, er hat sich sogleich erboten einen vollständigen Plan dazu zu entwerfen, welcher bereits in Arbeit ist. Ich habe Herrn Schinkel aufs lebhafteste für dieses Projekt interessiert, er wird uns gewiß etwas Gediegenes und Vollendetes geben«.[7] Schinkel schickte seine Entwürfe im Oktober nach Magdeburg. Leider waren seine Planungen zu aufwendig und konnten daher aus finanziellen Gründen nicht umgesetzt werden. So bekam Friedrich Wilhelm Wolff (1783–1862) den Auftrag, ein Gebäude zu errichten, dass sich stilistisch an den Plänen des Geheimen Oberbaurats orientierte, aber den Kostenrahmen einhielt. Noch im November 1828 schwante Schinkel, dass das Gebäude mit ihm in Verbindung gebracht werden könnte. Er schrieb, es würde ihm »keineswegs gleichgültig sein«, wenn sein »Projekt Umänderungen von anderer Hand erfahren sollte« und sein »Name dabei halb und halb figuriren« müsste.[8] Da waren die Arbeiten an dem Park schon fast abgeschlossen, auch wenn vereinzelt noch bis 1835 weiter daran gearbeitet wurde.

Zu Weihnachten 1825 ließ Friedrich Wilhelm III. bei seinem Sohn und Nachfolger Friedrich Wilhelm anfragen, ob ihm die für 30.000 Taler zum Verkauf stehende »Hol[t]zesche Besitzung«[9] in der Nähe des Potsdamer Neuen Palais als Geschenk genehm sei. Der Ankauf wurde von Lenné befürwortet, der so-

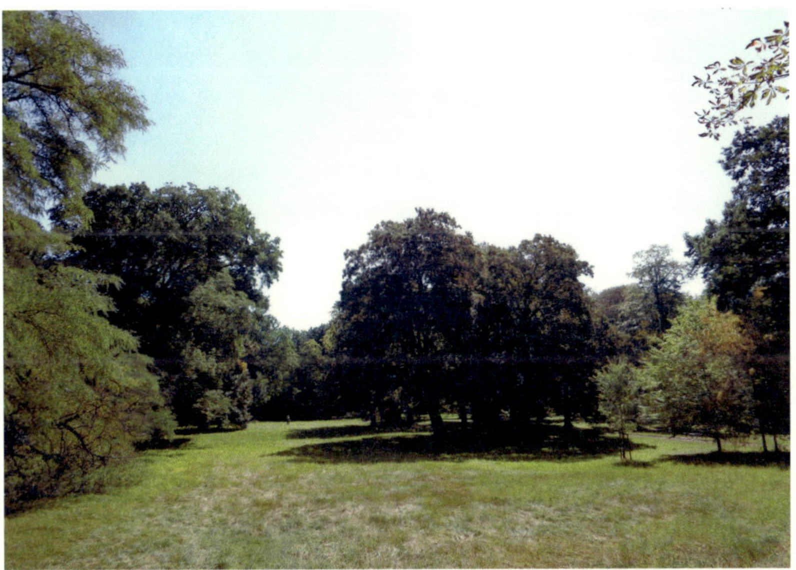

Im Jahr 1829 beschäftigte sich Lenné auch mit der Planung des Herrenkrugparks bei Magdeburg.

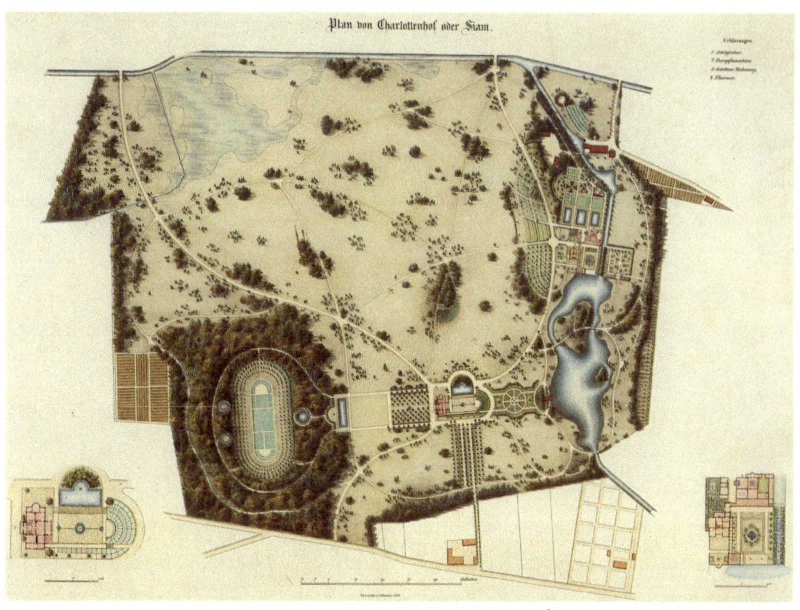

Gerhard Koeber nach Peter Joseph Lenné, *Plan von Charlottenhof oder Siam*, Lithographie, nach 1839.

fort zwei Pläne anfertigte, »der eine Entwurf war landwirthschaftlich gehalten, der andere als Fortsetzung der Park-Anlagen von Sans-Souci gedacht.«[10] Am 4. Januar 1826 bewilligte der König den geforderten Betrag aus seiner Privatschatulle, wenn »es für einen geringeren nicht zu haben« sei.[11] Der Kronprinz entschied sich für eine gartenkünstlerische Gestaltung, wollte aber Teile des Parks im formalen Stil umgesetzt wissen, »um in das landschaftliche Ganze symmetrisch gehaltene Partien einzuschalten, nach Art des kunstsinnigen Alterthums […] – gleichsam als eine Architektur der Gartenkunst, welche den Übergang von den Bauformen zu der verschönerten Landschaft zu vermitteln geeignet ist. Das Freiwüchsige sollte damit den entfernter vom Hause liegenden Partien zugewiesen werden, um nicht zu nahe an die, den Gebäuden zu gebenden Attischen Formen sich anzuschmiegen, und so war zu erwarten, daß die ganze neue Anlage geeignet sein würde, eine Stimmung erwecken, als fühle man sich in die Blüthezeit des alten Griechenlands versetzt.«[12] Im Verlauf der nächsten drei Jahre wurde das Gutshaus nach einem Entwurf von Schinkel im Stil römischer Villen umgebaut, Charlottenhof genannt und mit einem Park samt rundem Rosenbeet versehen, der bis 1840 in östlicher Richtung um ein

Hippodrom und die von Persius erbaute Fasanerie erweitert wurde. Hermann Sello war bis 1837 der für dieses Areal verantwortliche Hofgärtner. In Sichtweite der Villa entstanden nach Schinkels Plänen 1829/30 das Gärtnerhaus, in dem Sello lebte, 1832 das Gärtnergehilfenhaus und schließlich von 1834 bis 1840 die Römischen Bäder als Ensemble in italienisch-römischer Bauweise. An dem von Lenné künstlich angelegten See markierte ein als Kandelaber gestalteter Schornstein bis 1923 höchst spektakulär den Standort des dampfgetriebenen Pumpenhauses zur Versorgung der Springbrunnen. Dessen Dach diente zugleich als Aussichtsplattform, von der aus man Villa und Garten perfekt überblicken konnte.

Ein in Lennés Augen wohl wichtiges Projekt, gemessen am publizistischen Aufwand, war Mitte der 1820er-Jahre die Gutsanlage im pommerschen Reichenbach. Der Geheime Oberregierungsrat Carl Gottlieb Bethe (1778–1840) schrieb in seinem Aufsatz *Ueber Trift- und Feldpflanzungen,* der sich eben mit dem in seinem Besitz befindlichen Gut befasste, Lenné habe diesem seine »lebhafteste Theilnahme«[13] gewidmet. So gesehen kann den im Artikel getroffenen Aussagen vermutlich programmatischer Charakter zugebilligt werden. Insbesondere in Abschnitt B: »Nähere Entwicklung des Plans in ästhetischen Beziehungen« sind wohl Ansichten des Gartenkünstlers eingeflossen.[14] »Wie der Bildhauer aus seinem Marmorblock lebendige Gestalten hervorlockt«, heißt es dort recht euphemistisch, »so bringt der Landschafts-Gärtner Leben und Bewegung in Bäume und Gesträuche durch den Wechsel der Formen, in ihrer Zusammenstellung zu Licht- und Dunkel-Gruppen, zu Massen, Hainen und Waldstücken; in ihren Umrissen auf den Ebenen und gegen den Horizont; in ihren Anreihungen, Abstufungen und Kontrasten. Gleich dem Maler arbeitet er mit Farben und Lichtern. Aber es sind die ewig wechselnden Farben und Lichter, welche das wandelnde Jahr und die immer fortschreitenden Tageszeiten über seine Gestalten und Umrisse mit immer neuen Reizen verbreiten.«[15] Hier kam einmal mehr zum Ausdruck, dass Lenné sich vor allem für eines hielt: einen Künstler! Große Bedeutung wurde in dem Aufsatz mehrfach gekrümmten Wegen zugeschrieben, welche die Landschaft für den rüstigen Wanderer gleichsam zum Tanzen bringen sollten. »Auf den bewegten Weglinien vervielfältigen und beleben sich alle an dieselben sich anschließenden Formen. Jeder Schritt zeigt sie in anderen Richtungen, Umrissen und Zusammenstellungen; und bei schneller Fortbewegung auf der gekrümmten Linie umkreisen uns dieselben, gleich lebendigen und tanzenden Figuren.«[16]

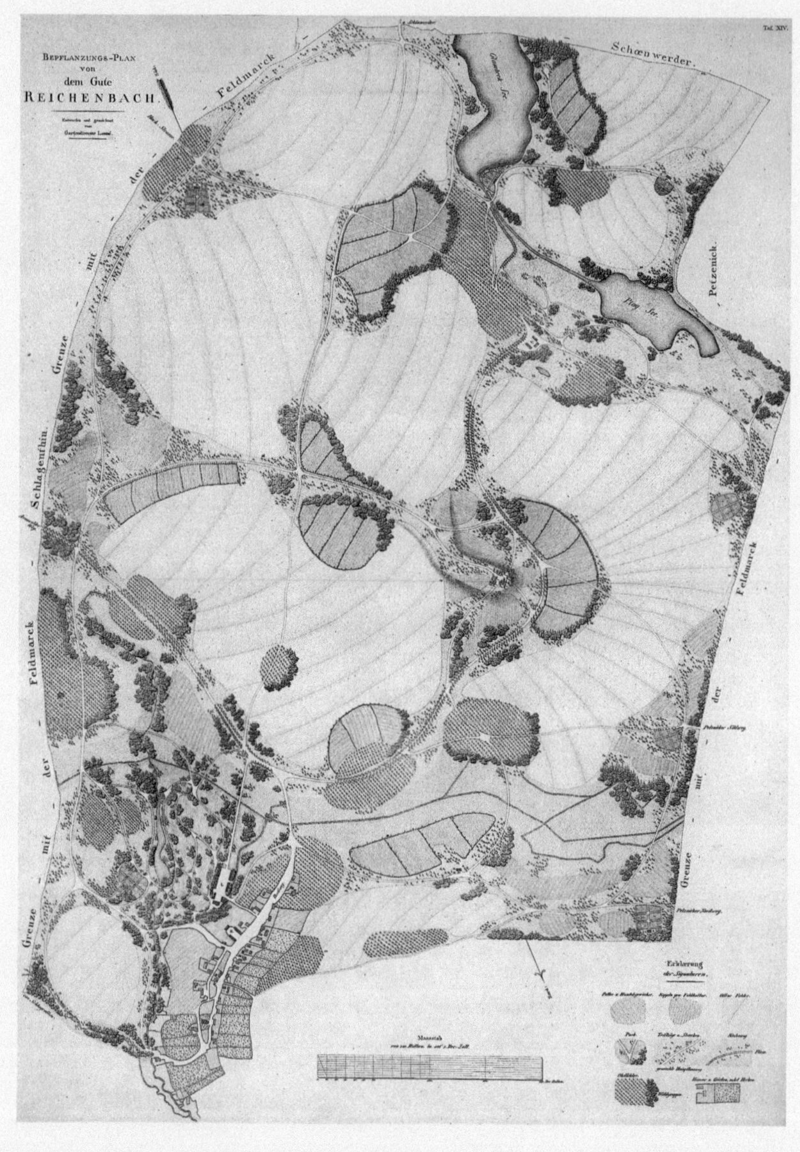

Peter Joseph Lennés 1826 in den *Verhandlungen des Vereins zur Beförderung des Gartenbaues* veröffentlichter Bepflanzungsplan für das Gut Reichenbach.

FELDWANDERUNGEN

Ab der Zweiten Hälfte der 1820er-Jahre versuchten die vielen zur weiteren Ausbildung in diverse andere Länder vermittelten Gartengesellen sich nützlich zu machen, indem sie Berichte vom Gelernten nach Potsdam schickten. So der junge C. Kühne, der bei Effner in München untergekommen war, von wo er im Februar eine Reihe von kolorierten Zeichnungen sandte, die beispielsweise »eine Hebemaschine« zeigten, »welche zum Versetzen der Orangerie in Paris, und hier zum Versetzen der Obstbäume aus dem freien Boden in Kübel gebraucht wird«.[1] Auch das war eine Möglichkeit, über Neuigkeiten auf dem Laufenden zu sein und gleichzeitig die Fertigkeiten der Auszubildenden im Blick zu behalten.

Mit »28. April 1826« ist der Plan für den Landschaftsgarten von Görlsdorf datiert, einem Gut, das sich in Besitz Friedrich Wilhelms von Redern befand, einem »der reichsten Gutsbesitzer Preußens und einer der bedeutendsten Persönlichkeiten des Berliner Geisteslebens«[2] und von 1828 bis 1842 Generalintendant der königlichen Schauspiele. Später, zwischen 1843 und 1845, ließ sich der Graf vom Architekten Eduard Knoblauch (1801–1865) einen Schlossneubau im klassizistischen Stil errichten, der vom 7. bis 9. September des Folgejahres mit einem spektakulären Fest in Anwesenheit von Friedrich Wilhelm IV. und seinem Bruder Wilhelm eingeweiht wurde. Zu den auf Görlsdorf versammelten Gästen zählten unter anderen Alexander von Humboldt und der Bildhauer Christian Daniel Rauch (1777–1857). Der Komponist Giacomo Meyerbeer (1791–1864) und die Sängerin Henriette Sontag, verehelichte Gräfin Rossi (1806–1854), beteiligten sich am reichhaltigen Musikprogramm. Als Andenken wünschte sich der König, »eine Ansicht des Gartens von Goerlsdorf zu haben«, woraufhin ihm Redern »fünf vom Landschaftsmaler Graeb ausgeführte Ansichten« zukommen ließ.[3] Zum Dank dafür wurde ihm eine von Rauch angefertigte Herme als Verzierung für den Landschaftsgarten geschickt. »Ich ersuche Sie«, hieß es im Begleitschreiben, »eine Herme, die ich für den Goerlsdorfer Garten bestimme, in demselben

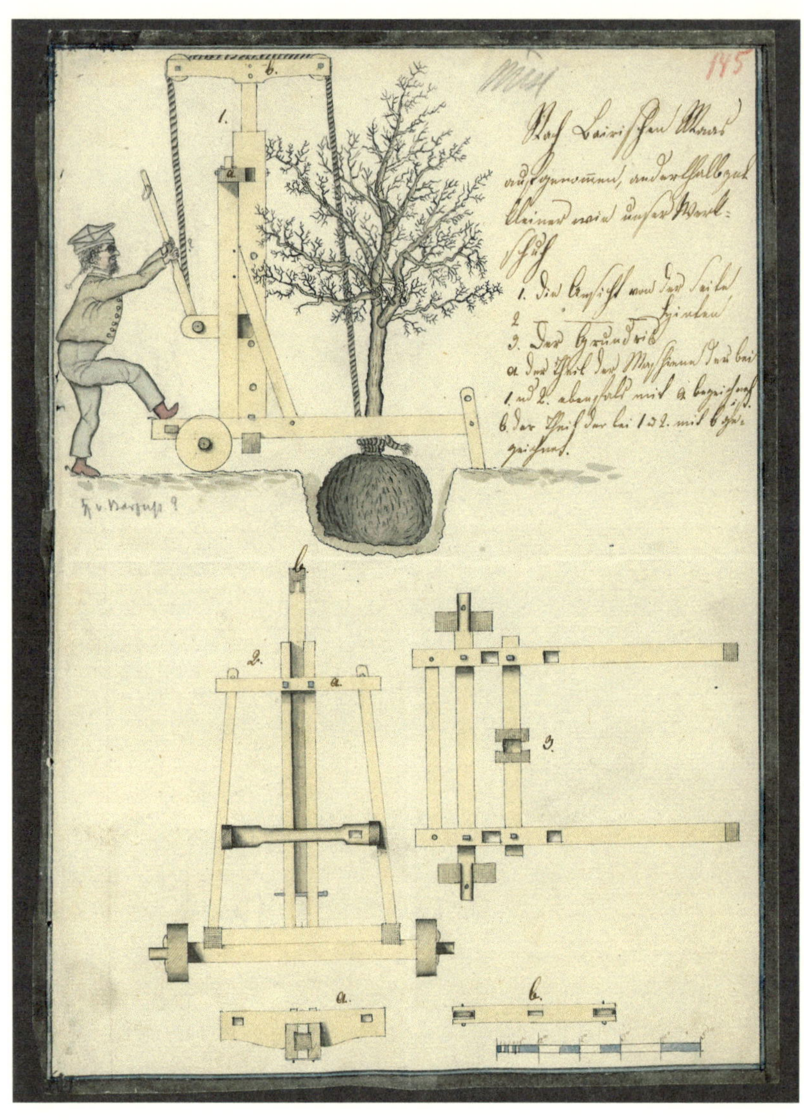

C. Kühnes Zeichnung der Münchner Pflanzmaschine, Aquarell und Tusche auf Papier, 1826.

als Andenken an die schönen Herbsttage des vorigen Jahres aufstellen zu lassen. Wenn Sie dabey Professor Rauchs Vorschlägen folgen wollen, so wird die Herme einen malerischen Eindruck vom Schloß aus gewähren. [...] Gedenken Sie, lieber Graf, beim Anblick der Herme des dankbaren Gebers und des Umstandes, daß Sie sein Musikgraf sind«.[4] Im September 1847 sollte erneut ein großes Fest auf Görlsdorf begangen werden, diesmal zu Ehren von Prinz Wilhelm und Prinzessin Augusta. Bereits im Zug traf das Prinzenpaar auf weitere geladene Gäste: Herzogin Dorothea von Sagan (1793–1862) und Fürst Hermann von Pückler-Muskau. Begleitet von »Humboldt's böser Zunge« ging es zum Schloss Görlsdorf, dass Pückler »recht anständig und bequem eingerichtet« fand.[5] Einmal mehr war die Gräfin Rossi in das musikalische Rahmenprogramm eingebunden und überbot sich diesmal selbst, wie Augusta meinte. Der Parkausflug am anderen Tag fiel allerdings buchstäblich ins Wasser, die Wagenpartie fand bei Regen statt.[6] »Am zweiten Tage wird die ganze Gesellschaft, die liebenswürdige Prinzessin an der Spitze, auf einer verunglückten Landparthie kalt gebadet, und in diesem nassen Zustande müssen wir noch eine Menge Waldparthieen besichtigen«, schrieb Fürst Pückler verschnupft in seinem Tagebuch.[7] Doch das wird den Fürsten wohl nicht daran gehindert haben, einen kritischen Blick auf Lennés Anlage zu werfen. Das Schloss brannte 1945 aus, lediglich einige Mauerreste künden vom einstigen Standort. In der Zeit danach verwilderte der Park bis zur Unkenntlichkeit, 2001 und 2002 wurden erste Sanierungsmaßnahmen durchgeführt, und ein im Jahr darauf gegründeter Verein bemüht sich seither, nach und nach Ordnung in die Wildnis und mit sachkundigen Führungen das

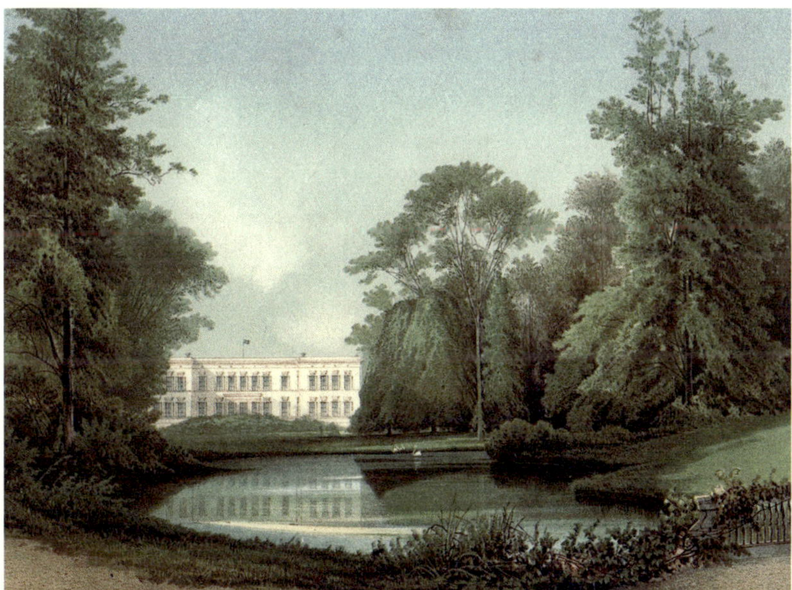

Theodor Albert, *Görlsdorf*, Farblithographie, nach 1857.

Verlorene wieder ins Bewusstsein zu bringen. Inzwischen ist unter anderem ein Teehäuschen am alten Standort wiedererrichtet worden, doch im Jahr 2017 hat ein Sturm im waldigen Teil des Parks für massive Schäden im alten Baumbestand gesorgt.

Ausgleich für seine anstrengende Arbeit fand Lenné im Gesangsverein. Als Mitglied der Potsdamer Liedertafel lag es auf der Hand, auch mit dem Leiter der Berliner Singakademie in Berlin, Carl Friedrich Zelter (1758–1832), Bekanntschaft zu pflegen. Dieser berichtete seinem Busenfreund Johann Wolfgang von Goethe hin und wieder auch von Preußens Landschaftsgärtner Numero Eins. So am 18. August 1826: »Der königliche Gartendirector Lenné gestern in Potsdam konnte gar nicht aufhören Gutes zu sagen von Deinen Morphologischen Heften, indem er sagte: Deine Buchstaben kämen ihm vor wie die Blätter des Baumes der Natur, u.s.w. Er hat in Sanssouci einige recht malerische Aussichten durchgeschlagen und sagte: er habe sich stets dabey gedacht wie sie der alte König selbst würde beliebt haben wenn er noch lebte.«[8] Und der Weimarer Geheimrat gab das Kompliment am 26. August in gewählten und immer wieder gerne zitierten Worten zurück: »Herrn Gartendirector Lenné empfiehl mich gelegentlich. Ich möchte wohl mit einem solchen Manne das Feld durchwandern, wohin ich jetzt nur, wie Moses, vom Berge hinsehe.«[9]

Lenné und seine Frau hatten zu dieser Zeit einen seiner Großneffen als Pflegekind in ihre Familie aufgenommen, zumindest deutet ein Zeugnis des in Potsdams Nauener Straße gelegenen Stadt-Lyzeums vom 1. Januar 1827 darauf hin. Der Gartendirektor bestätigte mit seiner Unterschrift, gelesen zu haben, dass dem »Quintaner Lenné« von Rektor Johann Samuel Büttner vorgeworfen wurde, »zu wild in den Zwischenstunden« zu sein und dass er sich »auch in den Stunden zuweilen« vergesse, weshalb in den vergangenen drei Monaten »13 mal Tadel« ausgesprochen werden mussten.[10] Bei dem jungen Mann handelte es sich wohl um den 1815 geborenen Johann Joseph Lenné, einem Sohn von Onkel Johann Heinrich (1769–1823). Später sollte der aufsässige Schüler Stadtgärtner in der 1805 gegründeten Stadt Nowotscherkassk im Süden Russlands werden.[11]

Ein Schreiben vom 4. September 1827, verfasst vom Nachfolger Hardenbergs, Graf Karl von Wylich und Lottum (1767–1841), lenkt den Blick auf einen Park im Berliner Umfeld. Der Kabinettminister schickte seinem als Legationssekretär der preußischen Gesandtschaft in London tätigen Sohn Hermann Friedrich[12] (1796–1849) einen Brief, der Zeugnis ablegt von seinem Faible für englische Landschaftsgärten: »Ich freue mich daß Du der dikken Londoner Luft auf einige

Tage hast entfliehen können, und hübsche Parks gesehen hast, bin aber verwundert, daß sie nicht mehr Eindruk auf dich gemacht haben«. Sein eigener Park in Buchholz, so fuhr er fort, habe »nicht die Praetention sich mit ihnen zu vergleichen. Übrigens bin ich heute mit Lenné dort gewesen, und hoffe daß die neuen Anlagen recht freundlich und hübsch werden sollen.«[13] Damals pflegte der Legationssekretär gerade regen Umgang mit dem frisch geschiedenen Fürsten Pückler, der in England nach einer solventen Braut Ausschau hielt und nebenbei zahlreiche britische Landschaftsgärten in Augenschein nahm, um sein Wissen über die Gartenkunst zu vervollkommnen. So hatten sich die beiden Männer im August nach Salt Hill in der Nähe von Slough begeben, von wo aus man unter anderen Besichtigungstouren zu den Anlagen von Windsor Castle, Stoke Park und Dropmore House unternahm.[14] Verständlich, dass der Herr Papa in Berlin verblüfft war über den geringen Eindruck, den diese berühmten Anlagen auf seinen Sohn gemacht hatten.

Einer der erhaltenen Pläne Lennés für den Landschaftsgarten in Buchholz, er stammt aus dem Jahr 1829, zeigt das unmittelbar am Haus gelegene Areal mit kleinem See, für das sorgsam die zu pflanzenden Bäume und Sträucher verzeichnet wurden, sowie, beinahe rechtwinklig daran anschließend, einen größeren Park mit kühn geschwungenen Wegen und Wasserlauf. Von den einstmals so engagiert in Angriff genommen Anlagen in Französisch-Buchholz existieren heute, nach teilweiser Parzellierung und Bebauung nach 1903 (das Gutshaus wurde 50 Jahre später abgerissen), nur noch rudimentäre und größtenteils bis zur Unkenntlichkeit verwilderte Reste entlang der Parkstraße, Elfenallee und Eddastraße. Es bedarf schon sehr viel Phantasie, sich hier einen Landschaftsgarten à la Lenné vorzustellen.

Hermann Friedrich von Wylich und Lottum hatte damals in England schon bald Gelegenheit, seinerseits in Gartenangelegenheiten aktiv zu werden, als sich Joseph Sabine (1770–1837), Gründungsmitglied und Sekretär der Horticultural Society, an in wandte, um »in compliance with a request made some time since by M. Lenné«[15], einige Chrysanthemen- und Erbeerpflanzen nach Preußen zu schicken. In einem Brief an den Garteningenieur vom 28. September bot Hermann Friedrich sich darüber hinaus an, in Gartenangelegenheiten ein wachsames Auge auf die neuesten Entwicklungen in Englands Hauptstadt zu haben: »Es thut mir wohl recht leid, daß die schönen Anlagen und improvements im Buchholzer Garten vor sich gehen, ohne daß ich daran Theil nehmen kann, hoffe jedoch, oder bin viel mehr, da Sie sich der Sache so thätig angenommen

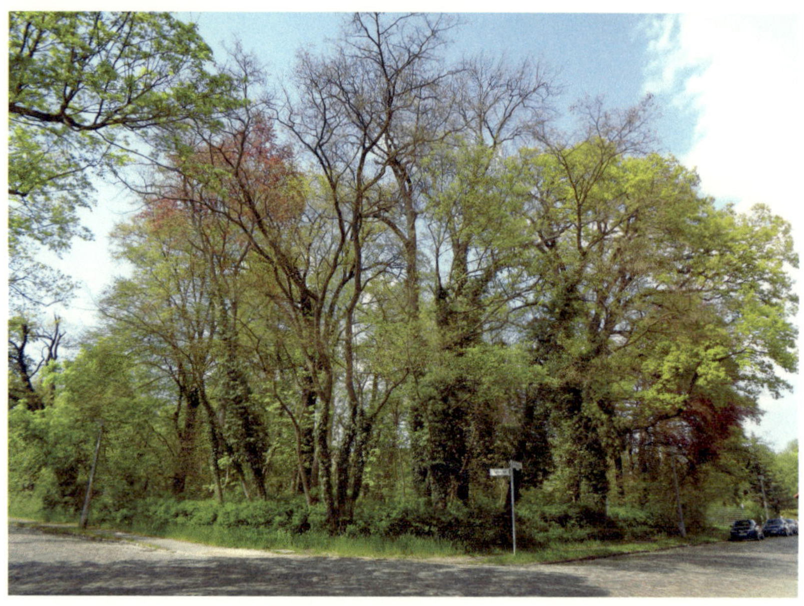

Die Reste der Parkanlage in Französisch-Buchholz.

haben, überzeugt, etwas freundliches zu finden. So bald sich mir eine Gelegenheit darbietet, werde ich Ihnen einen parlamentarischen Report, die im St. James Park beabsichtigten Veränderungen betreffend, welcher vielleicht von Interesse für Sie sein dürfte, übersenden.«[16]

GARTENDIREKTOR IN POTSDAM

Am 10. August 1827 stand das 50-jährige Dienstjubiläum von Gartendirektor Schulze an, das mit einem Fest begangen wurde. Es sollte die letzte Ehrung des 72-Jährigen sein, denn bereits am 9. März des nächsten Jahres schickte ihm Maltzahn die Ankündigung seiner Pensionierung zum 1. April ins Haus, ohne das er darum ersucht hätte. Schulze sollte fortan »jährlich 1575 Taler« bekommen, doch konnte er nicht mehr über das bislang bewohnte Haus verfügen. »Die Dienstwohnung will ich Ihnen bis zum 1. July belassen, von welcher Zeit an ich anderweitig darüber disponirt habe«, schrieb der Gartenintendant.[1] Der Gartendirektor empfand dies wohl nicht ganz zu Unrecht als unehrenhafte Entlassung. Seine Tochter Karoline schäumte und vermutete dahinter unlautere Machenschaften. »Beide [Maltzahn und Lenné], damals noch ursprünglich Ausländer, kannten keine Pietät für Friedrich II. wie mein Vater sie hatte, der 10 Jahre fast unmittelbar in Seinem Dienst, und 11 Jahre fast noch unmittelbarer bei dem König Friedrich Wilhelm II. in Dienst gestanden, und von Friedrich Wilhelm III. gekant [!], geschätzt und gewürdigt wurde, bis Verleumdungen des Mecklenburger Junkers ihn von ihm abwendig gemacht hatten, wie das sich bei seiner Dienstenthebung erwiesen hat.«[2] Der demissionierte Hofbedienstete bezog ein von ihm selber erbautes Haus an der Allee nach Sanssouci, wo er bis zu seinem Tod sechs Jahre später wohnte. Seine Tochter verzieh es dem »pfiffigen Jesuiten und Faquin«[3] Lenné nie, dass er ihren Vater auf dem Posten des Gartendirektors beerbte. Denn mit dem 1. April war Lenné nun wirklich preußischer Gartendirektor geworden und stand an der Spitze der dortigen Gärtnerhierarchie.

Im März 1829 ließ der Kronprinz Lenné ein kurzes Handschreiben zukommen, in dem er sich nach dem Plan für den Landschaftsgarten am Schloss Schönhausen erkundigte, dem Wohnsitz seiner lebenslustigen Tante, der Herzogin von Cumberland: »Sie haben, wie ich gehört, einen schönen Plan für den Schönhauser Garten gemacht. Wenn derselbe kein Staats-Geheimnis ist, so bitte ich Sie falls Ihre Zeit es erlaubt, ihn mir Morgen vor der Parade zu bringen.«[4]

Nach den Erfahrungen mit dem Garten von Sanssouci wollte Friedrich Wilhelm diesmal wohl auf Nummer sicher gehen, um nicht wieder unliebsam überrascht zu werden. Zwei Jahre zuvor war der Gartendirektor vom König beauftragt worden, für dessen Schwägerin eine Parkanlage zu konzipieren. Die ehemaligen barocken Anlagen waren mit der Zeit verwildert und boten laut Lenné nicht die »genußreichen und anmutigen Gartenbildungen dar, auf welche ein Naturgarten, um zu gefallen, Anspruch machen soll«.[5] Diesmal war er von vornherein so klug, die barocken Alleen unangetastet zu lassen, wohingegen er die übrigen Flächen landschaftlich gestaltete und am Schloss einen Pleasureground anlegte. Der Flusslauf der Panke wurde in den Park integriert und bis zum Abschluss der Arbeiten zwei Jahre später malerisch mit künstlichen Stromschnellen und seeartigen Erweiterungen belebt. Von großem Vorteil war, dass hier bereits eine von Hofgärtner Busch geleitete Baumschule vorhanden war, die Material für Neuanpflanzungen lieferte.

Im Juni 1829 fand die feierliche Vermählung des jüngeren Bruder des Kronprinzen statt. Prinz Wilhelm ehelichte Augusta von Sachsen-Weimar-Eisenach, deren Schwester Marie bereits zwei Jahre zuvor Prinz Carl geheiratet hatte. Am 11. und 12. Juni wurde zur Feier des Tages Gaspare Spontinis (1774–1851) Oper *Agnes von Hohenstaufen* erstmals vollständig aufgeführt. Das auf ein ungelenk gereimtes Libretto des populären Dramatikers Ernst Raupach (1784–1852) komponierte Werk des preußischen Generalmusikdirektors missfiel und bald schon taufte der nimmermüde Berliner Volkswitz das Stück in »Agnes zum Davonlaufen« um.[6] Nur zu gerne hätte Lenné den in Berlin unbeliebten, aber von König Friedrich Wilhelm III. gestützten Spontini durch seinen Freund Ries ersetzt. In diesem Sinne ließ der Gartendirektor insgeheim seine Beziehungen spielen, wohl auch zum Gerneralintendanten Redern, dessen Gärten und Parks in Berlin, Görlsdorf und Lanke er entworfen hatte.

Doch vorderhand beschäftigten den neuen Gartendirektor einen nicht unerheblichen Teil seiner Arbeitszeit Personalfragen, wobei ihm gleich zu Beginn seiner Tätigkeit eine Angelegenheit einiges Kopfzerbrechen bereitete. Per Kabinettsorder war am 8. Juli von allerhöchster Stelle befohlen worden, zwei aus Asien stammende Männer, Aseng und Ahock, »in einem der Königl. Garten Reviere die Gärtnerey erlernen« zu lassen. Das warf eine Reihe von Fragen auf, nämlich ob man die beiden als »blos praktische Gärtner« oder als »Kunstgärtner« ausbilden sollte. Außerdem wollte der Gartendirektor wissen, über welche Qualifikationen die Migranten verfügten: »Wie [ver]hält es sich mit den Kennt-

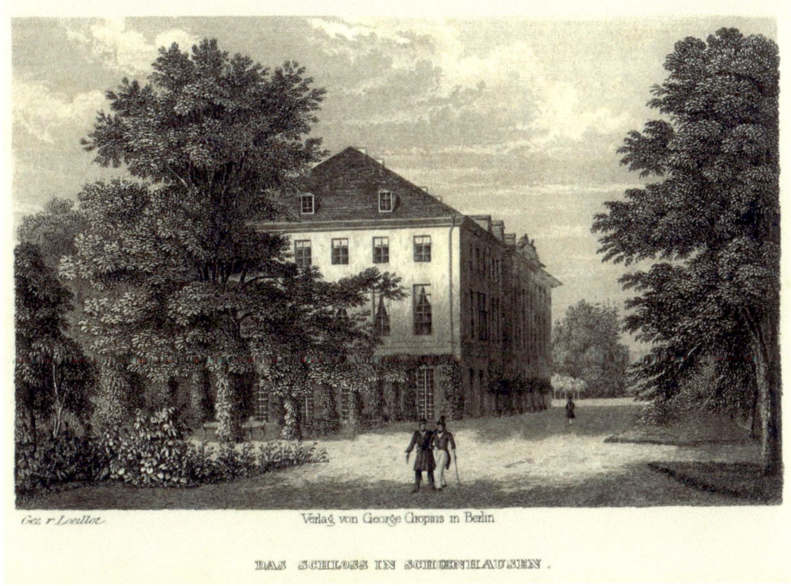

W. Loeillot, *Das Schloss in Schönhausen,* Lithographie, um 1850.

nissen der beiden Chinesen in der deutschen Sprache?«[7] Scheinbar blieb erst einmal alles auf dem Amtsweg stecken, denn am 23. Oktober wandten sich die beiden Asiaten einigermaßen verzweifelt an Hofmarschall von Maltzahn persönlich: »Schon seit einigen Tagen haben wir kein Geld mehr, – um uns zu beköstigen, – deshalb wenden wir uns an Euer Excellenz [...] und bitten Hochdieselben um Gnade«; mit einem Taler täglich kämen sie über die Runden, meinten die Männer aus den fernen Osten, in deren Auftrag der Schreiber mit schön geschwungener Linie als Unterschrift »Die beiden Chinesen« daruntersetzte.[8] Maltzahn wies Lenné postwendend an, zehn Taler auszuhändigen, und im November wurde rückwirkend zum 1. September ein Monatsgehalt von 25 Taler pro Person bewilligt. In einem Nachsatz seines Schreibens vom 11. November bat Maltzahn Lenné, zu ermitteln, ob die beiden wohl damit einverstanden wären, als Hoflakaien angestellt zu werden »und sie die königl. Livrée bekommen«.[9] So war, wie es scheint, diese Personalangelegenheit für alle Beteiligten zufriedenstellend geregelt.

Dass Lennés Renommee mit seiner Ernennung zum Gartendirektor auch überregional ausstrahlte, beweisen nicht zuletzt die vielen in den folgenden Jahren bei ihm einlaufenden Anfragen um Vermittlung eines geeigneten Gärtners aus seinen Revieren. Und auch der ihm gegenüber in künstlerischen Fragen eher kritisch eingestellte Fürst Pückler erkannte Lennés Expertise auf dem Gebiet der Pflanzenzucht an, wenn er beziehungsweise sein Parkinspektor Jacob Heinrich Rehder (1790–1852) sich Rat suchend an ihn wandten. So schickte Rehder am 10. September einen Brief nach Potsdam, der hier stellvertretend für all die ähnlich klingenden Schreiben angeführt sei: »In der angenehmen Hoffnung, daß Ihnen diese Zeilen schon gesund und wohl zu Hause antreffen möchten, erlaube ich mir Sie mit Folgendem zu belästigen. Es ist nämlich in hiesiger Gärtnerey die erste Gehülfen-Stelle zum 1sten Septr entledigt worden, und da ich vor ohngefähr 6 Wochen mit Sr. Durchlaucht, dem Fürsten gelegentlich sprach, daß ich mich an Sie wegen einem brauchbaren und thätigen jungen Mann wenden wollte, war er so bereitwillig, selbst deswegen zu schreiben.

Als ich wohl über vier Wochen auf eine Antwort vergebens gewartet, erfuhr ich, daß Sie nach England[10] verreißt, jetzt aber zurückerwartet würden. In dieser letztern Voraussetzung ersuche ich Sie daher, wenn es Ihnen sonst möglich ist, mir gefälligst einen umsichtigen und ordnungsliebenden Gärtner empfeh-

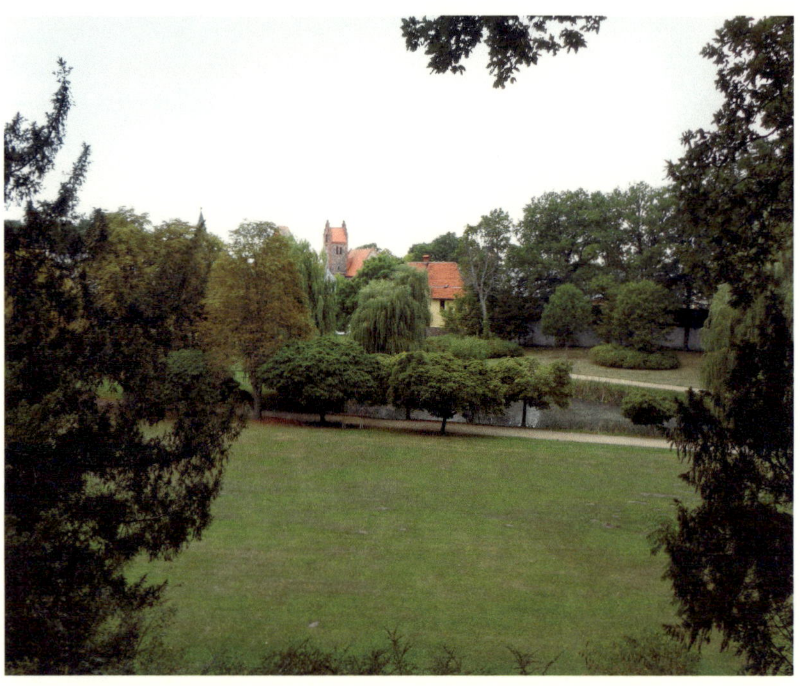

Im November 1829 plante Lenné den Landschaftsgarten für Schloss Liebenberg.

len zu wollen, der in Pflanzen-Cultur Treiberey, Behandlung der Ananas und Orangerie erfahren, und überhaupt Sinn für schöne Pflanzen-Gruppierungen hat, welches hier vielfach und oft angewendet wird. Die hiesige Gärtnerey ist so mannigfaltig und umfaßend, daß ein junger Mann, wenn er auch schon obige Geschicklichkeit in einem gewißen Grade besitzt, vieles und manches erlernen kann, welches ihm an vielen Orten fremd bleiben muß, und wodurch er sich zu einem ganz tüchtigen Gärtner ausbilden kann. Das Gehalt ist monatlich 12 Rthl außer freyes Logis, Bett und Licht.

Bey den vielen Geschäften, die namentlich jetzt zusammentreffen, muß ich die Besetzung dieser Stelle welche sich so lange vagagiert hat [d. h. unbesetzt blieb], recht sehr wünschen, und bitte daher ergebenst, mich baldigst benachrichtigen zu wollen, ob ich durch Ihre Seite wenigstens bis Ausgang dieses Monats einen solchen jungen Mann erwarten kann. Auch im entgegengesetzten Fall bitte ich um eine geneigte Antwort, damit ich mich deswegen anderseits hinwenden kann.«[11]

Ebenfalls im Jahr 1829 entwarf Lenné eine Gartenanlage für das in Planung befindliche Berliner Wohnhaus der Familie Begas in der damals etwas abgelegenen Straße Am Karlsbad am Schaf- oder Landwehrgraben (heute: Landwehrkanal). Das besondere daran war, dass der Plan auch das Nachbargrundstück umfasste, auf dem sich der Architekt Wilhelm Stier (1799–1856) ein Haus erbauen wollte. Offenbar bestanden zu jener Zeit Überlegungen, statt zweier separater Gärten eine Gartenanlage in landschaftlichem Stil zu erschaffen, in der die beiden neu zu erbauenden Häuser liegen sollten. Der Plan für diese wohl nie verwirklichte Anlage wurde später als seiner Zeit weit voraus gewürdigt.[12] Zur selben Zeit begann Begas, seinen Freundeskreis in Bildern zu verewigen, so entstanden zwischen 1829 und 1833 Ölgemälde von Kammerdiener Timm, der Tänzerin Fanny Elßler (1810–1884), der Schauspielerin und Dramatikerin Charlotte Birch-Pfeiffer (1800–1868) sowie von Friederike und Peter Joseph Lenné; von Amalie und Ludwig Wichmann fertigte er eine monochrome Kreidezeichnung an.

Im Dezember 1830 war Lenné mit seinem Plan, seinen Freund Ries gegen Generalmusikdirektor Spontini in Stellung zu bringen, einen Schritt weitergekommen. Mit Hilfe des Generalintendanten Graf Redern gelang es ihm, eine Aufführung von Ries' Oper *Die Räuberbraut* am Berliner Opernhaus durchzusetzen. Am 13. Dezember 1830 schrieb Ferdinand aus Preußens Hauptstadt an seinen Bruder Joseph in London: »Du wirst dich wundern, auf einmal einen

Brief von hieraus von mir zu erhalten. Unser alter Lenné ist die Hauptveranlassung dazu, der an mir und an seinen tüchtigen Landsleuten mit Seele hängt. Spontini's Verhältnisse sind hier auf einen Punkt gekommen, wo die wohl nicht mehr bleiben können, wie sie waren. Der eine Intendant will Herr seyn und sich solche Kabalen, Unterdrückungen deutscher Componisten nicht gefallen lassen – ich bin also hier wegen der Aufführung meiner Oper und vielleicht wegen einer Kapellmeisterstelle«.[13] Geplant war, dass der angesehene Komponist wenigstens vier Wochen in Berlin verweilen sollte, tatsächlich war er aber erst am 20. Februar wieder in Frankfurt am Main, wohin er übergesiedelt war. Zuvor wurde am 8. Februar seine Oper mit der berühmten Sängerin Wilhelmine Schröder-Devrient (1804–1860) in der Titelrolle höchst erfolgreich aufgeführt. Selbst der König befand sich unter den Zuschauern. Bei der zweiten, von Ries persönlich dirigierten Aufführung einige Tage später »waren schon morgens des Tages vorher weder Logen noch Sperrsitze mehr zu haben.«[14] Mit anderen Worten, der Komponist hatte reüssiert, und Intendant Redern scheint nicht abgeneigt gewesen zu sein, Ries bei Gelegenheit anzustellen. »In diesem Augenblick wird in Berlin an keine Stelle gedacht«, schrieb Ferdinand an seinen Bruder, »doch ist eine solche Stimmung im ganzen Personale sowohl als Publikum, daß ich heimlich alle Hoffnung haben darf. [...] Der Intendant sagte mir gerade, er hoffe es zu Stande zu bringen«.[15]

GEWITTERWOLKEN IM GARTENREICH

Zwischen 1831 und 1833 soll es im Hause Lenné angeblich zu einer handgreiflichen Auseinandersetzung zwischen den Eheleuten gekommen sein. Zumindest machte wohl ein derartiges Gerücht die Runde, das von Karoline Schulze begierig aufgeschnappt wurde. Demnach hatte Friederike ihrem Gatten »oft so zugesetzt […], in verschiedenen persönlichen und dienstlichen Verhältnissen nach ihrem Sinn und Willen zu handeln, daß er darüber oft in Wuth gegen sie gerathen sei«.[1] Als sie wieder einmal nicht locker ließ, habe er ein Gewehr ergriffen und auf Fritzchen angelegt. Niemand könne wissen, was geschehen wäre, wenn nicht just in diesem Moment Hermann Sello ins Zimmer getreten wäre und dem Gartendirektor das Gewehr aus der Hand geschlagen hätte. So ging der Schuss in die Wand, knapp unterhalb der Decke. Am nächsten Tag habe Friederike versucht, den Vorfall »als einen Scherz ihres Mannes« hinzustellen, wobei sie Karoline persönlich das Einschussloch gezeigt hätte.[2] Es passte wunderbar in deren Bild, dass Lenné nicht nur ein »Filou«, »Fripon«, »Mephisto« etc. war, sondern beinahe auch noch zu Gattinnenmörder geworden wäre. Eine Geschichte, fast zu schön, um wahr zu sein…

Von den Plänen, die im Jahr 1832 für die Guts- und Klosteranlagen in Blankensee, Krumbeck und Zettemin entstanden, sei der für den Landschaftsgarten in Wolfshagen im Uckerland herausgegriffen. Es handelt um eine der ungewöhnlichsten Anlagen Lennés, die sich in einem eher schmalen Streifen an die Ufer eines Sees schmiegt. Am einen Ende nutzt sie den Backstein-Turm der Ruine der Blankenburg als Blickfang, am anderen lenkt auf einem Hügel ein Denkmal für die Befreiungskriege die Aufmerksamkeit auf sich. Hier zeigt sich exemplarisch, dass »Lennés Raumstrukturen oftmals einer übergeordneten Idee verpflichtet« waren, in diesem Falle »dem patriotischen Gedanken eines erwachenden oder vielleicht schon erwachten Nationalbewusstseins«.[3] Ein Besucher dieser Anlagen war 15 Jahre später voll des Lobes und bezeichnete Wolfshagen als den »schönsten Park, den ich in Deutschland kenne«; es war niemand ande-

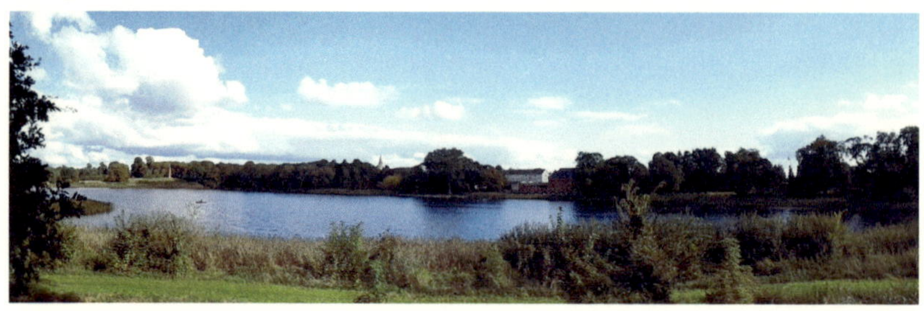

Blick von der Ruine der Blankenburg auf das Freiheitsdenkmal auf dem Hügel am gegenüberliegenden Ufer.

res als der Fürst Pückler.[4] Heute fehlt auch dieser Anlage jenes Zentrum, auf das alles ausgerichtet war: das Schloss. Wie so viele Adelssitze wurde auch dieser im Zweiten Weltkrieg zerstört.

Ende April 1832 führte Lenné Hermann von Pückler-Muskau persönlich durch die von ihm umgestalteten Parkanlagen von Sanssouci. In einem anschließend verfassten Brief bezeichnete er sich expressis verbis und durchaus selbstbewusst als Künstler der zum Kunstgenossen spricht: »Sehr dankbar werde ich es anerkennen, wenn Euer Durchlaucht von Zeit zu Zeit mit Ihrem Kennerblick, mit Ihrem geläuterten Sinne und umfassenden Meisterschaft bei Prüfung und Kritik der Kunstwerke, auch mich mit Ihrem Rathe zu unterstützen die Güte haben wollen. Wie wichtig es für den Künstler ist, die erfaßte Idee mit dem Kunstgenossen, besser noch dem umfassenden Kunstkenner zu besprechen, bestreiten, und die Ansichten gegenseitig austauschen zu können, darf ich Euer Durchlaucht nicht [!] versichern. Leider bin ich in dieser Beziehung hier völlig verlassen.«[5]

Im folgenden Monat bekam der Gartendirektor einmal mehr Besuch vom alten Zelter. »Die letzten Pfingsttage«, schrieb dieser am 28. Mai nach Weimar, »habe [ich] in Sanssouci beym Gartendirector Lenné verlebt, in dessen Wohnung neben dessen hübscher Frau (des Hofgärtners Tochter) ich mich unter Blumen und Blüten wie ein Käfer befunden habe. Die königl. Gärten, welche ohne Ausnahme unter diesem genialischen, tüchtigen, lebensfrohen Manne stehn, der mir zugethan ist, sind mir um so mehr offen, da ich auch zugleich mit sämmtlichen Gartenleuten hübsch bin, als wenn alles mein wäre, und da ich eben nicht zu oft komme, so wird man mein nicht satt und ich auch nicht.«[6] Es dürfte einer der letzten Besuche des greisen Herrn im Potsdamer Gartenreich gewesen sein, da er im nächsten Jahr nur wenige Wochen nach seinem alten Freund Goethe starb.

In Begleitung von Graf Pückler-Groditz, Hermann Sello und Hofgärtner Morsch machte Lenné im Juli einen Gegenbesuch beim Fürsten Pückler in Muskau. In seinem Dankesbrief schrieb er, »in den großen und schönen Naturbildern«, die Pückler geschaffen habe, sehe er »das Ideal verwirklicht«, das er sich »für Potsdams Umgebung in der Phantasie ausgebildet habe«. Und weiter: »Mein Zutrauen, daß ich dieses Ziel erreichen werde, ist durch den Besuch von Muskau nicht wenig gehoben, denn Euer Durchlaucht haben mir ein neues Beispiel gezeigt, was Fleiß und Beharrlichkeit vermag, wenn unsere Kunst richtig verstanden und mit Meisterschaft ausgeübt wird.«[7] Des Fürsten Vetter bestätigte in einem Brief vom 11. Oktober den nachhaltigen Eindruck, den Pücklers Park auf Potsdams Gartenspezialisten gemacht hatte: »Lenné und Sello können nicht genug Rühmens von Muskau machen, und Lenné soll, wie sein Reisebegleiter sagt, dort manches gelernt haben.«[8] Auf dem Rückweg war ein Zwischenhalt in Lübbenau eingelegt worden, wie ein Brief des Eigentümers des dortigen Schlosses Graf Rochus August von Lynar (1777–1863) festhält: »In einer halben Stunde habe ich zum souper den Gartendirektor Lenné, einen jungen Graf Pückler [...] und einen Königl. Gärtner – Morsch, die auf der Reise von Muscau nach Potsdam seit heute Mittag hier herum regieren, die sich anmeldeten und die ich früher nicht annehmen konnte.« Zu dem seit 1817 von Schlossgärtner Johann Erdmann Freschke zeitgleich mit dem Umbau des Schlosses angelegten Park steuerte der preußische Gartendirektor einige Tipps bei: »Lenné hat mir in aller Eil eine Zeichnung nach seinen Ideen zu meinen neuen Anlagen gemacht, an meinem Hauptplan hat er Nichts zu ändern gefunden; nur einige Centime hat er verbessert und die zu pflanzenden Sachen angedeutet«.[9]

Im folgenden Jahr gab es endlich grünes Licht für die Umgestaltung des Tiergartens, für den neue, modifizierte Pläne vorgelegt worden waren. Bis 1840 sollte nun Stück für Stück ein ausgedehnter Landschaftsgarten entstehen, der den Berlinern bis heute als beliebtes Naherholungsgebiet dient. Dies verlief freilich nicht immer reibungslos, machten doch die Bürokraten in der Verwaltung oft Ärger, wenn die veranschlagten Kosten nicht eingehalten wurden. Mehr als einmal war Lenné im Laufe der Jahre kurz davor alles hinzuwerfen. Doch erst einmal legte der Gartendirektor in der 123. Versammlung des Vereins zur Beförderung des Gartenbaues seine Prinzipien zur Umgestaltung des Areals vor. Auch wenn er die gesundheitsschädlichen und geruchsintensiven Sumpfgebiete trockenlegen wollte, lag ihm viel an der Einbeziehung von Wasser in den Park. »Denn [...] die Vereinigung von Wald und Wasser gehört zu dem Schönsten, was die Natur und Kunstschöpfung darzubieten vermag. Jedes für sich schön, wird durch das andere in tausendfachen Beziehungen herausgehoben und reizender dargestellt. Jener großartige Wasserzug mit seinen vielen seeartigen Becken, kleinen Inseln, anmuthigen Rasenkanten, mannigfaltigen Anschwellungen seiner Ufer und den reich gruppirten Baumparthien wird die interessanteste Parthie des Parks bilden und nach allen Seiten hin Leben und Erheiterung verbreiten.« Auch von der Auslichtung des in seiner Geschlossenheit eintönigen und zudem überalterten Baumbestandes versprach er sich in gartengestalterischer Hinsicht eine Menge: »Erst dann, wenn sich der Wald in großen Massen sondert, wenn diese in vielfachen Abtheilungen, mannigfaltigen Zusammenstellungen und Umrissen sichtbar werden, wenn diese dichtgeschlossene[n] Gruppen mit hainartig gehaltenen Baumparthien umgeben werden, wenn sich zwischen denselben weit hinführende Bahnen öffnen und in denselben sowohl unter den Baumkronen, in den Umrissen der Wiesen, Gewässer und Wege als zwischen denselben durch anders gestellte Baumgruppen gefällige Schlußpflanzungen sichtbar werden, erst dann kann man sagen, daß man den Wald sehe und genieße.« Der Vortrag erweckte unter den Anwesenden »lebhafteste Theilnahme«, spontan war »man von der Zweckmäßigkeit der projektirten Umgestaltung des Thiergartens« überzeugt und »von Dank für diese Gnade des Monarchen durchdrungen, durch welche der Bevölkerung Berlin's diese neue Wohlthat zu Theil« wurde.[10]

Für die Parkanlagen an der im italienischen Stil errichteten Gärtnervilla bei Schloss Charlottenhof wurde seinerzeit der berühmte Kunsthistoriker Carl Friedrich von Rumohr (1785–1843) zu Rate gezogen, der Italien aus eigener Anschauung gut kannte. Erst 1828 hatte er dem Kronprinzen dort als Cicerone gedient. Jetzt befand er sich in Berlin, wo er sich vergeblich Hoffnungen auf einen Posten als Museumsdirektor machte. Kaum angekommen, kursierten schon Gerüchte, der Freund Augusts von Platen (1796–1835) neige dem eigenen Geschlecht zu. Der mit einem feinen Gespür für Homosexuelles begabte Heinrich Heine (1797–1856) hatte bereits am 30. Januar 1830 an Karl August Varnhagen von Ense (1785–1858) geschrieben, bei Rumohr handele es sich um einen »Missionär der Pedrastie«.[11] Doch bei Hofe war der Kunsthistoriker gut angeschrieben und durfte seinerseits Vorschläge für die Anlage des Gartens der Gärtnervilla bei Schloss Charlottenhof einbringen. In einem Schreiben an Generalstabsoffizier Adolph Friedrich von Willisen (1798–1864) sprach er am 21. Oktober einem gemeinsam mit Hermann Sello entwickelten Entwurf für ein Italienisches Kulturstück das Wort und ging im Gegenzug mit Lenné hart ins Gericht, der

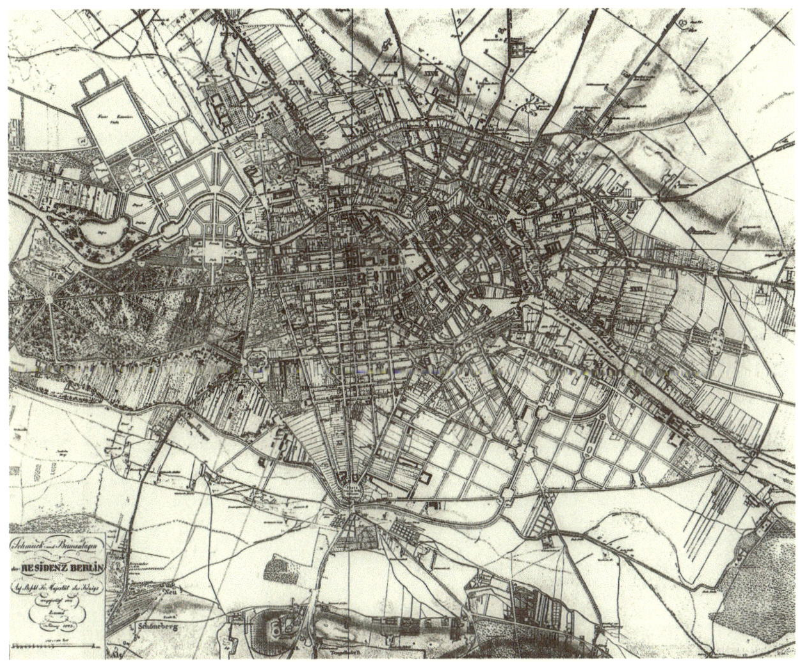

Peter Joseph Lenné, *Schmuck- und Bauanlagen der Residenz Berlin*, Lithographie, 1843.

ja, wie zu sehen war, von der italienischen Gartenkunst nicht viel hielt. »Ich kann mir vorstellen, daß Lenné von der Wirkung unserer Pflanzung gar keine Vorstellung zu fassen im Stande ist. Diese modernen Gärtner haben schon von allen praktischen Illusionen nicht den geringsten Begriff. Dann glauben sie alle Cultur ausschließen zu müßen, wie in den manirten Zeiten die Natur und fortan allen Charakter. Ihre idealische Welt würde ein Garten seyn, in welchem alle Zierpflanzen von lackirtem Blech gemacht wären, und alle Monathe zur Abwechslung neu gruppirt würden. Der Rasen mögte dann ein gewürkter Teppich seyn können. Nur müßte Alles nach ihrem Verstande natürlich seyn, das heißt wiegend und wogend, schwankend und rankend, wendend und blendend, drehend und schwebend etc. etc. In einer Garten Anlage verfolgen sie die Symmetrie und in der Natur hassen sie dieselbe Zufälligkeit, deren Anschein sie mit so viel Ziererey in den Gärten hervor bringen wollen. Gott weiß, wie's zugeht, daß eben diese Art Leute hinter ihrem Zeitalter so weit zurück geblieben sind und noch immer da steht wo 1760 ihr Stifter der weltberühmte Chambers.«[12] Man kann Eva Börsch-Supan nur zustimmen, dass dies eine »unsachliche und ungerechte Polemik« war.[13] Doch Rumohr konnte sich damit durchsetzen und das Italienische Kulturstück wurde plangemäß umgesetzt und erfreute sich bald großer Beliebtheit, wie ein Brief Schinkels vom 5. Juli 1835 beweist: »Der so glücklich von Ihnen angegebene italienische Bauergarten um das Gärtnerhäußchen von Charlottenhof, geht vortrefflich vorwärts, prangt mit den üppigsten Pflanzen, Artichocken, Cardi p.p. und macht die Landschaft ganz heimlich. Der Prinz fährt fort mit seiner Willenphantasie allerlei hübsches für den Ort zu thun und die Anlagen zu erweitern und hat die Genugthuung, daß sein Geschmack bei Privaten mancherlei Nachahmung in neuen Anlagen findet«.[14] Heute weist nichts mehr auf diese Anlage hin, die unter anderem auch kleingeschnittene und mit Laubfestons verzierte Baumhaine aufwies. Bedauerlicherweise verschwand »diese reizvolle Anlage schon etwa 30 Jahre nach ihrer Anlage wegen des hohen Pflegeaufwandes«.[15]

BABYLON HOUSE

Im Jahr 1833 nahm ein weiteres Gartenprojekt konkrete Gestalt an: der Babelsberger Park. Ebenso wie sein Bruder Carl in Glienicke wollte auch Prinz Wilhelm endlich ein Schloss und einen Park sein eigen nennen, zumal 1831 nach der Geburt des ersten Sohnes die Querelen mit seiner selbstbewussten Gattin Augusta erneut aufgeflammt waren. Wilhelm, der einst auf seine nicht standesgemäße Jugendliebe Elisa Radziwill (1803–1834) hatte verzichten müssen, vertrat Augusta gegenüber die Position, »eine Frau müsse es zu ignorieren verstehen, wenn ihr Mann einmal eine andere ansieht.« Darüber kam es eines Abends im Marmorpalais zum Disput zwischen den Eheleuten. Augusta, in Weimar von Johann Wolfgang von Goethe höchstpersönlich erzogen, war da ganz anderer Ansicht und ließ bei der Gelegenheit gleich ihrem generellen Unmut über das vergleichsweise kulturlose Preußen freien Lauf. Worauf der Prinz erwiderte: »Aus dir spricht das Kind Weimars. Du bist aber leider in Potsdam und nicht in der den Musen geweihten Stadt. Aus Geist und Poesie macht man sich in Preußen nicht viel, Potsdam ist eine nüchterne Garnisonsstadt, schmucklos gegen Weimar. Auch ist Goethe niemals hier gewesen, soviel ich weiß.« Augusta konterte spontan: »Wenn ich wenigstens in unserem eigenen Heim, in dem stolzen Schloss hier, etwas mehr vom Geist der Heimat verspüren würde. Das kleinste, bescheidenste Heim an der anderen Seite des Sees würde mir lieber sein als das Königsschloss.« Daraufhin spielte Wilhelm seinen letzten Trumpf aus: »Wie wär's denn mit Babelsberg?« Im Tagebuch lautete das Fazit der Prinzessin schlicht: »Ich frohlockte.«[1]

Zu diesem Zeitpunkt war das Projekt, auch den Babelsberg mit einem Landschaftspark zu versehen, nicht mehr ganz neu. Schon einige Jahre zuvor soll Lenné den preußischen Prinzen auf den in unmittelbarer Nähe zum Jagdschloss Glienicke und dem Palais Klein-Glienicke gelegenen Berg aufmerksam gemacht haben. In einem Brief an seine mit dem künftigen russischen Zaren Nikolaus I. verheiratete Schwester Charlotte schrieb Wilhelm am 7. Dezember 1825: »Es soll

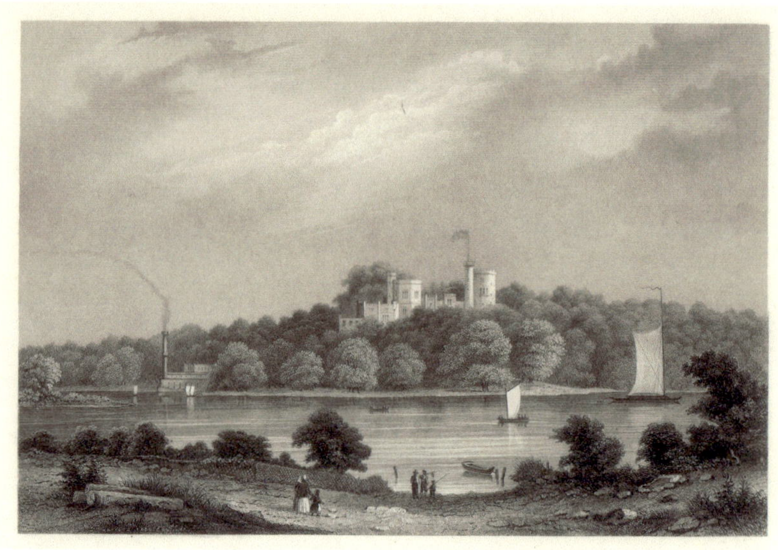

Johann Poppel nach Julius Gottheil, *Schloss Babelsberg mit Dampfmaschine,* Stahlstich, 1856.

jetzt vis-à-vis von Glienicke verkauft werden. Das wäre eine charmante Akquisition. Haus und Garten in modernen und wohnlichen Stand versetzt, die gegenüberliegenden Babelsberge als Park, wohin eine Fähre über's Wasser etabliert würde, könnte ein Ganzes werden, was Glienicke den Rang streitig machte.«[2] Doch scheiterten alle weitergehenden Pläne an der Knausrigkeit des Königs. Aber die Sehnsucht Wilhelms war keineswegs gestillt. Am 31. August 1832 berichtete Augusta ihrer Mutter Maria Pawlowna nach Weimar, dass gemeinsame Spaziergänge am Heiligen See den Wunsch ihres Gatten erneut zum Aufflammen gebracht hätten und er nun eifrig Pläne zeichne.[3] Aber auch Augusta selber beteiligte sich am Entwerfen von Vorlagen, wozu sie sich folgender Bücher bediente: Robert Lugars *Architectural Sketches for Cottages, rural Dwellings and Villas in the grecian, gothic and fancy Styles* (London 1805) sowie James Thomsons *Retreats: A Series of Designs, Consisting of Plans and Elevations For Cottages, Villas and Ornamental Buildings* (London 1827). Von der Mutter erbat sie leihweise ein nicht näher bezeichnetes Buch von Humphry Repton und eines von John Buonarotti Papworth, da sie sich diese teuren Bücher selber nicht leisten konnte; der Plan war nun, »un petit cottage« für den Babelsberg zu entwerfen, »une bagatelle, pour avancer plus tard petit à petit«.[4] Ende Juli 1833 waren die Pläne so weit gediehen, dass Wilhelm erneut das »Projekt eines kleinen

Besitztums auf dem Babelsberg« seinem Vater antrug. »Sie fanden das damalige Projekt zu groß und zu kostspielig. Das, was ich jetzt vorzutragen habe, wird diesen Vorwurf nicht verdienen, da es nur eine Cottage von 50 Fuß Quadrat und eine kleine Gartenanlage rundherum in sich begreift. Der ganze übrige Berg würde bleiben wie er ist und nur gangbarer gemacht werden. Die projektierte Anlage würde am unteren Abhange zunächst dem Fischerhäuschen zu liegen kommen mit einem kleinen Teil des offenen Feldes; das Ganze würde ungefähr 6000 Taler auszuführen kosten. Die neuangelegten Promenaden auf dem Berge, die jedoch weder von mir angelegt noch bezahlt sind, haben durch die schönen Aussichten, die sie gewähren, den Wunsch von neuem in mir rege gemacht, jenes frühere Projekt wieder aufzunehmen, da ich mich in der Lage wohl nicht geirrt habe.«[5] Postwendend genehmigte Friedrich Wilhelm III. am 3. August doch noch die Übertragung des Babelsberges an seinen Sohn sowie den Bau eines Gebäudes ebendort.[6] Daraufhin wandten sich Wilhelm und Augusta an Karl Friedrich Schinkel, der im Oktober einen Entwurf vorlegte, der jedoch nur teilweise bewilligt wurde, was dazu führte, dass der Architekt sich aus der »Ausführung des Baues fast zurückzog, als an denselben gleich anfänglich von den Höchst. Herrschaften das Amputiermesser angelegt wurde«.[7]

Doch bevor mit dem Bau des Schlosses begonnen wurde, war nach den von Prinz Wilhelm erwähnten Promenaden bereits ein erster Park nach Plänen Lennés in Arbeit. »Die Anlage des Parks war schon im Herbste desselben Jahres unter der Leitung des Herrn G. D. Lenné begonnen.« Die Voraussetzungen dafür auf dem an der Havel gelegenen Babels-, Babers- oder Babertsberg – alle drei Schreibweisen sind Anfang des 19. Jahrhunderts in Umlauf – muteten zunächst vielverprechend an. Nach Abschluss der ersten Bauphase beschrieb Hofbauinspektor Ludwig Persius dem Brandenburger Domherren Ernst Siegfried Köpke (1813–1883) das einst Vorgefundene: »Zunächst über den Park, wofür G. D. Lenné die Güte gehabt hat, mir manches Interessante mitzuteilen. Der jetzige Park auf dem Babersberge war früher königl. Forstgrund, auf welchem die Gemeine von Neuendorf die Hutungsberechtigung hatte. Dies Terrain soll früher mit den schönsten und kräftigsten Eichen bestanden gewesen sein, die 1806 vom Feinde umgehauen wurden, bei welcher Zerstörung die nahegelegene, damals verarmte Weberkolonie Nowawes nicht wenig beigetragen haben soll. Nach der Invasion ward der Forstgrund mit Kiefern besämt, die glücklicherweise nicht zeitig genug aufkamen, um den Ausschlag der alten Eichen zu unterdrücken, womit heutigentags ein großer Teil des Parks sehr anmutig bestanden ist.« Lennés Anlage betone einige der natürlichen Gegebenheiten des Areals, so Bauleiter Persius. »Durch die Parkanlage sind besonders 3 Hauptpunkte der Höhen des Babersberges hervorgehoben worden: Der eine, der sich etwa 130 Fuß über dem Wasserspiegel erhebt, liegt auf dem nördlichen Abhang, von hier hat man die Aussicht über das vor dieser Höhe auf einem Plateau liegende Schlößchen hinweg auf das heitere Glienicke, den Havelspiegel mit der neuen Brücke bis nach Nedlitz hinunter, den die bewaldeten Höhen der Krampnitz und von Sakrow begrenzen. Der zweite noch höhere Punkt liegt südwestlich von hier, von wo man ein herrliches Panorama auf d[ie] St[adt] Potsdam und über dieselbe hinweg bis zum Schwielow-See hinter Caputh hat. Von dem mehr südlich gelegenen dritten Punkt überschaut man das weite Nuthetal, die Höhenkette der Ravensberge und die im Vordergrund gelegene Kolonie Nowawes. Der ganze umhegte Flächeninhalt des Parkes beträgt etwa 270 Morgen.«[8]

Natürlich war Lenné zwischendurch immer mal wieder auf Reisen, so weilte er beispielsweise ab dem 18. September vier Tage in Düsseldorf bei seinem Vetter Maximilian Friedrich Weyhe.[9] Von da ging es weiter nach Frankfurt, wo der Gartendirektor und seine Gattin die Familie Ries besuchten. Einmal mehr drehte sich ihr Gespräch um die Ersetzung Spontinis.[10] Um den Jahreswechsel herum weilten Lenné und Fritzchen erneut für zwei Tage in Frankfurt und der Gartendirektor machte aus seinem Herzen keine Mördergrube: »Lenné«, so sein Freund Ries, »ist so ein seelenguter, offener Kerl und fürchterlich ärgerlich, die nehmliche schlechte Haushaltung mit der Oper in Berlin immer fortgehn zu sehn. Alles fühlt es zwar, alles schimpft, alles sagt, es kann so nicht lange weiter gehn – aber es bleibt beim alten.«[11] Mit der Partitur von Ries' dritter Oper *Die Nacht auf dem Libanon* im Gepäck ging es zurück in die Hauptstadt, wo Lenné sich beim Intendanten Graf Redern für eine Aufführung derselben einsetzen wollte.

Noch bevor Anfang März 1834 die Arbeiten am Babelsberger Schloss begannen, war die Anlieferung der Baumaterialien bereits Gegenstand des Briefwechsels von Lenné und Persius. Am 17. Januar schrieb der Gartendirektor: »Völlig einverstanden mit der Chausée-Anlage auf dem Babelsberge, werde ich das hierzu erforderliche Material ungesäumt herbeizuschaffen suchen, hoffentlich gelingt es bis Merz wo der Transport der Materialien zum Hausbau erfolgen muß, die Chausée zu vollenden.«[12] Die Bauarbeiten sollten zügig voranschreiten, so dass am 1. Juni die Grundsteinlegung stattfinden konnte und bereits im September war der Rohbau fertig beziehungsweise »das Schloß unter Dach.«[13]

Allerdings machte sich schon in dem heißen Sommer dieses Jahres ein grundlegendes Problem der Parkanlage bemerkbar: Da weder eine Quelle auf dem Berg vorhanden war noch Wasserleitungen verlegt worden waren, musste das Wasser mühsam von der Havel herauftransportiert werden, um die neuen Pflanzungen zu bewässern. Und in der Julihitze kamen die Gartenhilfen offenbar mit der Arbeit nicht mehr hinterher, und die Anpflanzungen litten unter dem ausbleibenden Regen, wie Augusta nach Weimar schrieb.[14]

In seinem Buch *Andeutungen über Landschaftsgärtnerei* zollte Pückler Preußens Gartendirektor im selben Jahr vordergründig Lob, als er ihn den einzigen deutschen Gartenkünstler nannte, der womöglich den unerreichten englischen Vorbildern gleichkommen könnte: »Es giebt zwar einige Ausnahmen [in Deutschland], aber sie sind sehr sparsam zu finden, und als ein bereits beendigtes umfassendes Muster, welches den besten englischen Anlagen dieser Art gleich zu setzen wäre, wüsste ich bis jetzt keins zu nennen. Doch dürfen wir hoffen, dass die Königlichen Anlagen unter der Leitung des hochverdienten Direktor *Lené* [!], welche grossartig ganz Potsdam mit einem weiten Parke umschliessen sollen, gewiss einst ein solches Muster aufstellen werden. «[15] Dass der Fürst hier den Namen seines bürgerlichen Konkurrenten wohl mit Absicht falsch schrieb, war möglicherweise ebenso eine Perfidie wie die Behauptung, die Verwirklichung des englischen Gartenideals in Deutschland stünde noch aus. Pückler sah einen grundsätzlichen Unterschied zwischen seiner Herangehensweise an die Gartengestaltung und der von Lenné: »Nur Garten-Ingenieurs (wie z. B. Lenné)«, schrieb er um 1855 an Garteninspektor Eduard Petzold (1815–1891), »die nach einem gewissen Grundschema nachher alles über einen Leisten schlagen, bleiben ihrem einmal gezeichneten Plan stets getreu, und sind froh, wenn sie fertig sind, und ihr Honorar einstreichen können. Organisch erwachsenes Leben muß man aber in solchen Schöpfungen nicht suchen, eben so wenig als Naturverständnis, oder auch nur richtige Lokalberücksichtigung. Wer aber sonst nur gut zu klappern versteht, kann doch auch auf diesem Wege viel Renommée erlangen, wie die Erfahrung in der Künstlerwelt überall zeigt, und wo nur anhaltende Thätigkeit waltet, ist auch eigentlich immer schon Verdienst.«[16] Gut zwei Jahrzehnte zuvor, 1831, hatte Pückler Prinz Carl bezüglich seiner Parkanlage in Muskau sein Geheimnis anvertraut: »Darf ich dabei als alter Praktiker mir einen unterthänigen Rath erlauben, so bitte ich Euer Hoheit nur um eins: *nie bestehen zu lassen, was Ihnen nach der Ausführung nicht gefällt.* Wenn meine Anlagen Euer Hoheit einigermaßen befriedigt haben, so ist es nur der festen Beobachtung dieses Grundsatzes zu danken. Es giebt wenig Stellen darin, die nicht retouchirt wurden, viele die zehnmal umgeworfen und neu gemacht worden sind. Ich bin in dieser Hinsicht unerbittlich, und wäre *ohne* dies wenigstens noch einmal so weit in meinen Anlagen gediehen – sie würden dann aber auch schwerlich viel Vorzug vor allen übrigen haben. [...] Kein Maler kann ein Gemälde enden, ohne hundertmal zu übermalen, zu bessern, wie sollte es dem erlassen sein, der ein Gemälde, nicht mit docilem Pinsel und Farben, sondern mit dem so oft widerstrebenden Material der Natur selbst herzustellen unternimmt.«[17]

Der Berliner Garteninspektor Emil Rönnenkamp[18] (1837–1891), einst als angehender Kunstgärtner bei einer Parkexkursion der beiden Konkurrenten in Potsdam zugegen, überlieferte »eine Unterredung, deren Zeuge zu sein ich das Glück hatte«. Fürst Pückler habe seiner »Bewunderung über Lenné's ausgeführte Pflanzungen« Ausdruck verliehen und gesagt, »er hätte nie geglaubt, dass dieselben nach ihrer Ausbildung einen so schönen Eindruck machen würden«. Darauf antwortete der Gartendirektor: »Durchlaucht können daraus ersehen, wie schwierig es für mich bei den geringen Mitteln, die mir zu Gebote standen, war, etwas Derartiges zu schaffen; da die verwendeten Gehölze klein waren und ich den Effekt – wie er sich nach Ausbildung der Gehölze herausstellen würde – kennen musste, um die für die Folge beabsichtigte Wirkung nicht in der Disposition zu verfehlen.« Rönnenkamp, der nach Lennés Tod erhobene Vorwürfe entkräften möchte, dieser sei kein »landschaftliches Genie wie Pückler oder Sckell« gewesen und dass »seine Pflanzungen zu sehr berechnet« gewesen seien »und nicht die geniale Einfachheit« aufgewiesen hätten, kam als Ohrenzeuge zu dem Schluss: »Es geht aus dieser Unterredung unzweifelhaft hervor, dass selbst Fürst Pückler die Pflanzweise Lenné's als landschaftlich schön durchgeführt bezeichnete.«[19] Der ehemalige Potsdamer Gartendirektor Harri Günther verweist auf das grundsätzliche Problem der auf Wirtschaftlichkeit verpflichteten Hofgärtner im Gegensatz zu dem bis zum Bankrott aus dem Vollen schöpfenden Fürsten: »Es schien in den preußischen Hofgärten schier unmöglich zu sein, an den ausgeführten Anlagen mehrfache Änderungen vorzunehmen, falls diese nicht den Vorstellungen entsprachen. Während Fürst Pückler so oft Veränderungen, Verbesserungen einleitete, bis das Ergebnis seiner Phantasie folgte, mußte Lenné auf Grund seiner genehmigten Kostenanschläge projektgerecht ausführen.«[20] Das galt insbesondere für die Babelsberger Anlage eines zweitgeborenen Prinzen mit beschränkten Mitteln. So machte auch dem ausführenden Bauinspektor Persius die Zögerlichkeit des prinzlichen Bauherrn zu schaffen,

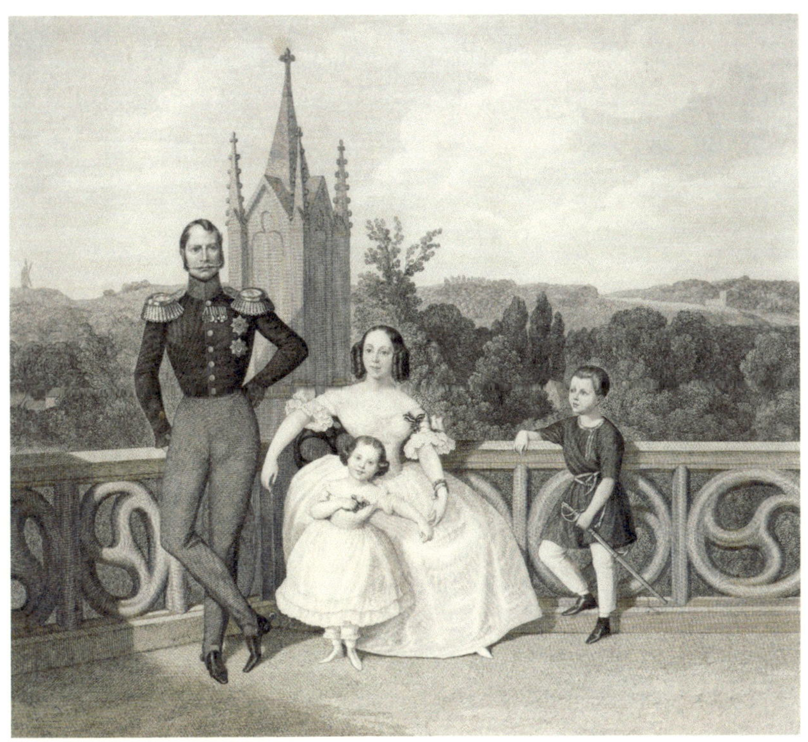

Carl August Schwerdgeburth nach Theodor Hosemann, *Prinz und Prinzessin von Preußen*, Stahlstich, um 1840. Das Paar ist zusammen mit seinen Kindern auf der Terrasse von Schloss Babelsberg dargestellt.

nachdem das Äußere des Schlösschens vollendet war und 1835 der Innenausbau in Angriff genommen wurde. Stets bekam er zu hören, beim Bau müsse gespart werden, wobei es manchmal um solche Kleinigkeiten ging, ob 43 Reichstaler ausgeben werden sollten, um die Decken zu tapezieren, oder ob man sie untapeziert und eventuell auftretende Risse im Putz sichtbar lassen sollte.[21]

Am 18. Oktober 1835, dem vierten Geburtstag von Prinz Friedrich, war es dann soweit, das später im engsten Familienkreis auch schon einmal scherzhaft »Babylon House« genannte Babelsberger Cottage konnte eingeweiht werden.[22] Ins neue Gästebuch schrieb der stolze Besitzer Prinz Wilhelm: »Am 3. August 1833 erteilte mir der König die Erlaubnis, meinen Lieblingsplan, auf dem Babelsberg ein Landhaus mit Garten gründen zu dürfen, zur Ausführung zu bringen. Unter der Leitung des Gartendirektors Lenné begannen sogleich die ersten Gartenanlagen. Im Oktober entwarf der Oberlandesbaudirektor Schinkel das

Projekt zu einem Schlößchen und in den ersten Tagen des März 1834 begann der Bau desselben unter Leitung des Hofbauinspektors Gebhardt. Am 1sten des Monats Juni ward der Ausbau vollendet und das Schlößchen am 18. Oktober als am Geburtstag unseres Sohnes durch ein Déjeuner en famille eingeweiht.«[23] Ein Brief Augustas an ihre Mutter in Weimar belegt, wer alles zu diesem »Familienfrühstück« geladen war: Außer dem Kronprinzen und seiner Frau kamen Prinzessin Alexandrine und ihr Mann Paul von Mecklenburg-Schwerin, Augustas Schwester Marie mit ihren Mann Prinz Carl von Preußen, ebenso der Festspieldichter Herzog Karl zu Mecklenburg-Strelitz, Leute aus dem Gefolge, der Stadtkommandant von Potsdam sowie »le Directeur du jardin et l'architecte«, mit anderen Worten Lenné und Schinkel.[24] Der König besah den Neubau erst nachmittags, sich, so sein Sohn, »wohl für die neuen kalten Zimmer fürchtend«.[25] Doch insgesamt waren alle von dem neuen Schloss angetan. Noch 25 Jahre später erinnerte sich Augusta dankbar an das im neuen Heim verbrachte Frühjahr: »Es ist etwas Eigenes um die märkische Heide. Der ganze Zauber jenes ersten Frühlings steht noch vor mir, den wir in Schloß Babelsberg verlebten. Der Blick auf den verträumten See. Wie reich dünkten wir uns hier, weil wir unsere eigenen Herren waren.«[26]

GERÜHMTER GESTALTER?

Derweil waren Lennés Pläne für den Berliner Tiergarten nicht unwidersprochen geblieben. So hatte beispielsweise Karl Friedrich Schinkel seinerseits einen Entwurf geliefert, der vom Kronprinzen tatkräftig unterstützt wurde. Ludwig Persius schrieb diesbezüglich am 7. Februar 1835 an seine Frau Pauline, Tochter des Hofgärtners Ludwig Sello und Schwester von Hermann Sello: »jetzt komme ich von einem sehr vergnügten Menschen dem Kronprinzen, bei dem ich göttliche Pläne für den Thiergarten gesehen habe, die nicht Lenné, sondern ein gewisser Schinkel beiläufig […] erdacht und dann dermaßen zu Papiere gebracht hat, daß man sich überschlagen mögte.«[1]

Am 22. desselben Monats war der Gartendirektor nach Frankfurt an der Oder gereist, wo man anstelle der alten Stadtmauer und des Grabens einen Park anlegen wollte. Sein Freund, der Weinhändler und Frankfurter Stadtabgeordnete Michael Lienau (1786–1861) – auch er war Mitglied im Verein zur Beförderung des Gartenbaues –, hatte ihn ins Spiel gebracht und war damit im Stadtrat auf einhellige Begeisterung gestoßen. Das schmale, sich bis zur Oder hinziehende Areal mit einem Wasserlauf in der Talsohle war alles andere als ein natürlicher Kandidat für einen Landschaftsgarten. Dennoch vermochte es Lenné, hier eine Anlage zu schaffen, die ihm bis heute – gerade nach der jüngst erfolgten Restaurierung – alle Ehre macht. Dass er dabei auch städteplanerisch dachte, belegt die Verlängerung der heutigen Rosa-Luxemburg-Straße, die den Park durchschneiden und eine wichtige Verkehrsader bilden sollte. Am 15. März schrieb er diesbezüglich: »es erscheint die Ausführung dieses Projekts ebenso wünschenswerth für die Communikation mit der Vorstadt, als dieselbe für die Anlage entscheidend ist, indem hierdurch die zur Breite verhältnismäßig zu lange Thalform der Anlage unterbrochen wird«.[2] Andererseits bedauerte er, dass man bereits begonnen hatte, Erdreich abzutragen, das er für seine Terrainmodellierung gut hätte gebrauchen können. Immerhin wurde ein wichtiger Baum erhalten, die sogenannte Schmeißereiche, noch heute der älteste Baum vor Ort. Mit seinem talartig eingeschnittenen Flusslauf, der zu zwei kleinen Seen gestaut wurde, den lang gestreckten Rasenflächen sowie dem mit dunklen Nadelgehölzen bepflanzten »Montanmotiv« ist der Park ein ebenso abwechslungsreiches wie pittoreskes Naherholungsgebiet unmittelbar vor dem alten Stadtkern.[3]

Am 29. Oktober schrieb Ferdinand Ries aus Frankfurt einen Brief an Lenné, in dem er bedauerte, dass es auch dieses Jahr nichts mit einer Reise nach Berlin werden würde. Dem, was ihm sein Bruder Hubert »von der letzten Zeit des Theaters in Berlin« geschrieben hatte, glaubte er entnehmen zu können, dass nun wohl »bald die Zeit da« sein werde, »wo es nicht mehr gehen wolle und könne«. Immerhin scheint ihn das vorangegangene Schreiben Lennés über dessen Gesundheitszustand beruhigt zu haben: »Dein letzter Brief machte mir Freude, weil er von dir kam und wenigstens enthielt, daß du wieder ganz wohl bist, und deine liebe Frau sich auch tapfer hält.« Auch bittet er den Freund, bei Preußens hohen Herrschaften ein gutes Wort für ihn einzulegen: »Wäre es nicht möglich, daß du mir ein oder einige Empfehlungs-Briefe nach Den Haag direkt an den Hof durch deine bedeutende Bekanntschaft verschaffen könntest? an die Königin oder Prinzeß Friedrich? – studiere einmal ein bißchen mit der lieben Fritzchen darüber – Weiber sind bey dergleichen Planen sehr gut. Es wäre mir von großem Werth, und ich weiß, kannst du es, so thuest du es auch«. Doch selbst wenn er nichts für ihn tun könne, sei eines sicher: »Auf jeden Fall werden mir ein paar Zeilen von dir Freude machen.«[4] Eine Aufschrift auf dem Brief besagt, dass er am 9. November beantwortet wurde. Es ist das letzte bekannte Zeugnis dieser Freundschaft. Bis zum Tod von Ries am 13. Januar 1838 finden sich keine weiteren Briefe mehr, welche die beiden einander geschickt hätten.

Ein Auftrag des Jahres 1836 ging auf Graf Friedrich Ludwig von Arnim zurück, der soeben den im Niederbarnim gelegenen Ort Blumberg für 146.000 Taler erworben hatte. In den folgenden Jahren ließ er sich nicht nur von, wie er schrieb, von »Lenné & Consorten«[5] einen Landschaftsgarten entwerfen, sondern auch das alte Schloss nach Plänen von Schinkel und Friedrich August Stüler (1800–1865) umbauen. Auch in Blumberg ist man stolz darauf, über einen Lenné-Park zu verfügen und hat in den vergangenen Jahren einiges für dessen Erhalt getan. Und wie so oft hat das Schloss, auf das der Park einst ausgerichtet wurde, die Zeitläufte nicht überstanden: Es wurde im April 1945 zerstört, die Ruinen später abgetragen. Stellt man sich auf dessen ungefähren Standort, so gleitet der Blick über eine ausgedehnte Wiese zu einem langsam verlandenden See mit malerisch geschwungenem Ufer und einem Inselchen.[6] Im waldartigen Parkteil

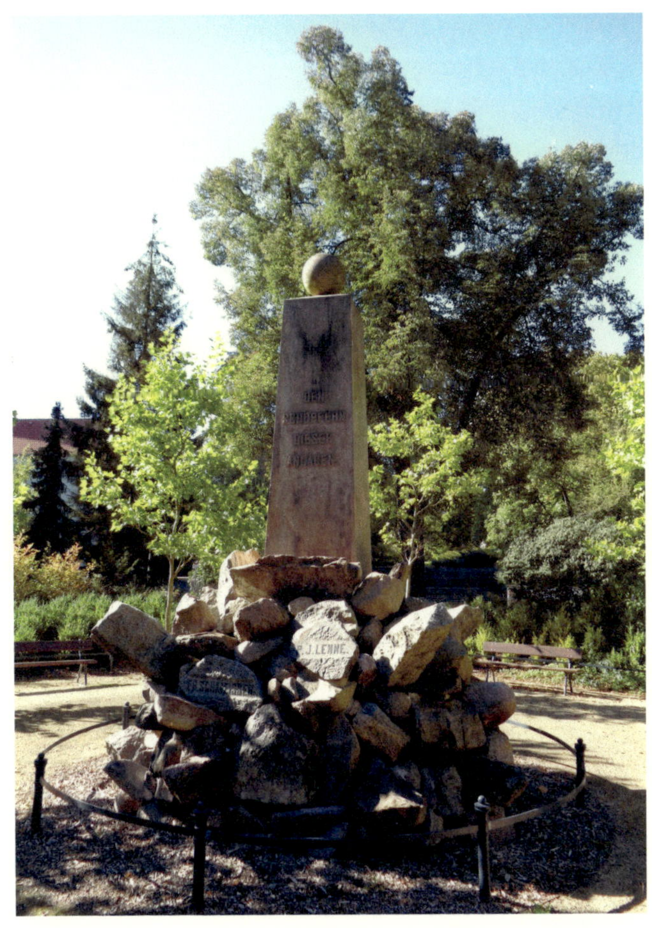

Das 1886 errichtete Schöpferdenkmal auf der höchsten Erhebung des Parks vereint alle Initiatoren der Anlage, darunter auch Lenné und Lienau.

rechts kündet noch eine Allee mit alten und langsam ihrem Ende entgegendämmernden Eichen von der Vorgängeranlage aus dem 18. Jahrhundert. Als Point de vue hält die stattliche Malereiche am Ostrand des Parks wacker ihre Stellung.

Ebenfalls 1836 entstanden erste Pläne für Schloss Erdmannsdorf (heute: Mýsłakowice) in Niederschlesien, wozu Lenné die Gegebenheiten vor Ort besichtigte. Bereits am 26. Oktober des Vorjahres hatte Staatsminister Christian Rother (1778–1849) an Lenné geschrieben, Pflanzen für diese königlich preußische Sommerresidenz bestellt und gemeint: »Sr. Majestät der König haben bei Allerhöchster Anwesenheit in Erdmannsdorf so viel Interesse an den dortigen

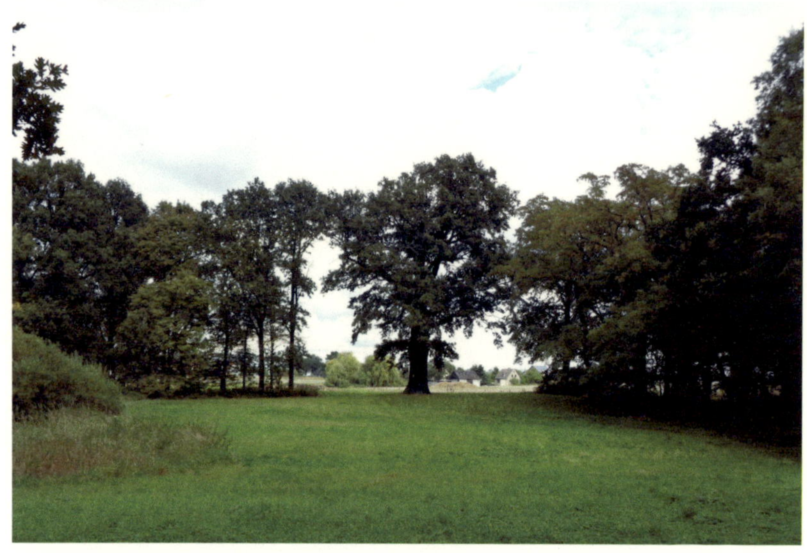

Die Malereiche im Park von Blumberg.

Gartenanlagen genommen.« Und weiter: »Da S. Majestät ferner noch verschiedene Anlagen auf dem Gut in Erdmannsdorf beabsichtigen, so behalte ich mir vor, dieserhalb gelegentlich mit Euer Wohlgeboren Rücksprache zu halten.«[7] Oberbaurat Schinkel entwarf erste Pläne für den Umbau des barocken Ritterguts, doch seine heutige Gestalt erhielt das Schloss erst durch Stüler Mitte der 1840er-Jahre, als Friedrich Wilhelm IV. das Gebäude und die Gartenanlagen neu fassen ließ; Lenné lieferte 1843 und 1845 weitere Pläne. Die Zeichnung der Pläne oblag anfangs Gerhard Koeber (gest. 1852), der auch die Arbeiten in Erdmannsdorf leitete, später dann Gustav Meyer.

Für den Sommer hatte der König eine Reise nach Belgien und Frankreich bewilligt, wo Lenné in Enghien bei der Versteigerung »der berühmten Pflanzensammlung des Herrn Parmentier« Palmen für das Palmenhaus auf der Pfaueninsel erstehen sollte. Nachdem diese Aufgabe erledigt war, begab er sich nach Lüttich zur Handelsgärtnerei von Lambert Jacob-Makoy (1790–1873), bevor er in Brüssel den botanischen Garten inspizierte. Im Pariser Jardin des Plantes, den er ja von seiner Ausbildung her kannte, warf er einen Blick auf die für »4 Millionen Francs erbauten neuen Gewächshäuser«, deren »edle Bauart« und »Leichtigkeit der Konstruktion einen höchst imposanten Anblick« boten.[8] Die Handelsgärtnerei von Louis Claude Noisette (1772–1849) in Paris und der von Jacques

Philippe Martin Cels (1740–1806) in Montrouge gegründete Botanische Garten machten dagegen keinen vorteilhaften Eindruck auf ihn.

Die Sommerfrische des Prinzenpaars auf dem Babelsberg und in seiner unmittelbaren Umgebung wurde in der Rückschau späterer Generationen als pure Idylle geschildert, auch wenn dies gerade in den ersten Jahren keineswegs den Tatsachen entsprach. »Üppig blühte der Rosengarten, es brüsteten sich die Pfauen, unter den Orangenbäumen der Terrasse wurde Tee getrunken, saure Milch verzehrt. Lange Abendstunden verlebte man auf den Seen, die rotgekleideten Bootsleute ruderten um die Vorsprünge, durch die tiefbeschatteten Buchten, es verschwamm in der Dämmerung die harmonische Schinkelsche Bogenbrücke in fliederfarbenen Tönen. Manche der älteren Generation haben dies alles noch ungetrübt erlebt, auch die strenge Schönheit der vielen Havelzillen, die mit ihren schmalen und hohen hellen Segeln vorüberzogen. Spukhaft konnten sie im Nebel wirken, nachts warfen sie oft Anker an der Pfaueninsel.«[9] Im Juli 1837 machte Augustas Mutter, Großherzogin Maria Pawlowna, König Wilhelm III. ein Geschenk für eben diese Insel – auch sie wurde seit 1819 landschaftsgärtnerisch nach Ideen des Gartendirektors umgestaltet. Trotz brütender Sommerhitze konnten sich der König, die Prinzen, ihre Gattinnen und sicherlich auch Schlossjungfer Marie für die zugesandte Jardiniere begeistern, und selbst Lenné war entzückt und erklärte sich spontan bereit, sie mit Blumen zu bepflanzen. Dies habe er, »notre célèbre directeur des Jardins«, so Augusta, dann im bestmöglichen Geschmack getan.[10] Damals scheint die Wertschätzung des Gartendirektors durch die Prinzessin noch ungetrübt gewesen zu sein, doch schon bald sollte sie einen Dämpfer erhalten. Als Augusta im Folgejahr am 20. Juni die Saison in Babelsberg eröffnete, herrschte zwar schönes Wetter, aber der Park bot einen kläglichen Anblick: Eine Raupenplage hatte beinahe das gesamte Grün vernichtet.[11]

In dem Eintrag »Berlin, in seiner neuen Gestaltung« wurden 1838 Lennés Umgestaltungspläne für den Tiergarten sogar in Brockhaus' *Conversations-Lexikon* aufgenommen, und das durchaus kritisch: »Der Thiergarten selbst erleidet eine Reform, die, kunstgerecht vom Director Lenné ausgeführt, doch nicht allgemeiner Billigung sich erfreut; denn der wilde Waldcharakter, den die Berliner liebten, ein Tummelplatz ihrer Kinderspiele, wird in einen zierlichen englischen Park umgewandelt. Breite Kieswege durchschneiden ihn und Warnungstafeln verbieten bei Strafe das Betreten des künstlich gepflegten Rasens. Man vertheidigt die Reform mit der Absicht: die Luft gesünder zu machen, den Baumwuchs zu fördern, dem Wasser Abfluß zu verschaffen. Letzteres ist bis jetzt noch nicht erreicht; man hofft, es durch einen Kanal aus dem Landwehrgraben zu erzwingen.«[12] Mehr denn je nahm damals gerade dieses Projekt die Kräfte des Gartendirektors in Anspruch. Um schneller vor Ort sein zu können, hatte er sich sogar ein Grundstück am Rand des Tiergartens gekauft, auf dem er nach einem Plan von Persius ein Wohnhaus zu errichten gedachte. Der König gewährte seinem Gartendirektor eine ganz besondere Gunst, indem er ihm das Grundstück am 15. Juni nachträglich zum Geschenk machte und 7000 Taler zum Bau des Hauses noch darauflegte. Am 19. August des nächsten Jahres erließ er darüber hinaus eine Kabinettsorder zur Umbenennung des sogenannten Kanonenwegs in Lennéstraße. Besser hätte der Monarch seine Wertschätzung kaum zum Ausdruck bringen können.

Vermutlich fand damals auch die erste Begegnung Lennés mit dem angehenden Architekten Franz Jakob Kreuter (1813–1889) statt. Kreuter hatte in München bei Friedrich von Gärtner (1791–1847) und Leo von Klenze (1784–1864) studiert und unternahm seit 1837 verschiedene Studienreisen nach Italien, Frankreich, England und Preußen.[13] Die Potsdamer Gartenanlagen machten Eindruck auf den jungen Mann und der Keim für die Freundschaft mit Lenné war gelegt. In einem nachweislich an Kreuter gerichteten Schreiben nennt Preußens Gartendirektor den inzwischen als selbständiger Civil-Ingenieur tätigen Kreuter später »Mein sehr geehrter Freund«.[14] Und der revanchierte sich, indem er seinen Freund zu Parkplanungen in Bayern heranzog.

Nicht dass es eines weiteres Beweises dafür bedurft hätte, dass Lenné in Preußen nun »dazugehörte«, aber 1839 entstand ein Gemälde, das bekannte Persönlichkeiten aus Berlin und Potsdam zum imaginären Publikum einer *Parade auf dem Opernplatz* vor der Neuen Wache versammelte. Auf dem berühmten Bild des Malers Franz Krüger (1797–1857) stehen Ferdinand Fintelmann und Lenné Seite an Seite, vor ihnen kann man den Schauspieler Louis Schneider (1805–1878) ausmachen, neben ihnen den Dramatiker Raupach. Etwas entfernt wurden neben vielen anderen zudem Carl Begas, Graf Pückler-Groditz und Graf Redern zu Pferde, Schinkel und Stüler verewigt. Die schöne Schauspielerin Charlotte von Hagn (1809–1891) steht, schwarz gekleidet, wenige Meter hinter dem Gartendirektor. Auch Sie gehörte zum Freundeskreis der Lennés, wie ein Brief ihres aus Köln stammenden Kollegen Hermann Hendrichs (1809–1871) belegt, den einst Kopfschmerzen davon abhielten, sich bei Charlotte »Ihrer liebenswürdigen Freundin der Frau von Lenné vorstellen zu laßen.«[15] Möglicherweise hatte man sich beim Kammerherrn des Königs kennengelernt, denn laut Intendant

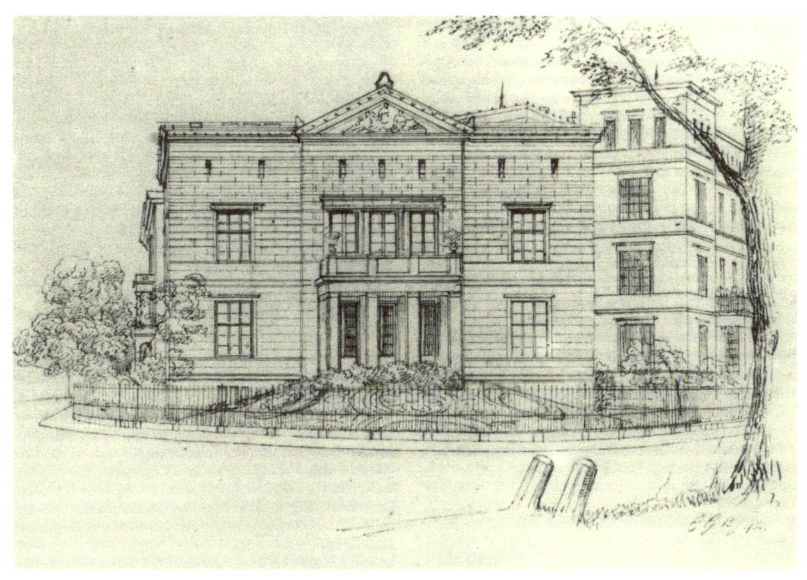

Eduard Gärtners 1842 entstandene Zeichnung vom Berliner Haus des Gartendirektors in der Lennéstraße 1 am Tiergarten.

Redern, war Charlotte von Hagn »gescheidt, lebendig keck und amüsirte den König nicht nur in ihren Lustspielrollen, sondern auch in den Gesellschaften von Papa Timm.«[16]

Um diese Zeit war erkannt worden, dass die dringend notwendige Erweiterung der Stadt Berlin staatlich in geregelte Bahnen gelenkt werden musste. Dies hatte auch bei Lenné großes Interesse hervorgerufen, wobei er – wen wundert es – besonderen Wert auf ausreichende Grünflächen legte. Ganz in diesem Sinne legte er 1839 einen Bebauungsplan für das Gelände der Pulvermühlen in Moabit vor, auf dem neben Kirche, Kaserne und Gefängnis ein Exerzierplatz vorgesehen war. Am 5. Mai des folgenden Jahres wurde vom Bauministerium beschlossen, Schinkel solle den Plan überarbeiten. Fünf Tage später schickte dieser Lenné den Plan zurück und in seinem Begleitschreiben hieß es pessimistisch: »Hierbei sende ich mit verbindlichstem Dank den großen Bebauungsplan von Berlin wieder zurück, nachdem ich ihn sehr vorteilhaft für meinen Entwurf benutzt habe. Sehr wenig Hoffnung hege ich indes für die Ausführung des neuen Entwurfs, für welchen ich nur wünsche, daß er zu der Feststellung der Hauptanhaltspunkte Veranlassungen geben möchte. Früh genug, fürchte ich, wird er noch in Ihre Hände fallen, und dann hoffe ich auf Ihre gütige Nachsicht.«[17]

DER KÜNSTLERKÖNIG UND SEIN GARTENGENIE

Mit dem Tod Friedrich Wilhelms III. am 7. Juni 1840 wurde dessen ältester Sohn König. Friedrich Wilhelm IV. hatte große Pläne für die Neuausrichtung der Künste und Wissenschaften in Preußen. So berief er unter anderen die aus Göttingen verjagten Philologen Jacob (1785–1863) und Wilhelm Grimm (1786–1859) nach Berlin. Auch konnte er nun endlich seinen jetzt auch schon nicht mehr besonders fortschrittlichen Lieblingsschriftsteller Ludwig Tieck (1773–1853) aus Dresden kommen lassen. Ein langgehegter Wunsch, den ihm sein Herr Papa zuvor stets mit der despektierlichen Bemerkung zu vermiesen gewusst hatte: »Mein Herr Sohn mit seinem Töck«[1]. Kurz nach Regierungsantritt soll der frischgebackene König den Potsdamer Gartendirektor herbeizitiert und ihm Folgendes mitgeteilt haben: »Ich habe Sie rufen lassen, damit Sie mir einen Plan machen. Der Herzog von Dessau hat aus seinem Land einen großen Garten gemacht. Das kann ich ihm nicht nachmachen, dazu ist mein Land zu groß. Aber aus der Umgegend von Berlin und Potsdam könnte ich nach und nach einen Garten machen. Ich kann vielleicht noch 20 Jahre leben, in einem solchen Zeitraum kann man schon etwas vor sich bringen. Entwerfen Sie mir einen Plan in Berücksichtigung der Worte, die ich eben zu Ihnen gesprochen.«[2] Heinrich von Treitschke (1834–1896) schrieb später in seiner *Geschichte im 19. Jahrhundert* über die neue Ära: »Lenné, der größte Gartenkünstler des Jahrhunderts, der auf dem Alten Zoll zu Bonn, im Hofgarten der kölnischen Kurfürsten aufgewachsen, schon unter dem alten Könige begonnen hatte, den Berliner Thiergarten und die Parks von Potsdam zu verschönern, erhielt jetzt erst freie Hand für seine Entwürfe.«[3] Lenné selber ließ später verlauten, er sei auf die Wünsche des neuen Königs gut vorbereitet gewesen: »Sein schon längst gehegter Plan war folgender. Die ganze Insel Potsdam, ein von herrlichen Seen umschlossenes und durchschnittenes Hügelland von fast zwei Meilen Durchmesser, sollte durch Anpflanzungen, Naturgärten, Gebäude, Verschönerung der Wälder und Ortschaften, Herstellung einer frischen Vegetation durch Bewässerung und verbesserte

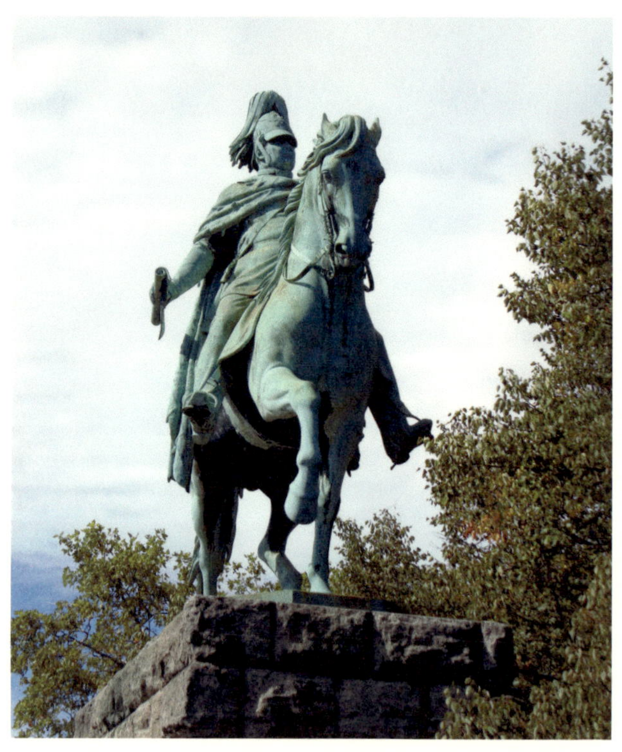

Die von Gustav Blaeser 1861/63 für die Kölner Dombrücke angefertigte Reiterstatue König Friedrich Wilhelms IV. ziert heute die nördliche rechtsrheinische Rampe der Hohenzollernbrücke.

Landkultur in eine schöne, überall das Auge befriedigende Landschaft verwandelt und durch vortreffliche Wege überall eine wünschenswerthe Verbindung der verschiedenen bereits verschönerten Plätze um die königlichen Schlösser hergestellt werden. Zugleich sollten die verfallenen Anlagen Friedrichs II., insofern sie noch zeitgemäß und schön, erneuert und erhalten, die mißlungenen und unfertigen vollendet und die zur Erreichung eines harmonischen Ganzen fehlenden Glieder hinzugefügt werden. Lenné war der Mann dazu, einen schönen, großen Gedanken zu erfassen und planmäßig durchzuführen.«[4] Auch mit Schinkel hatte der neue König Großes vor, doch der Baumeister erlitt bereits im September mehrere Schlaganfälle, an deren Folgen er nach gut einjährigem Krankenlager sterben sollte.

Im Nachhinein gingen Staatsdiener wie der reiche Graf Redern mit Friedrich Wilhelm IV. hart ins Gericht. In seinen lange Zeit unveröffentlicht gebliebenen

Lebenserinnerungen fällte der Generalintendant ein vernichtendes Urteil: »Der König hatte unstreitig viel Geist, mehr, als vielleicht einem nicht in demselben Maße mit Charakter begabten Monarchen gut ist, aber diese genialische Anlage irrlichterte immer ohne festen Punkt hin und her und hob wie bei den Romantikern in der Literatur ihren festen Ausgangspunkte, im nutzlosen Spiele der Phantasie sich selbst auf. Er strebte nach positiven Zielen und kam dabei zur Negation. Er besaß Schärfe des Verstandes, aber keine Klarheit der Begriffe.« Rederns Fazit lautete: »Er war ein problematischer Charakter auf dem Thron.«[5] Karl August Varnhagen von Ense erfuhr am 11. August in einem Berliner Salon, wie der neue König in Potsdam auf den fertigen »Lenné-Schinkelschen Bebauungsplan« für Moabit reagiert hatte. »Der Minister des Inneren Graf von Arnim brachte dem Könige die schließlichen Arbeiten über den Anbau des neuen Stadtviertels jenseits der Spree dem Exzerirplatze gegenüber; der König betrachtet die Vorlagen mit Verwunderung, mit Mißvergnügen, er erklärt alles für falsch, ganz wider seinen Willen, seine Befehle, seine Anordnungen. Der Minister, betreten, beruft sich auf die Aeußerungen, die der König theils ihm selbst gemacht, theils durch Direktor Lenné hat bestellen lassen. ›Nein, nein‹, ruft der König, ›das ist nicht wahr, nie hab' ich das befohlen, nichts von diesem allen angeordnet, alles falsch, grade umgekehrt sollte es sein!‹ Neuen Betheurungen wird neuer, schneidender Widerspruch entgegengesetzt, der Minister ist in grausamer Verlegenheit, und bittet endlich, daß Lenné, der draußen warte, hereingerufen werde. Auch der behauptet dem Könige in's Gesicht, so und nicht anders habe er befohlen. Der König ruft abermals: nein, das ist nicht wahr, grade das Gegentheil! Da ruft ihm Lenné nach und nach die einzelnen Besprechungen in's Gedächtniß, der König läugnet noch immer, doch endlich überwunden, wenn auch nicht überzeugt, sagt er mit Achselzucken: ›Nun, es ist alles möglich, es kann sein!‹ Doch fügt er gleich hinzu: ›Aber ausgeführt muß es doch nun anders werden, ganz umgekehrt, hier soll die Kaserne stehen, hier das Gefängniß‹ u.s.w. Es sind schon große Vorarbeiten geschehen, eine Million Bausteine angefahren etc. Das muß nun alles umgethan werden. Ein Pröbchen von der Art, wie Geschäfte betrieben werden.«[6] Einmal mehr bewahrheitete sich, was Innenminister Gustav von Rochow (1792–1847) dem König gleich bei Regierungsantritt vorgehalten hatte: »Majestät, bei Ihrem Vater wußten wir ganz genau, was er nicht wollte. Bei Ew. Majestät wissen wir aber weder, was Allerhöchst Dieselben wollen, noch was sie nicht wollen!« Es scheint, der Innen- und Polizeiminister unterstellte nicht nur Preußens Untertanen einen beschränkten Verstand. Beim

König kam dieses »allerdings sehr gewagte Propos« ganz und gar nicht gut an.[7] In einem Brief Friedrich Wilhelms an seine auf Reisen befindliche Gattin Elisabeth war im Oktober erneut und diesmal ganz unaufgeregt Rede von dem Stadtbau-Projekt: »Ich arbeitete […] bis ½ 3 u empfing dann Lenné der einen Bericht über die Bebauung des Cöpenickerfeldes u über den Lauf des neuen Canals u der ThiergartenVergrößerung um den projektirten Lauf des Landrathgrabens [!] gab u mir die Pläne vorlegte.«[8] Am 14. Dezember richtete der König dann einen Immediatbaufonds ein, der jährlich 20.000 Taler für die Verschönerung von Potsdam und Umgebung bereitstellte. Nun konnte der Gartendirektor so richtig loslegen.

Einer der ebenfalls vom neuen König nach Berlin berufenen Künstler war der in Düsseldorf geborene Maler Peter von Cornelius (1783–1867); er traf am 22. April in Berlin ein. Nicht allzu lange Zeit darauf muss ein Besuch bei seinem rheinischen Landsmann und Freund Lenné in Potsdam stattgefunden haben, bei dem man die Römischen Bäder in der Nähe von Schloss Charlottenhof in Potsdam besichtigte. Ein Brief des Gartendirektors an den Maler vom 13. Juli gibt Auskunft darüber: »Gestern wo ich bei Sr Majestät dem Könige auf Charlottenhof zu Tafel befohlen war, und Gelegenheit hatte, mancherlei den vermehrten Schmuck dieser Lieblingsbesitzung betreffend, zur Sprache zu bringen, äußerte ich auch: daß Sie mein geehrter Freund, bei Ihrer jüngsten Anwesenheit dahier die Wände der Vorhalle zunächst der sogenannten Thermen (oder griechischen Bäder) auf Charlottenhof zu Fresko Gemälden sehr geeignet erklärt hätten, und daß dadurch diese reitzende kleine Schöpfung ihre Vollendung erhalten würde. Sr Majestät ging sogleich auf diesen Gedanken ein, und hat mich beauftragt: Sie zu ersuchen, Sr Majestät Ihre Ideen über daselbst auszuführende Fresko Bilder näher zu entwickeln.«[9] Dieses Projekt sollte nie realisiert werden. Später war es dann Cornelius, der Lenné anlässlich einer Festivität in einer Tischrede den launigen Spitznamen »Buddelpeter« anhängte.[10] Der solcherart Geneckte soll es mit Fassung getragen haben.

Im September 1840 versuchte sich der Architekt Stüler beim Schlossumbau in Schwerin in Stellung zu bringen. Dabei half ihm der von Großherzog Paul Friedrich von Mecklenburg, der bei seinem Amtsantritt drei Jahre zuvor Schwerin zur Residenzstadt erklärt hatte, mit der Anlage eines neuen Parks beauftragte Lenné. Der befand sich seit März mit dem mecklenburgischen Architekten Georg Adolph Demmler (1804–1886) in Briefwechsel, und dieser hatte ihm einen Plan mit dem »Grundriß des neuen Schlosses« und der »Grenze der angekauften Privatgrundstücke« geschickt. Am 16. September traf der Gartendirektor nun in Schwerin ein, einen Tag später folgte Stüler, wobei beide betonten, »daß ihr hiesiges Zusammentreffen ein rein zufälliges sei«. Demmler nahm sich des Kollegens freundlich an und zeigte ihm »nicht nur alle [von ihm entworfenen] Bauwerke, sondern auch die von mir für den Schloßbau entworfenen Scizzen und Zeichnungen, erläuterte dieselben und gab ihm eine Uebersicht über alle Anforderungen und Eigenthümlichkeiten, welche die Herrschaften im neuen Schloß berücksichtigt zu haben wünschten«. Nachdem Demmler noch »den beiden zu Ehren eine große Gesellschaft«[11] gegeben hatte, reisten Stüler und Lenné, versehen mit einem Postschein für drei Pferde für die Extrapost, am 19. September wieder in Richtung Berlin ab.[12] Als Letzterer sich später pflichtschuldig für die »außerordentlich gastfreie Aufnahme« bedankte, die er insbesondere bei der »sehr vorzüglichen Hausfrau gefunden« habe, war der Hausherr schon gar nicht mehr gut auf ihn zu sprechen.[13] Inzwischen war nämlich durchgesickert, dass Stüler dem Großherzog seinerseits Vorschläge für den Schlossumbau vorzulegen gedachte, was der heimische Architekt als Einmischung in seine Angelegenheiten ansah und sofort beim Großherzog Protest einlegte. »Na, schlanker Julius«, soll dieser gesagt haben, als er des wutschnaubenden Demmlers gewahr wurde, »schon wieder in heftiger Erregung?« Und der Architekt nahm kein Blatt vor den Mund: Er nannte Stüler »einen arglistigen Concurrenten« und rügte »das unverantwortliche, ungerufene Hervordrängen eines ausländischen Architecten«.[14] Noch den etliche Jahre später entstandenen autobiographischen Aufzeichnungen merkt man die Empörung über das Verhalten Stülers an. Doch auch Lenné blieb nicht ungeschoren. Was »die gärtnerische Behandlung der Schlossinsel anbetraf«, so habe der Großherzog den von Demmler »vorgelegten Situationsplan« genehmigt, »im Gegensatz zu dem Plan, den der Gartendirektor Lenné aus Potsdam hierüber angefertigt hatte«; »die Benutzung und Eintheilung der Schlossinsel zu gärtnerischen Anlagen« sei allein Demmlers »geistiges Eigenthum«.[15] Dennoch gilt der Schweriner Schlosspark heute gemeinhin als ein Werk Lennés, weshalb dieser später den »Ehrentitel« Großherzoglich-Mecklenburgischer Gartendirektor verliehen bekommen sollte.[16] Im Jahr 1843 sollte der Gartendirektor, der ohne die Erlaubnis seines Dienstherren weder auswärtige Aufträge noch Geld dafür annehmen durfte, eine Prunkvase aus der Königlichen Porzellan-Manufaktur mit je einer Darstellung des Schweriner Schlosses vor dem Stülerschen Umbau und der Villa Paulshöhe geschenkt bekommen. Großherzog Friedrich Franz II., seit 1842 Nachfolger seines frühverstorbenen

Vaters, gab zudem noch kund: »Der Königl. Preußische Garten-Director Lenne [!] in Berlin hat für seine auf Befehl Unseres hochseeligen Herrn Vaters sowie auf Unseren Befehl unternommenen mehrmaligen Reisen nach Schwerin und für seine dort ausgeführten Arbeiten bisher keine Remuneration erhalten. Wir wollen demselben anstatt eines Honorars eine Vase verleihen und haben selbige in der Königlichen Porzellan Manufactur in Berlin bereits anfertigen lassen.«[17] Die Akten offenbaren, dass der Krater 550 Taler gekostet hat, und Lenné stufte das kostbare Stück als Kunstwerk von Museumsrang ein, denn er vermachte es dem »Kunstmuseum Wallraf-Richartz zu Cöln«.[18]

In den Akten des Strelitzer Zweigs des Mecklenburgischen Fürstenhauses findet sich ein Schreiben vom 25. April 1851, demzufolge Lenné bei einer kurz zuvor stattgefundenen Anwesenheit in Neustrelitz eine goldene, über den Neubrandenburger Hoflieferanten Schmidt bezogene Dose geschenkt bekam, und zwar von Großherzog Georg von Mecklenburg-Strelitz, dem Bruder der legendären preußischen Königin Luise.[19] Vermutlich war dies der Dank für weitere Hinweise zur Umgestaltung des barocken Neustrelitzer Schlossparks in einen Landschaftsgarten, an der er seit ungefähr 1825 beteiligt war und die jetzt die in den Händen seines 1821 in Posen geborenen Schülers Starke lag. Auch der Sohn des Großherzogs, Herzog Georg zu Mecklenburg-Strelitz sollte auf die Dienste Lennés zurückgreifen, als es im August 1851 darum ging, den Park von Schloss Remplin landschaftlich zu gestalten, und er bewunderte ebenfalls »die Zweckmäßigkeit und geschmackvolle Idee« der ihm gelieferten Entwürfe des preußischen Gartendirektors.[20]

Im Januar 1841 beschloss König Friedrich Wilhelm IV. den Bau der Friedenskirche in Potsdam. Der »Ankauf der Grundstücke wird zuvörderst durch Lenné zu bewerkstell. sein«, notierte Persius damals in seinem Bautagebuch, das akribisch die vom König gegebenen Anweisungen verzeichnete.[21] Dieser Auftrag war ein wenig heikel, umfasste er doch den Ankauf des Häuschens von Lennés Intimfeindin Karoline Schulze.[22] Diese sollte prompt unglaubliche 5000 Taler für »das kleine Besitzthum« fordern, was der König gut ein Jahr später als »exorbitant« ablehnte, er wolle »niemals auf den Kauf eingehen.«[23]

Wie sich aus den überlieferten Quellen schließen lässt, pflegte der Gartendirektor auch in den 1840er-Jahren seine Freundschaften mit Schauspielern und anderen Künstlern. Therese Devrient (1803–1882), Gattin des Schauspielers Eduard Devrient (1801–1877) und mütterlicherseits mit rheinisch-jüdischen Wurzeln, erinnerte sich an diese Zeit: »Eine wesentliche Bereicherung war die

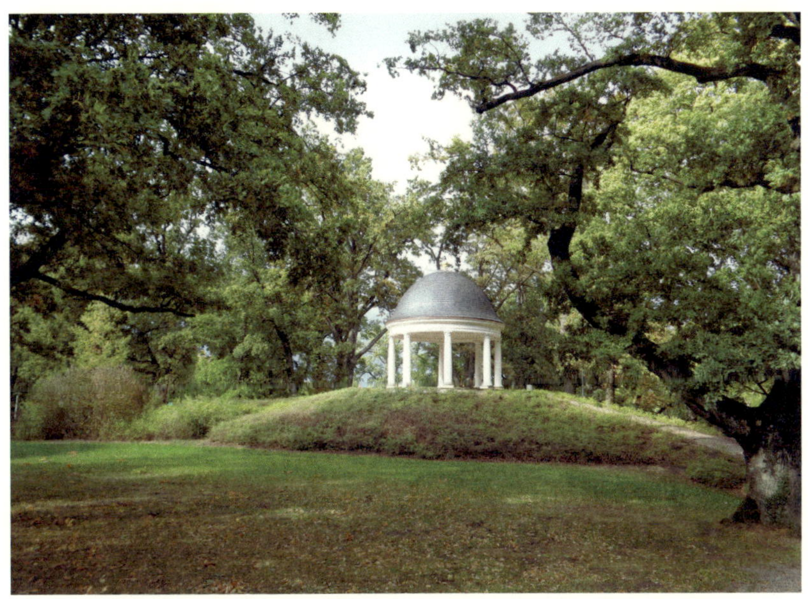

Der Jugendtempel im Schweriner Schlosspark.

Bekanntschaft mit dem Gartendirektor Lenné. Er lebte in Potsdam, wo seine Dienstwohnung in dem schönen königlichen Sans-Souci-Garten lag. Da er jede Woche ein oder zwei Tage in Berlin sein mußte, hatte er ein Absteigequartier in unserer Nähe im Tiergarten für sich eingerichtet und kam an keinem Montag von Potsdam herüber, ohne uns nicht wenigstens zu begrüßen.« Auch wenn sie ihn als einen »steifen, trockenen, zeremoniellen Mann« erlebt hatte, schrieb sie ihm in Hinblick auf seine Gartenschöpfungen »viel Phantasie und Erfindungskraft« zu.[24] Eduard vermerkte einen der Besuche am 2. Oktober 1841 in seinem Tagebuch: »Mittags besuchte uns Lenné, erzählte von Tieck, der jetzt viel bei ihm im Hause ist, vorliest und hier zu bleiben wünscht.«[25] Der im selben Jahr nach Berlin berufene Schriftsteller und Dramaturg Ludwig Tieck brachte am 28. Oktober »gelegentlich des Herbstmanövers bei Potsdam auf dem Theater im Neuen Palais nur vor geladenen Zuschauern« eine Aufführung der *Antigone* des Sophokles zustande.[26] Dazu Eduard Devrient, der Darsteller des Haimon: »Um 12 Uhr empfing ich Therese auf dem Bahnhofe, fuhr mit ihr zu Lennés, wo wir zu Mittag aßen. Inzwischen hatten sich viele Personen dort gesammelt, die zur Vorstellung geladen waren; sie fand um ½ 7 Uhr statt. Es ging alles gut vonstatten«.[27] Die Musik für die Chöre hatte auf Geheiß Friedrich Wilhelms IV. der Komponist

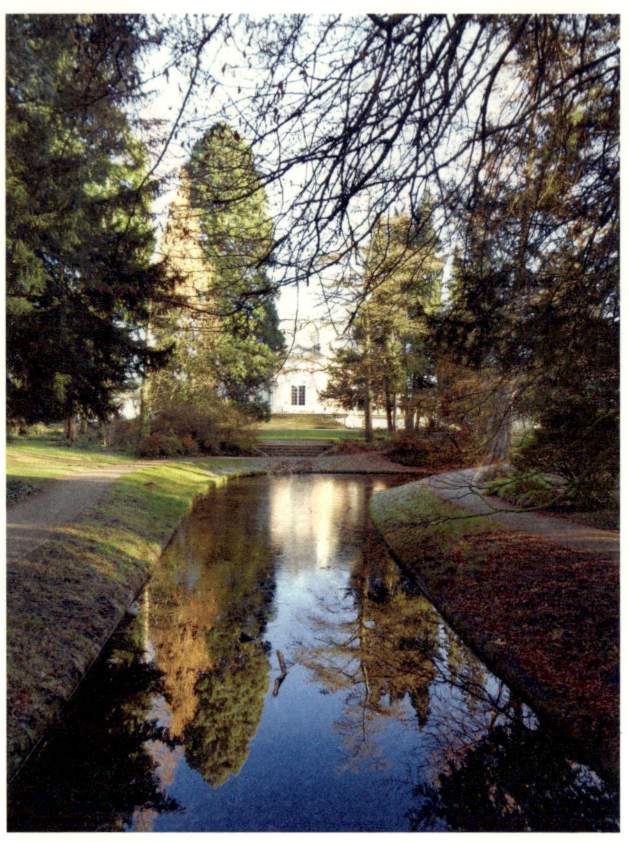

Der Kurfürstengarten des Benrather Schlossparks wurde 1841 von Lenné in landschaftlichem Stil umgestaltet.

Felix Mendelssohn-Bartholdy (1809–1847) komponiert. Trotz aller Unkenrufe, namentlich aus dem Munde des erfolgreichen Dramatikers Raupach, wurde eine anschließende Aufführung im Berliner Schauspielhaus zum Erfolg. Das Für und Wider der Ansichten fasste Graf von Redern in folgendes Bonmot: »Es gab damals Antigonisten und Antagonisten.«[28]

Einige Monate zuvor war endlich der so lange schon erwartete Abgang des unbeliebten Generalmusikdirektors Spontini erfolgt, wenn auch keineswegs freiwillig. Eine unvorsichtige Zeitungsnotiz des ebenso hitzigen wie hochmütigen Komponisten war als Majestätsbeleidigung aufgefasst und ein Verfahren gegen ihn angestrengt worden. Die Öffentlichkeit, ohnehin nicht für den italienischstämmigen Franzosen eingenommen, war empört. Als Spontini daraufhin am 2. April in Berlins königlichem Opernhaus Mozarts *Don Giovanni* dirigierte, war vorhersehbar, dass mit Protesten des Publikums zu rechnen war. Als der Generalmusikdirektor im ordengeschmückten Frack »am Dirigentenpult«[29] erschienen war, wo er »selbst ›au baton‹ dirigierte«[30], brach bei den ersten Takten der Ouvertüre ein Buhsturm los, während der Vorhang entgegen seiner Weisung unten blieb. Trotz Johlen und Pfeifens dirigierte Spontini die Ouvertüre zu Ende, zog es dann aber vor, das Feld zu räumen. An seiner Stelle dirigierte Konzertmeister Carl Möser (1774–1851) die Vorstellung unter Jubel zu Ende.

Leider konnte Lennés Freund Ries nun nicht mehr Spontinis Nachfolge antreten, da er bereits drei Jahre zuvor verstorben war. Er hätte wohl ohnehin gegen den neu berufenen Generalmusikdirektor kaum eine Chance gehabt: Giacomo Meyerbeer stammte nicht nur aus Berlin, sondern war zu der Zeit der wohl berühmteste Opernkomponist der Welt. Und Lenné wäre nicht Lenné gewesen, hätte er sich nicht auch mit dem neuen Mann an der Berliner Oper gut verstanden. So lässt dieser in späteren Jahren auch schon einmal Grüße an den Gartendirektor ausrichten, zum Beispiel in einem Brief an Charlotte Birch-Pfeiffer, die zu den »ältern sehr lieben Freundinnen«[31] des Landschaftsgestalters zählte: »Amusiren Sie sich bestens in Potsdam und empfehlen Sie mich Herrn Direktor Lenné.«[32]

PREUSSENS RHEINPROVINZ

Im Februar 1842 war der Auftrag an Lenné ergangen, den Koblenzer Schlossgarten neu zu gestalten. Zuvor hatten zwei Pläne von Vetter Weyhe keinen Anklang beim König gefunden, der Koblenz zur Hauptstadt der Rheinprovinz und das dortige klassizistische Schloss zur Residenz erklärt hatte. Am 24. März schrieb der Gartendirektor, er wolle den Gartenanlagen »überall wo diese sich an die architektonischen Linien des Schlosses und der Nebengebäude anschließen, die größestmögliche Regelmäßigkeit« zukommen lassen, »so dass Bau und Garten-Anlagen sich gegenseitig vervollständigen und zu einem symmetrisch geordneten Ganzen gestalten.«[1] In diesem Fall hatte Lenné seine Abneigung gegen gerade Linien ausnahmsweise einmal aufgeben müssen, die Strenge dieses gro-

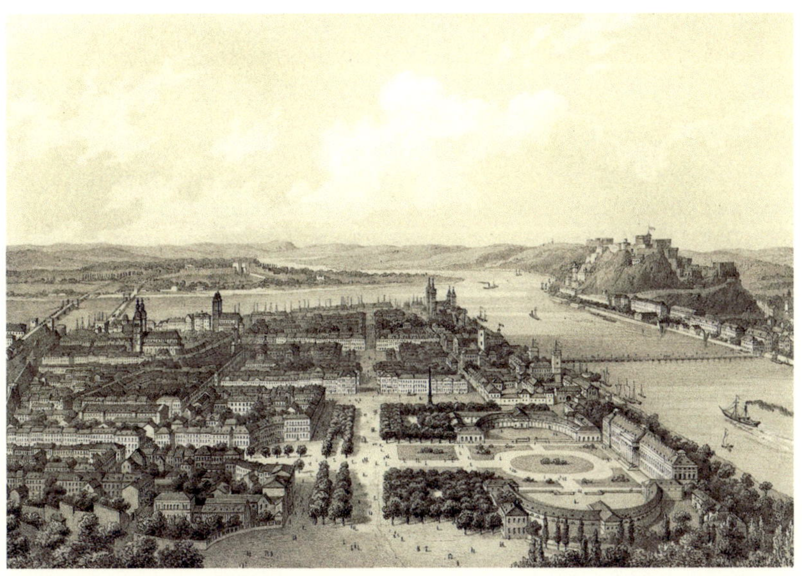

Isidore Laurent Deroy, *Koblenz aus der Vogelperspektive*, Lithographie, um 1860. Unten rechts das Schloss und seine Gartenanlagen.

ßen klassizistischen Schlosses konnte kein Landschaftsgarten mildern, zumal zwischen Schloss und Rhein kaum genügend Raum dafür vorhanden war. Im folgenden Jahr begannen die Arbeiten an diesem Garten, die erst drei Jahre später beendet werden konnten.

Im Winter hatte Lenné einen letzten verzweifelten Versuch unternommen, den Landschaftsgarten auf dem Babelsberg zu retten, indem er 120 große Bäume dorthin versetzen ließ. Doch es war bereits zu spät, sein Auftraggeber war dermaßen unzufrieden mit dem Erreichten, dass er Parkinspektor Rehder in Muskau um Hilfe bat. Was dann geschah, berichtet Herzogin Dorothea von Sagan: »[Der] Prinz von Preussen, der seinen Park in Babelsberg verschönern will, hatte durch seinen Gärtner nach Muskau schreiben lassen, der dortige Gärtner möge von seinem Herrn einen Urlaub von einigen Wochen erbitten und kommen, um den Garten in Babelsberg anzulegen. Darauf erhält der Prinz von Preussen einen Brief des Fürsten Pückler, der ihm schreibt, der wirkliche Gärtner in Muskau sei er selbst, und er werde sofort nach Babelsberg abreisen, um sich mit dem Gärtner des Prinzen ins Einverständnis zu setzen. In der Tat kommt er in Babelsberg an, beginnt sofort die Arbeit des Gärtners, legt Alleen an, zeichnet die Gebüsche, Partien usw.«[2]

Ein von Pückler verfasstes *Unterthänigstes Promemoria* zum Zustand des Babelsberger Parks sparte nicht mit Kritik: »Das Prinzip, welches in der Hauptanordnung der dortigen Anlagen bisher verfolgt worden ist, finde ich der Localität nicht angemessen.« Insbesondere zwei Gründe führte er dafür an: Erstens, die Bäume. Die Sorten seien falsch ausgewählt und ohne Geschmack steif zusammengestellt worden, auch seien die umgepflanzten großen Bäume für den Transport zurechtgestutzt worden, so dass sie nie wieder dem Zweck dienen könnten, »eine weit gebreitete starke Laubmasse in der Höhe zu bilden«, was »höchstens einem Forstmanne des vorigen Jahrhundert zu verzeihen wäre, da aber wo die obere Leitung vom Gartendepartement ausgehen soll gewiß nicht geduldet werden kann.« Zweitens sei der ganze Park wie ein einziger Pleasureground behandelt worden, »was in dieser Ausdehnung, selbst bei dem besten Boden und der üppigsten Fruchtbarkeit« unangemessen wäre. Pückler sah die von Humphry Repton als maßgeblich vorgeschriebene Aufteilung in Pleasureground, Park und Außenpark beziehungsweise ornamented farm hier sträflich vernachlässigt. Seiner Ansicht nach sollte ein Großteil der Anlage »eine natürliche ›forestscenerie‹ [!]« bilden, »Blumengarten und pleasureground« sollten dagegen »auf einen verhältnismäßig nur kleineren Raum beschränkt [werden], dafür aber desto reicher geschmückt und in unmittelbarer Verbindung mit den Wohnzimmern, gleich sorgfältig mit diesen gehalten, und täglich aufgeräumt und gereinigt, gleichsam nur eine Fortsetzung derselben unter freiem Himmel bilden«.[3]

Pückler wollte sich mit dieser Kritik als Parkgestalter ins rechte Licht setzen. Einmal mehr kamen die bereits angesprochenen Unterschiede zwischen den beiden Gartenschöpfern zum Tragen, wobei Pückler als Adliger und ehemaliges sächsisches Landeskind sicherlich einen direkteren Draht zu der von ihm hoch verehrten Augusta hatte, der er 1826 in Weimar zum ersten Mal begegnet war. Diese schrieb ihrer Mutter, Fürst Pückler habe sagenhafte Pläne für den Babelsberg, die allerdings viel Zeit, Geld und Geduld erforderten. Da er jedoch ein wahrer Kenner sei, würde man es wohl nicht bereuen, ihn hinzugezogen zu haben, außerdem verpflichte einen dieses ja zu nichts.[4] Lenné soll am 17. März 1843 von Prinz Wilhelm brieflich um eine Stellungnahme gebeten worden sein und »eine wesentlich abgemilderte« Abschrift von Pücklers *Promemoria* erhalten haben, die er mit Kommentaren versah; bedauerlicherweise hat sich dieses Dokument nicht erhalten.[5] Damit hatte Lennés Tätigkeit in Babelsberg ein Ende, fortan war der Fürst federführend in der weiteren Ausgestaltung des Parks. Und Karl Maria Kertbeny (1824–1882), Erfinder der Wortschöpfungen »homosexual« und »heterosexual«, war später gar der Ansicht, dass Pücklers »Geist wie sein persönlicher Rathschlag mitgedichtet haben sowol in Glieneke wie in Babelsberg, und überhaupt bei den Lenné'schen Anlagen in Potsdam und Berlin«.[6] Das war dann aber wohl doch ein wenig zu weit gegriffen.

Das wohl größte Problem war laut Pücklers *Promemoria* das fehlende Wasser. Erst ein 1843 bis 1845 von Persius an der Glienicker Lake angelegtes Maschinenhaus pumpte mittels einer Dampfmaschine Wasser in ein Reservoir auf dem Gipfel des Berges. In einem Brief Pücklers an seinen Vetter, der seit dem Sommer 1835 eifrig seinen neuen Posten als Hofmarschall Prinz Wilhelms versah[7], hieß es noch am 30. April 1847: »Wenn die Bewäßerung nicht zweckmäßig eingerichtet wird, so ist es unmöglich aus einem Sandberg frische Wiesen und üppige Wälder hervorzuzaubern. […] Wenn wir das Essen ersparen wollten, so müßte man verhungern, und wenn man Gras und Pflanzen auf dem Babelsberge das Wasser entzieht, so müssen diese auch verhungern.« Damit war das Hauptproblem dieses Parks treffend beschrieben. Zur Abhilfe schlug Pückler unterirdische Leitungen und ein zweites Wasserreservoir über dem sogenannten Schwarzen Meer vor. Und ein weiteres Mal ließ er die Gelegenheit nicht verstreichen, dem Gartendirektor in seinem Brief eins auszuwischen, indem er ihn als Landschaftsgestalter der Impotenz zieh: »Fast ebenso nöthig ist es (wenn Babelsberg anders etwas Besseres werden soll als die übrigen Potsdamer Anlagen, denen überall das Motto aufgedrückt ist: Ich möchte wohl, aber ich kann nicht) eben so nöthig, sage ich, ist es daß das große Bassin hinter dem Wasserfall entweder vergrößert oder noch eins daneben gebaut werde. Dies ist nöthiger als alles Pflanzen und Bauen, und versäumt man es, so wird man in einigen Jahren, die Parkanlagen größtentheils von neuem anfangen müssen und kann schon jetzt mit Rasenlegen und Säen nicht mehr vorwärtsgehen, weil alles sogleich vertrocknen würde.«[8] Pückler hatte mit seinen Vorstellungen Erfolg, sowohl das zweite Becken als auch die unterirdischen Wasserleitungen wurden installiert; seit 2016 ist ein Drittel der alten Wasserleitungen restauriert und Wasserfälle und Brunnenanlagen sprudeln wieder während der Saison.

Im Spätsommer 1842 wurde die Rheinprovinz zum Schauplatz der Selbstdarstellung des neuen preußischen Königs. Am 4. September wurde in Köln von Friedrich Wilhelm IV. der Grundstein zum Weiterbau des Doms gelegt. Zu diesem Zweck logierte Preußens Königspaar im nahen Brühl in Schloss Augustusburg, das bei dieser Gelegenheit in die Reihen der königlichen Schlösser aufgenommen wurde. Nun musste natürlich auch der Schlosspark diesem Anspruch genügen, und Lenné wurde beauftragt, sich der vernachlässigten Gärten anzunehmen, die er ja seit seiner Ausbildung unter Onkel Weyhe bestens kannte.

Zehn Tage nach der Grundsteinlegung wurde die nach Plänen von Schinkel und Stüler wieder aufgebaute Burgruine Stolzenfels am Rhein feierlich eingeweiht. Friedrich Wilhelm IV. war die Ruine bereits 1815 von der Stadt Koblenz als Geschenk angeboten worden, doch erst anlässlich seiner Vermählung mit der bayerischen Prinzessin Elisabeth Ludovika am 29. November 1823 hatte er die Gabe angenommen. Schon damals lieferten Johann Claudius von Lassaulx (1781–1848) und zwei Jahre später auch Schinkel Pläne für einen Wiederaufbau, die jedoch erst einmal in der Schublade verschwanden. Ab 1836 nahm man die Arbeiten in Angriff, wobei die Gestaltung der Burggärten in die Hände von Maximilian Friedrich Weyhe gelegt und von dessen Cousin in Potsdam mitbestimmt wurde. Doch auch der Kronprinz hatte bereits früh ganz dezidierte Vorstellungen vom Aussehen insbesondere des Pergolagartens: »Am Schloss können dann eine Anzahl Stufen in's Gärtchen hinabführen – und wird der zerstörte Flügel nicht gebaut, so gedenke ich vor die Stufen 3 arcaden zu stellen über welche die Verbindung des alten mit dem erneuerten Flügel au premier ginge,

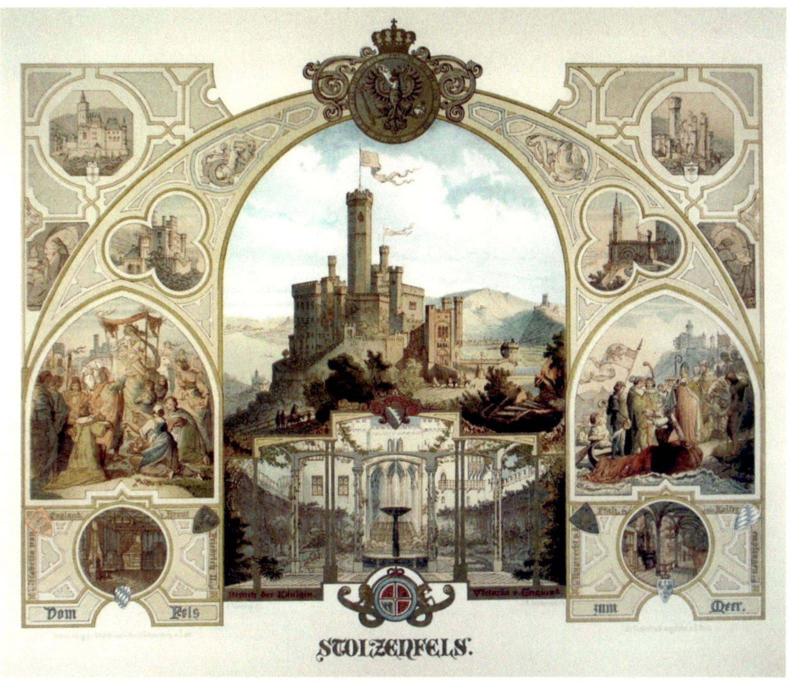

J. B. Sonderland nach Caspar Scheuren, *Stolzenfels*, Farblithographie, 1880. In der Mitte unten wird der Pergolagarten in den Blick gerückt.

und durch welchen man hinab in's Gärtchen schaute, das mit seinen Rosen, Rebdächern und Brunnen gar freundlich anzusehen wäre.«[9] Dieser »in Form einer gotischen Fensterrose« angelegte Garten mit achteckigem Brunnen im Zentrum und farbig gefasster Holzpergola außen herum wird heute zu Recht als »Höhepunkt preußischer Gartenkunst« angesehen.[10]

Mit der Thronbesteigung Friedrich Wilhelms waren die Ausbaupläne des Schlosses deutlich erweitert worden, denn nun schwebte dem »Romantiker auf dem Throne«[11] ein zweites »Sanssouci an den herrlichen Gestaden des Rheinstroms«[12] in neogotischer Variante vor. In der Folgezeit entstand ein schließlich zehn ha großer Landschaftspark, der die nähere Umgebung des Schlosses ebenso umfasste wie das malerische Tal des Gründgesbachs und den Dreisäckerberg im Süden.[13] Nachdem man die Arbeiten unter Hochdruck zu Ende gebracht hatte, konnte der König am 14. September 1842 sein neues Sommerdomizil mit einem Festumzug in Besitz nehmen. »Sämmtliche Meister und Gesellen, welche bei der Herstellung der Burg thätig gewesen, brachten Ihren Königlichen

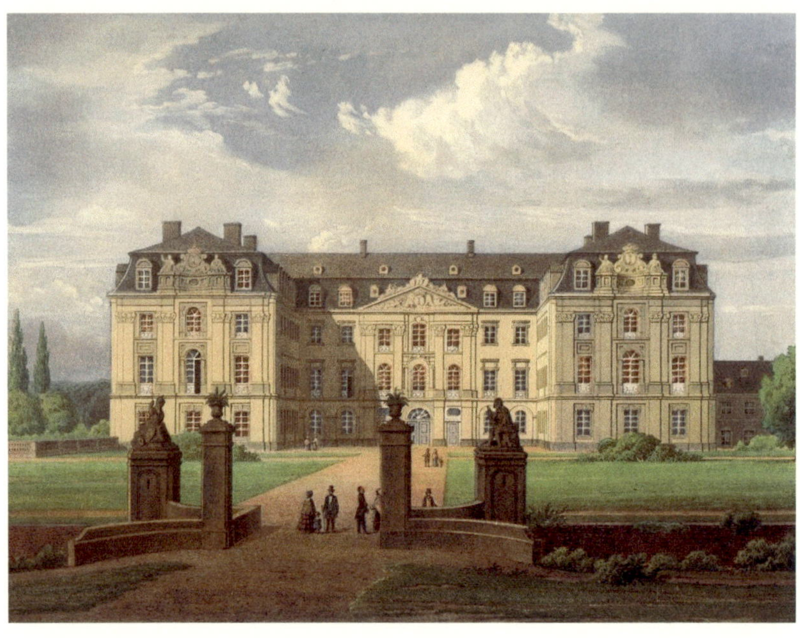

Adolph Wegelin, *Schloss Augustusburg*, Lithographie, 1846.

Majestäten – die Meister in altdeutschem Rock, mit Barett, Spitzenkragen und Schärpe – einen glänzenden Fackelzug; demselben ging, vom Dorf Capellen aus, ein Militair-Musik-Corps voran, welchem zunächst die Bau-Direktion und dann die Gewerkschaften folgten.«[14] Die Herren von der Baudirektion durften an der Abendtafel des Königs teilnehmen, später gab es noch eine prächtige »Beleuchtung des Rheintales von der Marksburg bis Ehrenbreitstein« mit Feuerwerk.[15] Drei Tage nach den Einweihungsfeierlichkeiten fuhren Lenné und Weyhe gemeinsam mit dem Koblenzer Festungskommandanten Johann George Philipp von Wussow auf der königlichen Yacht stromaufwärts zur Burg Rheinstein, deren Wiederaufbau Prinz Friedrich von Preußen, ein Cousin des Königs, 17 Jahre zuvor veranlasst hatte.[16]

Am 10. Oktober legte Preußens Gartendirektor dann einen ersten Plan für Brühl vor – zwei weitere sollten 1845 und 1859 folgen – und im begleitenden *Promemoria* wurden die durchzuführenden Arbeiten festgehalten, so die »Anlage eines Bahnhofs auf der auf dem vorliegenden Plane bezeichneten Stelle«. Was die »Herstellung u. künftige aesthetische Anordnung der Garten und Park Anlagen« anging, wurde unter anderem Folgendes beschlossen: »das Parterre von dem Schloße nach der Gartenseite soll zeitgemäß wieder hergestellt werden, das erst in jüngster Zeit zugeschüttete runde Bassin soll restituirt, auch das größere viereckige Bassin mit Rasen-Böschungen – anstatt der verfallenen Einfassungs-Mauern – umfriedigt werden.« Mit anderen Worten, der ehemalige barock-symmetrische Garten sollte mit landschaftsgärtnerischen Mitteln neu gestaltet werden. Als Reminiszenz an die Vergangenheit – vielleicht erinnerte Lenné sich hier an die einstige Bonner Orangerie seines Großvaters – wurde bestimmt, »dass die Terrasse an der Garten Seite des Schlosses mit Orangerie Bäumen, wie zur Kurfürstlichen Zeit, geschmückt werden« sollte.[17] In den kommenden Jahren sollte insbesondere im östlichen Parkteil durch den Erdaushub für den Bahndamm eine Gartenlandschaft nach englischem Vorbild entstehen. Buchtenreiche Seen und kleine Inselchen, geschwungene Wege und – mittendurch – die als »Fortschrittssymbol« mit landschaftsgärtnerischen Mitteln nur notdürftig kaschierte Eisenbahnlinie.[18] Nachdem Teile dieser Anlage jahrzehntelang als Vogelschutzgebiet sich selber überlassen worden waren, ist seit 2012 eine Rekonstruktion der Lenné'schen Gestaltung im Gang, wohingegen sich das von ihm mit Rasenflächen gestaltete Parterre am Schloss seit einer neuerlichen Umgestaltung durch Georg Potente (1876–1945) seit den 1930er-Jahren wieder in barock-formaler Gestalt präsentiert.

Lenné war seinerzeit geschäftstüchtig genug gewesen, um sich mit dem neuen Transportmittel Eisenbahn zumindest zu arrangieren. So besaß er Aktien diverser Eisenbahngesellschaften und versuchte in Potsdam auf Geheiß des Königs Einfluss auf den Verlauf der geplanten Bahnlinie entlang des Lustgartens und dem Park von Sanssouci zu nehmen. Mit mäßigem Erfolg, wie Wimmer nachgewiesen hat, andererseits brachten ihm seine zehn Aktien eben dieser 1845 gegründeten Berlin-Potsdam-Madgeburger-Eisenbahngesellschaft wohl ein Vermögen von 36.000 Talern ein.[19]

INS LAND, WO DIE ZITRONEN BLÜHN

Gefragt, was er gerade mache, antwortete Lenné im Februar 1844: »Projekte [...] nichts als Projekte, jeden Tag ein neues, der König ist unerschöpflich, eines jagt das andre.«[1] Andererseits konnte nun auch ein lange schon verfolgtes Vorhaben verwirklicht werden, wie Eduard Devrient in seinem Tagebuch festhielt: »Dann kam Lenné, der uns seinen Triumph nach dreißigjährigem Kampf erzählte, wodurch er nun die Schiffbarmachung des Schafgrabens nach seinem System durchgesetzt.«[2] Damit war eine, wie man damals glaubte, wichtige städtebauliche Verbesserung Berlins endlich bewilligt worden. Bereits 1818 hatte Lenné Friedrich Wilhelm III. Pläne für einen Ausbau des Landwehrkanals zur Entlastung des Schiffsverkehrs auf der Spree vorgelegt, die jedoch aus Kostengründen nicht weiterverfolgt wurden. Unter dem neuen König wurden dieses und andere urbane Bauprojekte wieder aufgenommen. Als Friedrich Wilhelm IV. einst in Anwesenheit seiner Minister mit Lenné über dieses Projekt zu diskutieren anfing, entgegnete dieser im Eifer des Gefechts: »Ew. Majestät begreifen immer noch nicht das Geistreiche meiner Idee.« Der König aber »war ganz still«, und der Kanal wurde von 1845 bis 1850 ausgebaut.[3] Leider erwies sich der erhoffte Nutzen als relativ kurzlebig, bereits 30 Jahre später hieß es, der Schifffahrtsweg sei »jetzt leider stellenweise zu eng für den im Laufe der Zeit angewachsenen Verkehr«.[4]

Bevor die Familie Devrient im April 1844 aus beruflichen Gründen von Berlin nach Dresden umsiedelte, fand »bei Lenné's« noch eine Liebhaberaufführung von »Scenen« aus Tiecks Schauspiel *Blaubart* statt, in denen sich Eduards Tochter Marie ihre ersten Sporen als Schauspielerin verdiente.[5] Wie schon öfter scheint die Initiative von Fritzchen, der »ideal veranlagten Gattin«[6] Lennés, ausgegangen zu sein. Der Autor persönlich schrieb damals an seine »Verehrte Freundin«: »Wie steht es mit dem Blaubart?«, und nutzte die Gelegenheit anzufragen, ob Fritzchen, wie zwei Jahre zuvor ihr inzwischen verstorbener Vater, nicht die Güte haben könnte, ihm seine »Lieblingsfrucht, Artichokken« aus den königlichen Gewächshäusern zu besorgen.[7]

Therese Devrient schrieb über eine andere Schauspielveranstaltung: »Von einem neuen Gedanken belebt kam Frau Lenné eines Morgens zu uns, sie wollte bei sich Komödie spielen lassen, worauf auch ihr Mann sich ganz besonders freue und sie ermutigt hätte, Eduard zu bitten dies Unternehmen zu leiten. Sein Vorschlag, ein Stück des dänischen Dichters Holberg, *Der geschwätzige Barbier*, zu geben, [...] wurde mit Freuden angenommen«. Die gesamte Familie Devrient übernahm Rollen in dem Drama, und die Aufführung »brachte die Gesellschaft in die heiterste Stimmung, die sich auch nachher bei dem trefflichen Souper erhielt. Auch die Arbeiter und die Dienerschaft in der Küche hatten bei einem Fäßchen Bier und kräftiger Kost einen frohen Abend.«[8]

Kaum hatten die Devrients Berlin verlassen, da kehrte eine andere mit Lenné befreundete Schauspielerin in die Stadt zurück, um ihr Engagement am Hoftheater anzutreten: Charlotte Birch-Pfeiffer. Mit dabei: die achtjährige Tochter Wilhelmine, von welcher der kinderlose Gartendirektor später schreiben sollte, er liebe sie wie sein »eigenes Kind«.[9] Und auch mit dem Schauspieler Theodor Döring (1803–1878), einem Spezialisten für Shakespeares Charakterrollen, stand der Gartendirektor auf sehr vertrautem Fuß, inklusive anzüglicher Neckereien. »Ihrer liebenswürdigen guten Frau«, schrieb Döring einmal, »bitte ich in meinem Namen einen recht herzlichen Kuß zu geben, – ich glaube zwar, daß der selbe von meinem Munde eine herzlichere Empfindung hervorbringen wird, – da Sie kein ganz treuer Ehemann sind.«[10] Vielleicht war ja doch etwas dran an dem Gerücht, die Lennés führten eine »französische« Ehe.

Im August stand des Gartendirektors erste Reise nach Italien an. In einem vermutlich an Ludwig von Massow (1794–1859), seit gut drei Jahren neuer Gartenintendant, gerichtetem Schreiben vom 31. Juli erbat er einen »Ministerial-Paß« für folgende Reiseziele: »Auf allerhöchsten Befehl werde ich am 9. August c. eine Reise nach der Rheinprovinz antreten, um die dort im Werk begriffenen Anlagen zu revidiren; es ist jedoch meine Absicht, von dort einen Abstecher nach Holland und Belgien zu machen, und die Rückreise hierhin [nach Potsdam] über Straßburg über Chur (oder den Splugnerberg) nach Mailand Venedig und München zurückzulegen.«[11]

Mit besonderem Interesse hatte er in Italien, wie er nach seiner Rückkehr am 27. Oktober im Verein zur Beförderung des Gartenbaues berichtete, die »Bebauung der dortigen Felder« in Augenschein genommen, wobei ihm zunächst eines aufgefallen war: »Cannabis sativa var. gigantea sieht man daselbst von riesenhafter Höhe.« Ausführlicher hatte er sich mit der Maulbeerbaum-Kultur und dem

Maisanbau in Oberitalien befasst. Auch die Gartenanlage auf der Isola Bella mit ihren »amphitheatralischen Bauwerken in Terrassen«, die ihn an die sagenhaften hängenden »Gärten der Semiramis« erinnerten, hatten ihn beeindruckt. Im 1805 in Napoleons Auftrag angelegten landwirtschaftlichen Mustergarten von Monza, »den er zu den vollständigsten in Ober-Italien« zählte, hatte er über das Arboretum gestaunt, »welches fast alle bis jetzt bekannten Pinus-Arten« enthielt, die Gewächshäuser fand er damals jedoch wenig bemerkenswert.[12] Und in Padua hatte er schließlich noch den altehrwürdigen botanischen Garten besucht, wo es gelungen war, Vanillepflanzen zu kultivieren.

In Potsdam standen nach seiner Rückkehr wieder die von Friedrich Wilhelm IV. angestoßenen Bauprojekte im Vordergrund. So nahm Lenné am 7. November um halb neun Uhr morgens an einer Besichtigung der Baustelle der Friedenskirche teil. In Begleitung von Flügeladjutant Willisen war der König persönlich vor Ort, um die von Persius aufgestellte »Probesäule« aus Hartenberger Marmor zu begutachten. Diese fand durchaus seinen Beifall, dennoch träumte er weiterhin von Säulen aus italienischem Polcevera-Marmor. Da die Gelegenheit günstig war, kam die Rede auch auf den Umbau der Villa Tieck und auf das nahegelegene Häuschen von Karoline Schulze. Fast scheint es, als ob nun auch der König gehörigen Respekt vor der streitbaren Dame hatte. Zumindest klingt seine Persius erteilte Weisung danach: »Mit Rücksicht auf die hohe Forderung der Dm. Schulz [!] wollen S. M. daß das Schulhaus bei der Kirche so gerückt werden soll, daß es dem kleinen Häuschen der Schulz nicht zu nahe kommt.«[13]

Kurz vor Ende des Jahres kreuzte Jenny Lind (1820–1887), *die* Primadonna assoluta des 19. Jahrhunderts, den Weg von Peter Joseph und Friederike Lenné. Generalmusikdirektor Meyerbeer hatte die junge Schwedin in Paris gehört und nach Berlin verpflichtet, wo sie sich am 15. Dezember mit einer ihrer Paraderollen vorstellte, mit Vincenzo Bellinis *Norma*. Das Publikum war hingerissen, eine derart intensive Identifikation mit der Rolle war bis dahin unbekannt gewesen. Aber Berlin war nicht nur ein erster wichtiger Schritt auf der Karriereleiter der jungen Künstlerin, hier lernte sie auch ihre mütterliche Freundin Amalie Wichmann kennen. Und in Amalies Salon machte Jenny die Bekanntschaft von Felix Mendelssohn-Bartholdy, Musikdirektor Wilhelm Taubert (1811–1891), Eduard Magnus (1799–1872), der 1862 das bekannteste Gemälde der Sängerin malte, Verleger Heinrich Brockhaus (1804–1874), Graf Redern, Hubert Ries, 1839 zum königlichen Konzertmeister avanciert, und der Familie Lenné.

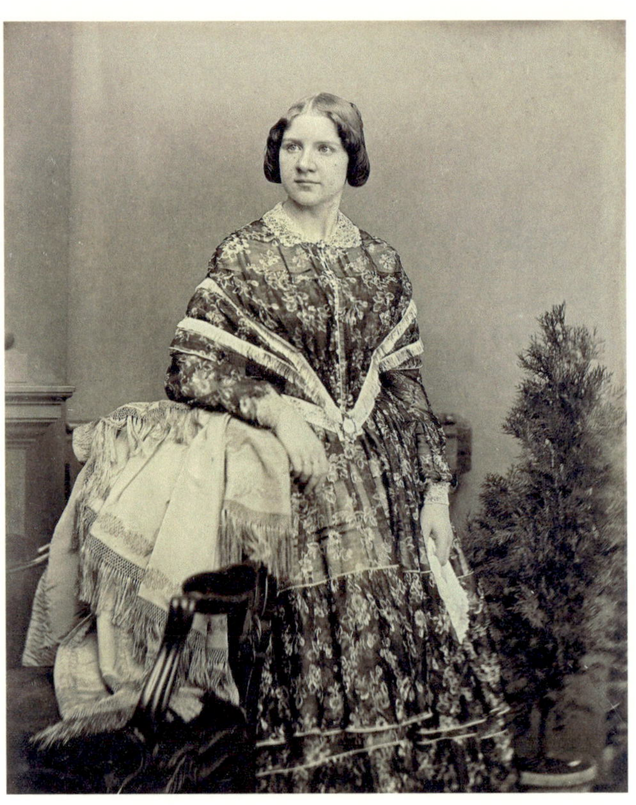

William Edward Kilburn, *Jenny Lind*, Daguerreotypie, 1848.

Die Geselligkeit der Lennés war allgemein bekannt. Insbesondere Fritzchen habe es verstanden, »das gastfreundliche Haus für Jeden, der da ein- und ausging, angenehm zu machen«.[14] So auch für Louis Spohr aus Kassel, Mitte des 19. Jahrhunderts einer der bekanntesten deutschen Komponisten. Dessen Gattin Marianne vermerkte am 26. Juli in ihrem Tagebuch: »Zum Mittagessen bei uns Herr Director Lenné, gescheuter, witziger Mann.« Am Folgetag, einem Sonntag, wurde der Gegenbesuch in Potsdam gemacht, worüber Madame Spohr einmal mehr akribisch Buch führte: »Morgens um 8 Uhr mit der Eisenbahn nach Potsdam [...] zu Fuß durch die ganze Stadt bis zu Lenné's Haus, wo wir bei vortrefflichem Frühstück auch seine angenehme Frau kennen lernten. Dann fuhr er (was sonst außer der königlichen Familie Niemand darf) uns in 2 Wagen trotz dem eingetretenen Regen durch alle die wundervoll angelegten Gärten weit umher zu den einzelnen Merkwürdigkeiten, wo wir allemal ausstiegen,

z. B. bei dem interessanten Pompejanischen Gebäude mit ganz dazugehöriger Anlage und Umgebung, Charlottenhof, Belvedere, Neues Palais, mit dem prächtigen Grottensaal, den Manuscripten Friedrichs des Großen nebst Correcturen und Anmerkungen von Voltaire und andere Merkwürdigkeiten, Sanssouci, mit der wundervollen Terasse, herrlichen Blumenanlagen, Wasserkünsten schönen interessanten Zimmern.«[15]

Auch der Maler Wilhelm von Kaulbach (1805–1874), in Berlin mit der Ausmalung des Treppenhauses in Neuen Museum beschäftigt, gab in einem Brief an seine daheim gebliebene Frau ein anschauliches Bild vom gastlichen Haus in Sanssouci im Sommer 1847: »Den gestrigen Sonntag habe ich mich in Gesellschaft einiger trefflicher Freunde von früh morgens bis abends spät in Potsdam in dem trefflichen Garten herumgetrieben. – Es ist nicht zu sagen, wie schön und reizend die königlichen Gärten und Schlösser und Sommerwohnungen mit ihrer Umgebung sind. Der Gartenintendant Lenné ist ein außerordentlicher Mann; was der aus dieser Sandwüste gemacht hat! Wir fuhren in der Früh 7 Uhr von hier[16] und waren in einer Stunde in diesem Paradiese. Unter blühenden Oleander-Bäumen wurde gefrühstückt; dann zogen wir unter heiteren Gesprächen von einem Garten in den anderen, von einem Park zum anderen, erquickten uns am Blumenduft und den köstlichen Früchten. Überall wurden wir aufs freundlichste und gastlichste aufgenommen, aber vor allem bei unserem trefflichen Lenné, bei dem wir mittags eingeladen waren. Da wurde auf das üppigste geschwelgt. Ausführlich beschreiben kann ich Dir alles, was auf die Tafel kam, nicht, nur so viel, daß zwölf verschiedene Arten Weine getrunken und unter anderm zum Dessert sechs große Ananas zerschnitten wurden.«[17]

Lenné begab sich in diesem Jahr in der Sommerfrische zu seiner mit dem Landgerichtsrat Friedrich Scherer verheirateten jüngsten Schwester Franzisca (1803–1895) nach Aachen, wo er gemeinsam mit Carl David Bouché (1809–1881), dem Direktor des Berliner Botanischen Gartens, die Schwefelquellen nutzte. Wohl in Anschluss daran reiste der Gartendirektor ein zweites und letztes Mal nach Italien, wobei er diesmal mit den italienischen Verhältnissen nicht wirklich zufrieden war. Grundsätzlich vertrat er die Ansicht, es werde »weder der Pflanzen- und Blumen-Kultur, noch der Landschaftsgärtnerei diejenige Aufmerksamkeit und Sorgfalt zugewendet«, denen »die Gärten Englands, Belgiens und Deutschlands vorzugsweise ihren begründeten Ruf verdanken.« In Neapel verzauberten ihn aber erwartungsgemäß der »Anblick des Meeres, des Vesuvs« sowie der »Aussichten auf Ischia und Capri«, und er fand Gefallen an den Gärten der Villa Reale, Capodimontes und dem Giardino floridiana. Von den »fürstlichen und botanischen Gärten« sagten ihm nur die von Caserta, Monza und Padua zu. In Rom besichtigte der Gartendirektor die Gärten der »Villa Albani, Villa Pamfili Doria, Villa Ludevisi, Villa Medici, Villa Millini auf dem Monte Mario und Villa Mattei«. Besonders angetan war er jedoch von der Villa Borghese, auch wenn er bedauerte, »daß dieser in mancher Hinsicht so viel Schönes darbietende Garten nicht ursprünglich im Sinne einer landschaftlichen Anlage behandelt worden« war. Auch hier blieb Lenné seinem Credo treu: »gerade Alleen, die sich häufig im rechten Winkel durchkreuzen« waren niemals seine Sache. Im Gegenzug fand die kleine Anlage an der Villa Massani in seinen Augen wohl auch deshalb Gnade, weil der Gärtner Gustav Stoll »seine Ausbildung im Königl. Garten zu Charlottenburg« erhalten hatte.[18]

REVOLUTION UND REAKTION

Die revolutionären Umwälzungen des Jahres 1848, die unter anderem am 18. März in Berlin bewaffnete Auseinandersetzungen zwischen Militär und Bürgern mit sich brachten, führten auch in der Familie Lenné zu Spannungen. Eduard Devrient vermerkte in seinem Tagebuch: »Lenné steht für seinen König, seine Frau für das Volk und verachtet den Hof.«[1] Eine Beobachtung, die Wichmann bestätigt, wenn auch mit einer Einschränkung: »Freisinnig – wohlverstanden, nicht etwa ›deutschfreisinnig‹ – in ihren Anschauungen hasste sie, gleich ihrem Manne, Bigotterie und Scheinheiligkeit.«[2] Einmal mehr scheint sich hier kundzutun, mit Peter Joseph und Friederike hatten sich zwei durchaus eigenwillige Menschen zusammengefunden.

Nach der Flucht des für das militärische Eingreifen verantwortlich gemachten Prinzen Wilhelm nach England war der Hof aus dem aufständischen Berlin nach Potsdam ausgewichen, wo man vergleichsweise abgeschieden vom politischen Tagesgeschäft lebte. Und auch manch anderer suchte nach der Märzrevolution hier Zuflucht. Düsseldorfs Akademiepräsident Wilhelm von Schadow (1789–1862) zum Beispiel, der seinem »werten« Freund Lenné im April schrieb: »Es war mir, wenn ich unter Ihrer Leitung das durch Ihr Genie theils geschaffene, theils vervollkommnete Eden durchwanderte, als ob ich der mefitischen, politischen Stickluft entrönne u nun aufathmete in der begeisternden reinen Lebensluft der Natur und Kunst.« Die Betonung liegt auf Kunst, denn: »In dieser Beziehung habe ich immer uns Künstler glücklicher erachtet, als andere Menschen, indem ich mir einbilde, daß wir in Bezug auf die Schönheit der Schöpfung dem lieben Gott tiefer in die Karte kucken.« Und gerade als Künstler, so meint Schadow, habe man mit Hinblick auf eine gewährte Protektion von einem Ende der Monarchie Schlimmes zu befürchten. »Mir würde es [un]gemein wehtun«, schrieb er, »wenn die neue preuß. Nationalver[samm]lung dem Könige, dem ohnehin die Macht genommen, nun auch noch die Mittel zu einer königl. Existenz nähme. Wir Künstler würden am meisten dabei einbüßen.«[3] Es spricht für sich, dass er sich Lenné gegenüber so freimütig in konservativem Sinne äußerte. Hier scheinen zwei verwandte Geister miteinander kommuniziert zu haben.

Gerade Preußens König ließ damals seinem treu ergebenen Gartendirektor eine ungewöhnliche Ehre widerfahren. Dem von Lenné selbstverfassten Lebenslauf zufolge wurde am Sonntag, den 7. Juni 1848 jene »treffliche Herme aus weißem Carrarischen Marmor von Rauch, welche den Kopf des Herrn General-Garten-Directors Lenné darstellt«, links neben dem Weg zum Neuen Palais aufgestellt.[4] Rauch hatte im Mai 1847 begonnen, die Büste Lennés zu modellieren, die Arbeiten zogen sich bis Ende Juli hin, danach wurde die Ausführung in Marmor von Heinrich Berges (1805–1852) übernommen. Dies alles geschah ohne das Wissen des Gartendirektors. Eines Morgens »um vier Uhr in der Früh« klopfte der König ans Fenster Lennés, der sich hastig ankleiden und seinen Herrn zu Fuß begleiten musste.[5] Mit von der Partie: Hektor, einer der Neufundländer, die der Gartendirektor zeit seines Potsdamer Daseins zur Bewachung von Wohnung und »Gartenkasse« hielt.[6] Da der König sehr wohl wusste, dass Lenné sich samstags für gewöhnlich in Berlin aufhielt, hatte er dessen Abwesenheit genutzt, um »seine Marmorbüste auf einem prächtigen Syenitpostament« aufstellen und »von frisch eingepflanzten, dasselbe überragenden jungen Pappeln umgeben« zu lassen.[7] Lenné soll gerührt gewesen sein und dankbar. Karoline Schulze jedoch gab der Ehrung einmal mehr die denkbar schlechteste Auslegung: »trotz seines Hasses und Widerwillens gegen Statuen- und Büsten-Aufstellungen in den Königl. Gärten« habe er »seine eigene Büste, wie ihm zum Spott« aufgestellt sehen müssen.[8] Doch beim Gartendirektor überwog eindeutig der Stolz. Fortan führte er seine Gäste bei Parkführungen gerne zu dieser Büste. Als einmal ein Gast nicht gleich erkannte, um wen es sich bei dem Dargestellten handelte, saß dem Rheinländer der Schalk im Nacken: »Voltaire«, so verkündete er, habe man vor sich. Doch damit hatte er sich selbst ein Bein gestellt, denn der Gefoppte erwiderte ganz unverblümt: »Sieht man doch dem Gesicht gleich an, was das für ein malitiöser Kerl war.«[9] In späteren Jahren, nachdem diese »Sehenswürdigkeit« schon unzählige Male vorgeführt worden war, wusste Lennés Droschkengaul automatisch, an welcher Stelle Halt zu machen war, während Kutscher Frehse auch bei Abwesenheit des Gartendirektor fast wortwörtlich dessen Rede abzuhaspeln vermochte.

Als sich die Familie Devrient am 10. November für zwei Tage in Potsdam aufhielt, bewirteten die Lennés sie »herzlich und gastlich wie immer«.[10] Bei der Gelegenheit erfuhr man auch Näheres über die abenteuerliche Flucht des Prin-

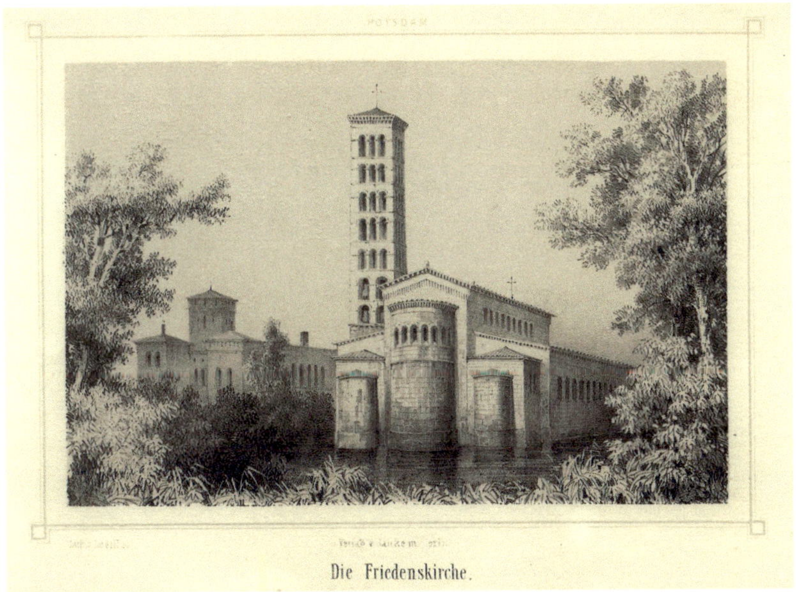

Henri-Charles Loeillot, *Die Friedenskirche*, Lithographie, um 1855.

zen von Preußen nach England, bei der Hofgärtner Gustav Adolph Fintelmann auf der Pfaueninsel eine entscheidende Rolle gespielt hatte, indem er dem bei der Berliner Bevölkerung in Ungnade gefallenen »Kartäschenprinzen« und seiner Familie Ende März Unterschlupf gewährt hatte. »Die details unserer Flucht sind wie aus einem traurigen Roman entnommen«, hatte Prinzessin Augusta an die Schwester ihres Mannes nach Russland geschrieben, »die Treue einzelner Personen hielt uns in der Umgegend einige Tage verborgen, bis des Königs Befehl zur Reise nach England kam.«[11] Nachdem ihrem Mann die Flucht gelungen war, hatte sich die resolute Augusta Ende Mai alleine in ihr Lieblingsschloss auf dem Babelsberg begeben, wo sie mit kurzen Abstechern nach Magdeburg und Weimar bis zum 11. November die Stellung hielt.[12]

Etwas kryptisch vermerkte Eduard Devrient im Nachhinein über seinen letzten Aufenthalt in Hause Lenné: »Man politisiert eben überall und immer.«[13] Es scheint, als habe er bei der Gelegenheit seine liberale Gesinnung allzu deutlich zu erkennen gegeben, durchaus zum Missfallen des Hausherren, der sich jedoch vorerst nichts anmerken ließ. Im Gegenteil, als die Devrients am 12. November nicht wieder nach Berlin zurückkonnten, der Zugverkehr war wegen des dort erklärten Belagerungszustandes stark eingeschränkt, gewährte er ihnen nicht nur ein Nachtquartier, sondern setzte anderntags seine Autorität ein, um den Freunden einen Passierschein zu besorgen. Devrient schreibt: »Ich treibe mich den Tag über zwischen Bahnhof und Kommandantur umher, hole mir auch von Lenné eine Legitimation und erhalte endlich vom Kommandanten einen Erlaubnisschein, mit einem besonders erlaubten Zuge um 5 Uhr abzugehen.«[14] Doch scheint dies das Ende der Freundschaft gewesen zu sein. Ein gutes halbes Jahr später heißt es in Devrients Tagebuch: »Lenné ist böse auf mich wegen meines politischen Gespräches mit den Deputierten in seinem Hause. Meine Berliner Freunde fangen an, mir ganz zuwider zu werden in ihrer schwarzweißen Lakaientugend. Wenn meine alten liberalen Freunde alle sich so angefault präsentieren, wie kann es da mit der Masse der Bourgeoisie aussehen!«[15] In den veröffentlichten Auszügen aus dem Tagebuch des Theatermannes taucht der Name Lenné fortan nicht mehr auf.

Der Schauspieler und Herausgeber der Zeitschrift *Der Soldatenfreund,* Louis Schneider, nach eigenem Bekunden ein konservativer Royalist, lernte Lenné im Herbst 1848 kennen. Zurück von der Front in Dänemark, wo er als eine Art Kriegsberichterstatter die preußisch-dänischen Kampfhandlungen beobachtet hatte, sollte er Friedrich Wilhelm IV. seine Eindrücke schildern. Nachdem er dem Monarchen auf der Terrasse von Schloss Sanssouci Rede und Antwort gestanden hatte, wurde er aufgefordert, den König in den neu angelegten Marlygarten zu begleiten, wo sie auf den Gartendirektor trafen. Hier wurde Schneider »stummer Zeuge einer jener interessanten Unterhaltungen zwischen dem Könige und Lenné.«

»Nun, Lenné«, eröffnete der König das Gespräch, »haben Sie sich mit meiner Anschauung versöhnt?«, worauf ihm der insbesondere mit der angeordneten Kolonnade neben der Kirche nicht einverstandene Gartenarchitekt antwortete: »Ew. Majestät haben doch bei allen Ihren Kirchenbauten dahin gestrebt, den landschaftlichen Schmuck möglichst weit auszudehnen. Hier war nun die Gelegenheit, – das heißt Gelegenheit war in diesen beiden vernachlässigten und verwilderten Gemüsegärten eigentlich *nicht*, und ich war so stolz darauf, diese Gelegenheit erzwungen zu haben, – aber die Colonnade macht meinen ganzen Plan unverständlich. Niemand wird verstehen, was ich gewollt und was ich gekonnt, wenn ich nicht mehr da bin, es wenigstens zu erklären.« Darauf erwiderte Friedrich Wilhelm IV. »Nun, da trösten Sie sich mit mir! Ich kann auch nicht Jedermann mein innerstes Meinen und Fühlen [...] mittheilen, und muß eben zufrieden sein, wenn nur wenige meine Gedanken errathen. [...] Lenné, wer

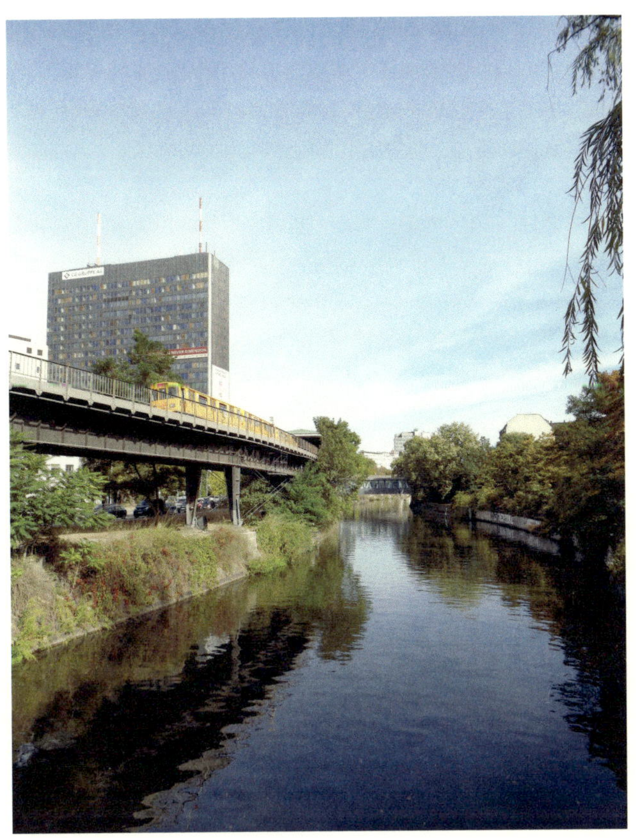

Der Landwehrkanal am U-Bahnhof Möckernbrücke.

einen Garten um eines Gotteshauses willen tadelt, nach welchem der Hausherr ein tiefes Bedürfnis gefühlt, an dessen Urtheil kann Ihnen nichts liegen. Sie sind ja selbst ein Christ, wenn auch nicht unserer Confession, daß Sie den Stolz des Landschafters einmal der Demuth des Christen unterordnen müssen.« Um dieses Gespräch in eine andere Richtung zu lenken, kam der König nun auf die im Vorjahr vom ehemaligen Potsdamer Stadthaus des Philosophen Voltaire hierher versetzten Linden zu sprechen: »Jetzt sagen Sie mir, werden die Voltairelinden hier auch gut fortkommen?«

»Ich denke wohl, Ew. Majestät«, entgegnete Lenné. »Es ist wenigstens alles geschehen, was meine neuesten Erfahrungen festgestellt, um sie diese späte Versetzung überstehen zu lassen.« Der König zeigte sich hoch zufrieden, verband er doch mit der Umpflanzung angeblich geradezu einen posthumen Affront gegen den freigeistigen Franzosen: »Sie glauben gar nicht, was ich mich freue, diese Voltairelinden gerade hierher in den Schatten neben das hochragende Goldkreuz der Kirche zu stellen. Es wäre schade, wenn sie ausgingen und ihrem ersten Pflanzer die Beschämung ersparten, zum Schmuck einer Kirche gerade in Sanssouci zu dienen.«[16]

In gewisser Weise war die 1848er-Revolution Lennés Plänen für Berlin durchaus förderlich. Um die dringendste Not zu lindern, wurde von der Regierung und dem Berliner Magistrat ein Arbeitsprogramm aufgelegt, bei dem 5000 Arbeiter unter anderem den Landwehrkanal ausbauten.[17] Womöglich damit in Zusammenhang steht eine Aussage Meyers, der sich brüstete, »in dem gern vergessenen Frühjahre 1848 einige achtzig der übelberüchtigsten Arbeiter bei einer von der hochsel. Majestät befohlenen Arbeit in Akkord beschäftigt und sie zu guten Grundsätzen zurück geführt« zu haben.[18]

AUFTRÄGE ANDERNORTS

»Wer für die Anlage und Bewirtschaftung freier Anlagen den Rat eines *bewährten Landschaftsgärtners* gewinnen kann, der lasse solche Möglichkeit nicht ungenutzt«, lautete anno 1885 die Empfehlung Heinrich von Salischs (1846–1920), dessen Vater 1848 das an der Weistritz gelegene Gut Kratzkau (heute: Krasków) in Niederschlesien übernommen hatte und später mit Erlaubnis Friedrich Wilhelms IV. »zu zwei verschiedenen Malen den Kgl. Generalgartendirektor Lenné« bei sich empfangen durfte, »einen der ersten Landschaftsgärtner jener Tage, damit er für die Verschönerung des Besitzes einen Plan entwerfe.« Bis 1865 unter tätiger Mithilfe von Emil Rönnenkamp verwirklicht, vermittelte der Kratzkauer Park Ende des 19. Jahrhunderts den Eindruck größter Natürlichkeit: »Fährt nun jemand, der die Geschichte dieses landschaftlichen Kunstwerkes nicht kennt, durch die Gegend, so sagt er: Wie schön, wie herrlich, hier sieht man doch wieder einmal: ›Die freie Natur ist und bleibt allemal das Allerschönste‹.«[1] Besser kann man wohl nicht zusammenfassen, was Lenné mit seinen Landschaftsgärten anstrebte.

Und der sah sich im Oktober 1850 mit einer Park- und Schlösserführung der Superlative konfrontiert: Die Teilnehmer der Berliner Philologenversammlung waren avisiert. Präsident August Böckh (1785–1867) kündigte sage und schreibe 200 Personen an, für die Equipagen aus dem königlichen Marstall bereitstehen mussten, und der Gartendirektor bot an, darüber hinaus für ein »frugales Frühstück« in der Bahnhofsgaststätte zu sorgen.[2] Für 15 Silbergroschen wurden die per Extrazug nach Potsdam verfrachteten Philologen verköstigt, bevor die »Herren Mitglieder und ihre Damen« sich »zum Besuche der k. Anlagen mit Allerhöchster Genehmigung unter gefälliger Leitung des Herrn Gartendirektors Lenné« aufmachten.[3]

Auch Bayerns König Maximilian II., mit einer preußischen Prinzessin verheiratet, griff gerne auf die Dienste des Gartendirektors zurück, nachdem er Land am Westufer des Starnberger Sees sowie die unmittelbar davor gelegene

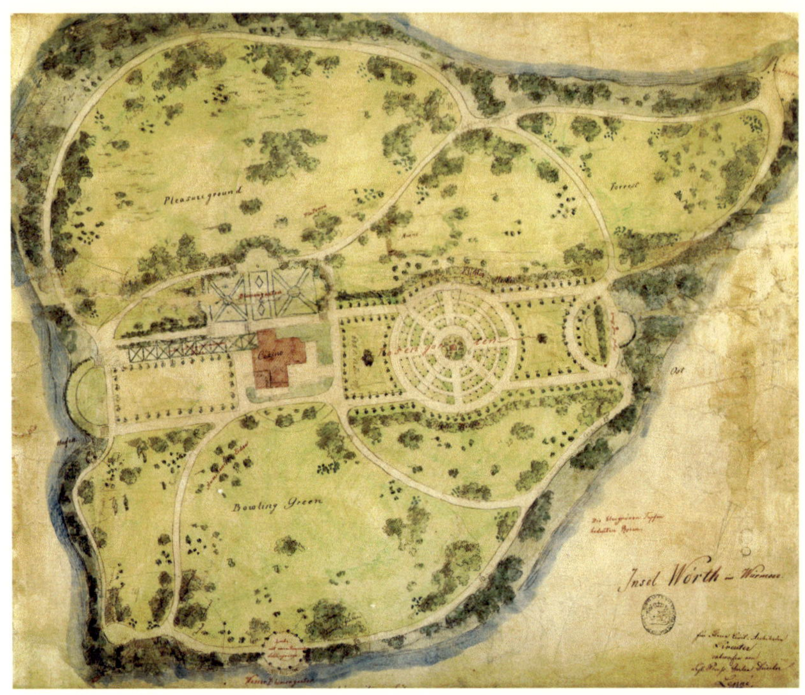

»Die blauen Tupfen bedeuten Rosen« steht in Rot auf Lennés Plan für die Insel Wörth von 1850.

Insel Wörth – heute Roseninsel genannt – erworben hatte. Lennés Freund, der Civil-Ingenieur Franz Jakob Kreuter war beauftragt worden, eine kleine Villa zu erbauen, das sogenannte Casino. Er war es, der durch eine geschickte Strategie den bayerischen Hofgarten-Intendanten Karl Ludwig Seitz ausbootete. Zu diesem Zweck stimmte er den König Ende November mit der Abhandlung *Ueber das Aufblühen Potsdams und seiner Umgebung* auf das anzustrebende Ziel ein: die Ufer des Starnberger See könnten wie die Parklandschaften entlang der Havel nach und nach zu einem idyllischen Refugium ausgestaltet werden, zumal die bayerische Berglandschaft an sich schon viel pittoresker sei. »Für München wäre Starnberg und der See ein analoger Punkt, nur daß die großartige Naturschönheit und der herrliche See tausendmal reizender als Potsdams Sand und Sumpf ist. «[4] Ohne den König zu informieren, beauftragte er Lenné Ende 1850, einen Gartenplan zu entwerfen, der ihm noch im selben Jahr zuging. So konnte Kreuter, noch während Seitz an seinem Plan tüfelte, Maximilian II. am 20. April 1851 mit einem fertigen Entwurf locken: »Da ich jetzt einen sehr guten Plan für die Anlage besitze und vom Intendanten [Lenné] höchstens für 30 fl gearbeitet wurde, so würde ich mit größter Freude nun mehr auch die Ausführung der Gartenanlage übernehmen, da nur auf diese Art das Ganze aus einem Guße und in Harmonie entstehen kann.«[5] Der König stimmte diesem Ansinnen noch am selben Tag zu.

Die bereits in der Steinzeit besiedelte Insel Wörth mit ihrer im Dreißigjährigen Krieg zerstörten Kirche scheint bereits Ende des 18. Jahrhunderts ein idyllischer Ort gewesen zu sein, so schrieb Lorenz von Westenrieder 1784: »Die größte Schönheit dieser Insel besteht darinn, daß die Kunst noch nichts gethan hat, sie zu verschönern.«[6] Zu Beginn des 19. Jahrhunderts wurde die Insel bei Künstlern und Studenten aus dem nahegelegenen München als Ausflugsziel immer beliebter, bis 1849 das dortige Gasthaus durch einen Brand beschädigt wurde. Im Folgejahr erstand König Maximilian II. das Areal für 3000 Gulden und bis 1852 schritten unter der Ägide von Kreuter die Arbeiten an Casino, Gärtnerhaus (unter Einbeziehung der Kirchenruine) und Park voran. Entsetzt über die bis dahin aufgelaufene Summe von 13.905,46 Gulden, verfügte Maximilian II. einen Baustopp und entließ Kreuter in Ungnaden und übertrug dem Architekten Eduard von Riedel (1813–1885) die noch ausstehenden Arbeiten.

Lennés Planungen sahen vor der Terrasse des Casinos eine großangelegte streng symmetrische Beetgestaltung vor, die bereits spätere historistische Entwicklungen vorwegnahm. Die übrige Insel sollte in bewährter Manier mit geschwungenen Wegen und Sichtachsen in das umliegende Bergpanorama landschaftlich gestaltet werden, wobei der Plan drei separate Bereiche aufweist: »Pleasureground«, »Bowling Green« und »Forrest«. Am Ufer schirmten Schilfgürtel oder Gehölze die Insel ab, um einerseits die Privatsphäre der Inselbewohner zu schützen und umgekehrt die geplanten Aussichten dramatisch hervorzuheben. »Durch den versperrten Blick auf dem See wird die Spannung des Besuchers gesteigert, die sich immer dann löst, wenn an markanten Stellen die Sicht plötzlich freigegeben wird.«[7] Zentraler Bestandteil des formalen Gartens an der Villa war ein großes rundes, mit weißen, rosa und roten Duftrosen bepflanztes Beet nach dem Vorbild der Gärten am Schloss Charlottenhof. Dieses seit 1997 rekonstruierte Rosarium sowie in weiterer Entfernung gepflanzte Wildrosenbüsche gaben der Insel ihren neuen Namen. Seit 2001 steht in der Mitte des Rosenbeetes auch wieder eine jener drei weiß-blauen mit vergoldeten Statuetten gekrönten Glassäulen, die Friedrich Wilhelm IV. für seine Gattin, seine Schwester Charlotte und seine Cousine Marie, Bayerns Königin, nach einem Entwurf seines Hofarchitekten Ludwig Ferdinand Hesse (1795–1876) hatte anfertigten lassen.[8] Wie sehr die Bepflanzung die Umbenennung der Insel rechtfertigte, bestätigte Louise von Kobell noch 1898: »Näherte man sich der Roseninsel auf den Fluten des Starnbergersees, so entstieg dem Eiland ein so ätherisches Geruchskonzert, wie man es nur in Persien gesucht hätte. Und welchen sanften Farbenschmelz hat hier die Gartenkunst hervorgebracht durch die Zentifolie, Moos-, Thee-, Bibernell-, Zimmt-, Pompon-, Monats-, Bourbon-, Bischofs-, Moschus-, Pfingstrose und durch die lieblichen Burgunder- und Dijonröschen.«[9] Ein Grund für die wieder aufgelöste Verlobung von König Ludwig II. mit Sophie Charlotte, Prinzessin in Bayern, war übrigens, dass ihr der aufdringliche Rosenduft auf der Insel nicht behagte. Ganz im Gegensatz zu ihrer Schwester, Kaiserin Elisabeth (Sisi) von Österreich, die entzückt war von den Reizen der Insel, was sie 1886 in einem Gedicht festhielt:

Von der kleinen Roseninsel
Kamen tausend süsse Düfte,
Des Jasmines Wohlgerüche
Würzten hold die Abendlüfte.[10]

Am 12. Juli 1853 wurde Lenné in Potsdam die Ehre zuteil, Maximilian II. seine »Pläne und Projecte von baulichen und landschaftlichen Anlagen allerunterthänigst vorlegen zu dürfen, deren Ausführung in der Umgebung hiesiger Residenz, Se Majestät mein allergnädigster König und Herr mir anzuvertrauen die Gnade hat.«[11] Die Zeit für eine »Besichtigung der im Werk begriffenen Anlagen« war ausgesprochen günstig, wie Lenné seinen Freund Kreuter wissen ließ: »Wir erfreuen uns hier eines unvergleichlich schönen und fruchtbaren Sommers, unsere Gärten und Anlagen prangen in vollester Ueppigkeit, und machen auf die höchsten und hohen Gäste unseres Königshauses einen nicht erwarteten staunenerregenden Eindruck.« Dem bayerischen Monarchen gefiel, was er sah: »Se. Maj. ging in alle Details mit dem lebhaftesten Interesse ein, und war sehr gnädig bei Beurtheilung meiner Leistungen.«[12] So verwundert es nicht, dass Lenné aufgefordert wurde, im Oktober wieder nach München zu kommen, »um die Befehle Sr Majestät entgegen zu nehmen.«[13] Bei einem Abstecher mit dem König und Oberbaurat August von Voit (1801–1870) nach Starnberg wurde der dort anzulegende Landschaftspark in Feldafing gegenüber der Roseninsel festgelegt: »In München habe ich das Project zu dem Park und Pleasure-Ground, welche Se

Maj. der König am Starnberger See auszuführen beabsichtigt, vollständig bis in alle Detail's ausgearbeitet, mit dem Oberbaurath Voit mich über den Grundplan der zu errichten Villa verständigt, und hiernach Sr Maj. an Ort und Stelle alles drauf bezügliche erläutert. Alle meine Vorschläge haben die Genehmigung des Königs erhalten, und es scheint, daß ein fester Entschluß das Project zu verwirklichen gefaßt worden ist.« Darüber hinaus, so ließ er Kreuter wissen, wurden noch weitere Pläne geschmiedet: »Ueber München und Hohenschwangau werde ich nunmehr hier meine Vorschläge ausarbeiten.«[14]

Früchte seines Aufenthaltes waren der im November von Meyer gezeichnete Plan für die Anlagen am Schloss Hohenschwangau sowie der für einen Landschaftsgarten für das geplante, aber nie verwirklichte Schloss in Feldafing am Starnberger See. Offiziell beauftragte der König am 25. April 1854 die Ausführung der Anlagen nach Lennés Plänen: »Wir haben in der Gemeindeflur Feldaffing Landgericht Starnberg mehrere Grundstücke ankaufen lassen, welche Wir zur Anlage eines Parkes benützen wollen. Den Plan hiezu hat der königlich Preußische Gartendirektor Lenné entworfen und Wir theilen demselben mittels einer Copie in der Anlage Unserer Hofgärten Intendanz unter dem Auftrage mit, im Benehmen mit dem königlichen Oberbaurate Voit, der den Entwurf für ein dort selbst später allenfalls zu errichtendes Gebäude anzufertigen hat, die Herstellung der Wege, Pflanzungen, dann der nöthigen Drainage zu bewerkstelligen«.[15] Insgesamt 10.000 Gulden hatte der König für diese Arbeiten bewilligt. Und so entstanden bis 1857 am Ufer ebenso wie auf der Insel im See Parkanlagen, die den Startschuss für eine Starnberger Gartenlandschaft nach Potsdamer Vorbild geben sollten.[16]

Als Dank für seine Bemühungen bekam Lenné vom bayerischen König das Ritterkreuz des königlichen Verdienstordens vom Heiligen Michael verliehen, dem später auch noch das Komturkreuz folgen sollte. Auch in Bayern gingen seine Planungen ins Große, wie der Plan für die »Schmuck- und Grenzzüge der Residenz München« nahelegt, zu dem sich das Konzept einer Denkschrift vom 8. Februar 1854 erhalten hat. Darin heißt es, der Monarch habe ihm bei seinem letzten Aufenthalt in München den Befehl erteilt, »die Haupt- und Residenz-Stadt durch eine dem Verkehr und der wachsenden Bevölkerung entsprechende Straßen Anlage zu verschönern und zu erweitern, die vorhanden[en] öffentlichen Plätze in der Stadt durch Schmuckanlagen – Squarres [!] – und vermehrte Baumpflanzungen zu zieren, und endlich landschaftliche Anlagen in der Umgebung der Residenz« zu planen. Während er eine »den Lokalverhältnissen«

angepasste gradlinige Ausführung der geplanten Maximilianstraße empfahl, sollten die »Straßenzüge vom Campo Santo ab die Theresienwiese durchziehend und weiter um den westlichen und nördlichen Theil der Residenz bis zum Siegesthor, überall wo sie mit Garten und Park Anlagen in Verbindung stehen in großartigen landschaftlichen Zügen herzustellen sein.« Auch könnte »das ganze nördlich und östlich gelegene Weichbild der Residenz mit einem Kranz landschaftlicher Garten Anlagen« bepflanzt werden.[17]

Für Kreuter gestalteten sich die Dinge in Bayern dagegen nicht so wie gewünscht. Aufgrund des Bruchs mit Maximilian II. brach der Civil-Ingenieur seine Zelte in München ab und zog 1854 mit seiner Frau und den acht Kindern nach Wien beziehungsweise ins 20 Kilometer entfernt liegende Spillern, wo er einen Plan verwirklichte, der bis kurz vor seinem Tod fast sein ganzes Vermögen verschlang: Ein ganz nach seinen (Reform-)Vorstellungen errichtetes Mustergut mit angeschlossener Baumschule und Ziegelei. Wie bereits andere vor ihm sollte auch er die Erfahrung machen, dass Mustergüter selten wirtschaftlich profitabel sind. Doch das hinderte ihn zunächst nicht daran, sich von Lenné einen kleinen Landschaftsgarten entwerfen zu lassen, der sich südwestlich an den nach seiner Frau benannten Josephinenhof anschloss, »ein wahres Juwel der Gartenkunst, nach einem Plan des berühmten k. preuß. Gartenbaudirektors Peter Lenné angelegt […], worin man, trotz seiner Kleinheit, stundenlang herumgehen konnte und immer neue Bilder zu sehen glaubte.«[18] Lenné schickte seinem experimentierfreudigen Freund regelmäßig Stecklinge aus seiner Potsdamer Baumschule, wofür er im Gegenzug mit einem »Kartoffel-Sortiment und verschiedenen Pflanzen« bedacht wurde.[19] Insgesamt bereitete Kreuter das bis 1889 betriebene Gut oft Sorgen und er klagte: »diese Geschichte kostet mich fürchterliches Geld und ich bringe gar nichts vorwärts.«[20] Die von ihm errichteten Gutsgebäude existieren noch, umgeben von altem Baumbestand. Auf dem heutigen Marienhof widmet man sich nun der Pferdezucht.

Nach dem ab 1835 verwirklichten Landschaftsgarten in Frankfurt an der Oder übernahm Lenné 1851 in Lübeck einen ähnlichen Auftrag. Auch hier sollten die ehemaligen Befestigungsanlagen in Parks umgestaltet werden, was dann bis 1856 auch nach seinen Plänen geschah. Wer heute in Lübeck auf Lennés Spuren wandelt, wird in den von ihm projektierten Wallanlagen kaum fündig. Zwar ist die Grundstruktur nach wie vor erkennbar, der gegenwärtige Zustand aber eher ungepflegt. Dahingegen lohnt ein Abstecher in die stadtgeschichtliche Sammlung im Museum Holstentor. Dort kündet ein Lenné gewidmeter Silberpokal, den

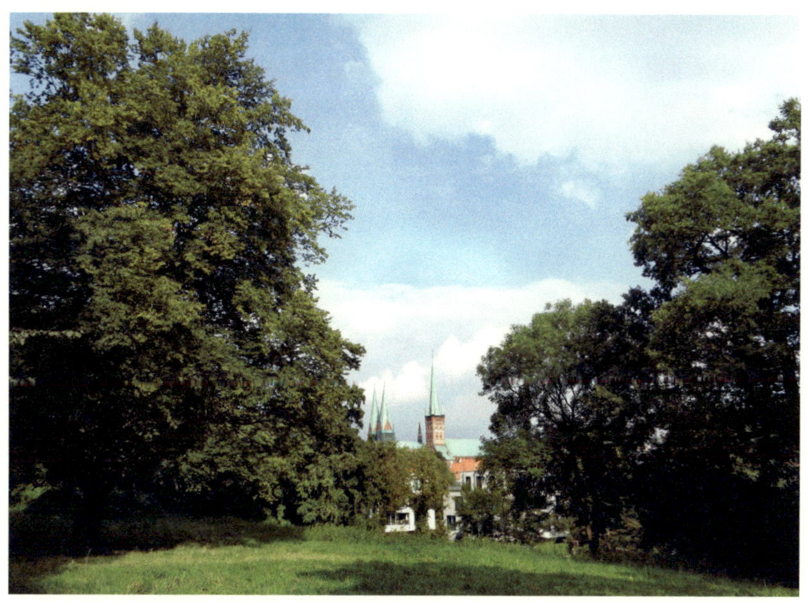

Blick von den Wallanlagen auf die Lübecker Kirchen St. Petri und St. Marien.

die Stadt nach Abschluss der Arbeiten in Auftrag gab, von der Zufriedenheit der Stadtväter mit den Planungen des preußischen Gartendirektors. 2011 kehrte das prachtvolle Stück aus Familienbesitz zurück in die Stadt seines Ursprungs.

Was die Planungen für das österreichische Modebad Ischl angeht, so revanchierte sich Lenné hier bei seinem Freund Kreuter für den bayerischen Auftrag und zog den Civil-Ingenieur nun seinerseits zur Mitarbeit heran. In diesem von Kaiser Franz Joseph I. von Österreich, aber auch von Friedrich Wilhelm IV. gerne frequentierten Bad sollte 1852 die Kaltenbach-Au landschaftsgärtnerisch verschönert und auf einer von drei Flussinseln eine Villa für den Kaiser errichtet werden. Am 26. September trafen laut dem *Ischler Bade-Blatt* sowohl Lenné als auch Kreuter in dem Kurort an der Traun ein.[21] Ein Graf Dönhoff, vermutlich der preußische Diplomat August Heinrich Herrmann von Dönhoff (1797–1874), hatte eine beiläufige Bemerkung des Kaisers so aufgefasst, als sei Lennés Mitarbeit in Ischl gewünscht, und so war dieser zwar auf Befehl des Königs von Preußens, nicht aber auf den Franz Josephs I. nach Ischl gereist. Bereits Anfang November lag in Potsdam ein fertig gezeichneter Plan vor, doch zögerte Lenné, ihn einzureichen, waren ihm doch inzwischen Gerüchte zu Ohren gelangt, der Kaiser habe seine »Berufung nach Ischl nicht befohlen«, worüber sich der Gartendirektor »sehr mokiert« zeigte. Resigniert schrieb er an Kreuter: »So unbegreiflich und unangenehm zugleich diese Nachricht für mich ist, so bleibt doch vorderhand nichts übrig, als angemessene Mittel und Wege zu suchen, diese Sache in schicklicher Weise auszugleichen.«[22] Unter tätiger Mithilfe Kreuters hatte sich aber inzwischen in Ischl ein Verschönerungsverein gebildet, der es sich zum Ziel gesetzt hatte, Lennés Plan Wirklichkeit werden zu lassen und für diesen Zweck Spenden sammelte. Am 17. Dezember übergab Kreuter schließlich den Plan Lennés und eine Pflanzliste an das Komittee. Dies führte in Potsdam zu einer peinlichen Situation, als der Gartendirektor dem österreichischen Kaiser am 20. Dezember in Sanssouci vorgestellt wurde. Nachdem Friedrich Wilhelm IV. gesagt hatte, Lenné sei in Ischl gewesen, erwiderte Franz Joseph, »daß er von meiner Reise nach Ischel gar nichts gewußt habe, und auf meine unterthänigste Erwiederung: daß der Herr Graf Dönhoff dies Misverständnis herbeigeführt, und ich erst nach meiner Rückkehr davon Kenntniß erhalten, wiederholte Sr Majestät der Kaiser wiederholt, daß Er von der ganzen Sache nichts gewußt habe.« Auf die Frage, ob er seinen inzwischen fertigen Verschönerungsplan für Ischl dem Kaiser trotzdem vorlegen dürfe, habe er »eine unzweifelhaft zustimmende Antwort nicht erhalten, indem inzwischen die Equipagen zur Fortsetzung der Fahrt nach anderen Königl. Gärten und Anlagen vorgefahren waren, und mithin nicht mehr Zeit war, die Unterredung fortzusetzen.«[23] Vor allem eines wollte Lenné vermeiden: anmaßend oder zudringlich zu erscheinen. Also nahm er Zuflucht zur Diplomatie, indem er sich brieflich vermutlich an Kreuter wandte, der den Ischler Plan entweder durch Erzherzog Ludwig oder Obertshofmeister Karl Ludwig von Grünne (1808–1884) doch noch dem Kaiser vorlegen lassen sollte. »Ich wiederhole hierbei nur meine schon früher wiederholt ausgesprochene Bitte, daß ich im Falle Sr. Majestät die Gnade haben wollen, meinen Entwurf eines Blickes zu würdigen, auch der leiseste Anschein vermieden werden möge, daß hierbei ein persönliches Intereße obwalte. Findet derselbe einigermaßen den Beifall Sr Majestät des Kaisers so wird mich dies auf's Höchste beglücken.«[24] Während er noch in Februar geklagt hatte, sich diesem Projekt »mit Aufopferung nicht unbedeutender Geldmittel und (was noch mehr in die Wagschale fällt) Zeitverwendung«[25] gewidmet zu haben, war jetzt von einer »pekuniären Belohnung« keine Rede mehr, doch würde es ihn »hoch beglücken [...], irgend ein Merkmal Allerhöchster Huld und Gnade als Anerkennung meiner Leistungen auf dem Gebiete der Landschaftsgärtnerei zu empfangen«.[26]

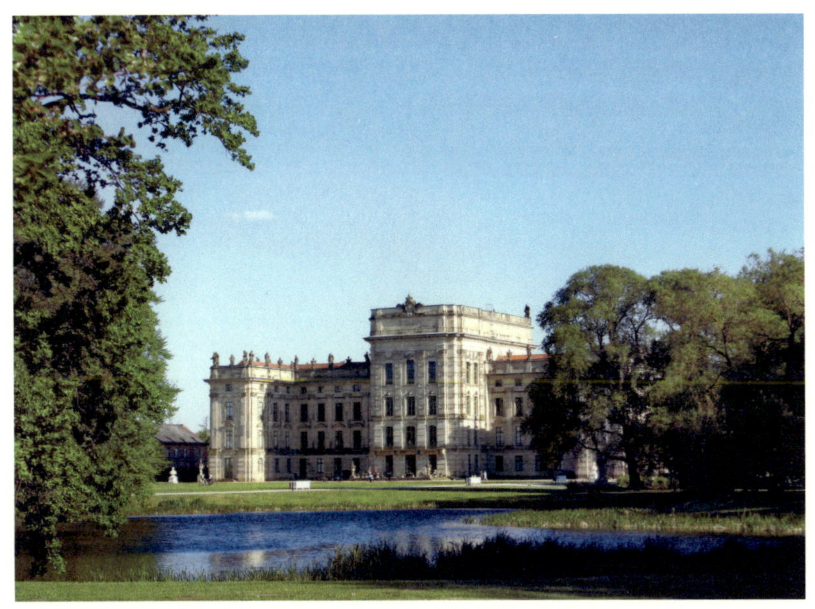

Mit der Umgestaltung des barocken Parks von Ludwigslust wurde Lenné 1852 von Großherzog Friedrich Franz II. von Mecklenburg-Schwerin beauftragt.

Letztendlich wurde der Plan dem Verschönerungskomitee von Bad Ischl unentgeltlich überlassen und Kreuter wurde mit der Umsetzung der Planungen beauftragt; in einem weiteren Schreiben gab Lenné Anweisungen für die zu pflanzenden Bäume: »Sie werden jedoch hierzu diejenigen Baumarten nehmen müßen, welche in der Nähe zu haben sind, und [ich] kann nur empfehlen, vorzugsweise Eichen Buchen Espen Ahorne Kastanien Ulmen und Linden zu wählen die an und für sich eine malerische Form haben. Finden sich dergleichen vor, die mehrere Bäume aus einem Wurzelstock getrieben haben, oder doch von unten verästelt sind, so verdienen solche den Vorzug, und empfehle ich solche Stämme mehrere in eine Pflanzgruppe malerisch zusammen zu pflanzen. Auch ist es zu empfehlen, eine und dieselbe Baumart gruppenweise zusammenzustellen.«[27] Laut einem Anfang 1854 verfassten *Memorandum* Kreuters wurden »sämmtliche Wege ausgehoben, der große Fahrweg und sämmtliche dahin gehörige Brücken vollendet, ferner der untere Theil der Anlage in Angriff genommen […]. Es wurden daselbst alle wilden Stauden ausgehoben, der Rasengrund umgegraben, die Parthien zum Bepflanzen aufgefüllt. Während des letzten Winters wurden die Wege mit Schotter aus der Traun aufgeführt und

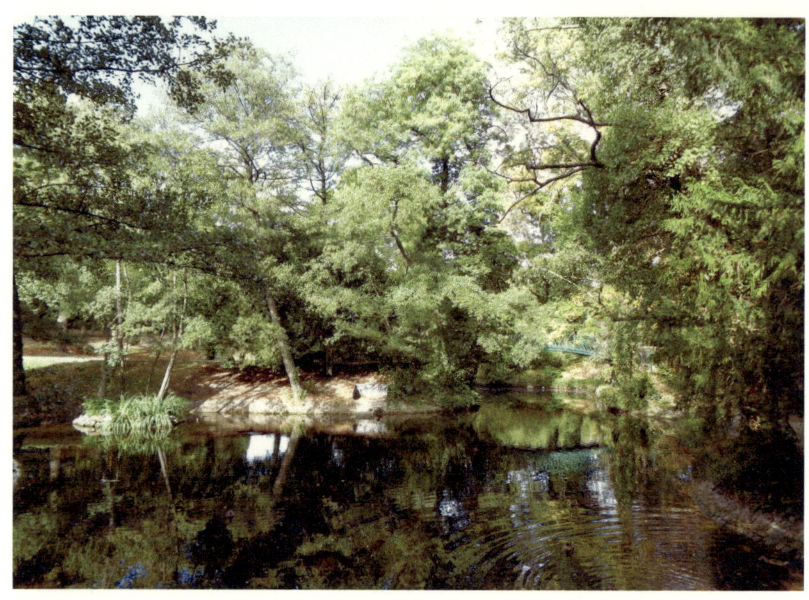

Der von Carl Jancke im Aachner Stadtgarten angelegte See.

65 große Bäume mit Frostballen wurden dahin verpflanzt. Außer diesen ist eine große Anzahl von Bäumen und Sträuchern gesammelt, welche im Frühjahre auf die Gruppen gesetzt werden sollen.«[28] Letztlich konnten die bereits begonnenen Arbeiten jedoch nie vollendet werden, da nicht genug Geld über Spenden zusammenkam und das Interesse des Kaiserhauses an diesem Projekt erlosch.

Ein erneuter Abstecher Lennés nach Aachen diente im Herbst 1852 unter anderem der Begutachtung des Terrains, welches das in Bau befindliche Stadtkrankenhaus umgab, sowie des Elisenbrunnens, wo er Gärten anlegen sollte. Während der Entwurf für den im Stadtzentrum gelegen Brunnen eher konventionell ausfiel, überraschte der im Januar 1853 beendete Entwurf für den Hospitalgarten mit seiner teilweise streng formalen Gestaltung. »Die große Ausdehnung und der großartige Charakter des Gebäudes«, hieß es im Begleitschreiben vom 18. Februar diesbezüglich, »mußten auf die Anwendung symmetrischen Styles der Anlagen in der unmittelbaren Umgebung des Gebäudes bestimmend sein, und bedingten eine Fortsetzung der architektonischen Linien auf eine entsprechende Entfernung von der Baulichkeit hinaus, in den Terrainformen und der Pflanzung.«[29] Doch neben und hinter dem Krankenhaus hatte der Gartendirektor eine landschaftliche Anlage vorgesehen. Bereits 1914 wurde das Krankenhaus abgerissen und von dem heute als Spielcasino dienenden Kurhaus ersetzt. Lennés Plan wurde in der zweiten Hälfte des 19. Jahrhunderts von seinem 1812 in Kulow bei Berlin geborenen Schüler Carl Jancke, erst Stadtgärtner und dann Garteninspektor in Aachen, umgesetzt und ergänzt.[30] Im 20. Jahrhundert wurde der heutige Stadtgarten weiter vergrößert, andererseits partiell bebaut und überformt. Das aus der in einem Talkessel gelegenen Stadt auf den Wingertsberg führende Terrain erfreut sich als Naherholungsgebiet nach wie vor großer Beliebtheit.

Zu seinem 65. Geburtstag am 29. September 1854 wurde Lenné zum Generaldirektor der königlichen Gärten ernannt, womit jedoch keinerlei »Funktionszuwachs« verbunden war, hatte er doch bereits alles erreicht, was in seiner Position zu erlangen war.[31] Vorsichtig war zuvor seitens des Hofes ausgelotet worden, womit man den Leistungen des Gartendirektors Anerkennung zollen könnte. Möglicherweise hatte Lenné bei dieser Gelegenheit durchblicken lassen, dass er geadelt zu werden wünschte. Das war dann aber doch zu viel des Guten. Dies, so wurde ihm vom Geheimen Kabinettsrat Ernst Emil Illaire (1797–1866) signalisiert, sei ausgeschlossen. Stattdessen erbat sich Lenné also den Titel eines Generaldirektors, darüber hinaus wurde er in den Rang eines Ministerialrats zweiter Klasse erhoben, was bedeutete, er war nun hoffähig. Fortan durfte er bei bestimmten Anlässen »in blauem Frack mit Kragen und Aufschlägen von schwarzem Samt und goldenen Knöpfen mit dem Wappenschilde« bei Hofe erscheinen.[32] Außerdem gab es auch noch eine Gehaltserhöhung. Wie viel Renommee Lenné um diese Zeit besaß, belegt auch die Tatsache, dass sein Name zu Werbezwecken eingesetzt wurde. So bewarb der Berliner Verleger Rudolph Gaertner ein pomologisches Fachbuch in der Augsburger *Allgemeinen Zeitung* mit dem Hinweis auf das »empfehlende Vorwort des General Garten-Directors«.[33] Wer allerdings das Buch zur Hand nahm, musste feststellen, dass man damit den Mund doch etwas voll genommen hatte, denn das vorangestellte Vorwort enthielt lediglich eine Stellungnahme Lennés, die der Autor zum vorab eingereichten Manuskript erbeten hatte. Darin hieß es abschließend etwas schmallippig: »Wenn ich mich hiernach auch nicht überall mit dem Herrn Verfasser einverstanden erklären kann, so erachte ich doch diese Schrift als höchst beachtenswerth«.[34]

Als im Mai 1855 in Paris eine Weltausstellung eröffnet wurde, die auf Wunsch Kaiser Napoleons III. die große Londoner Weltausstellung von 1851 noch in den Schatten stellen sollte, reiste der Ökonom Albrecht Philipp Thaer (1794–1863), der wie Lenné Mitglied des Landesökonomie-Kollegiums in Berlin war und in

Börnicke bei Bernau ein Mustergut betrieb, dorthin, um sein »Interesse für Landbau und industrielles Leben in allen Formen« zu befriedigen.[35] Bei dieser Gelegenheit traf er wohl mit dem Generalgartendirektor zusammen. Der mit Thaer verwandte Wichmann berichtete später, der französische Kaiser habe die beiden nach Saint-Cloud eingeladen, wo man über Landwirtschaft beziehungsweise Gartengestaltung fachsimpelte. Fand Napoleon III. etwas nachahmenswert, antwortete er: »J'obéirai«.War er anderer Ansicht, so habe er »im bescheidensten Tone« erwidert: »Je mettrai votre avis à mon épreuve.« Bei einer Kutschenfahrt in der »Umgegend von Saint-Cloud« wurde den beiden Deutschen vom Kaiser manches vor Augen geführt, was man tags zuvor angesprochen hatte. Als großzügiges Dankeschön für die erteilten Ratschläge bekam Thaer später einen Orden verliehen, Lenné dagegen erhielt »zwei prachtvolle Sèvres-Vasen, die er mit Vorliebe wegen ihrer überaus kunstvollen Fabrikation und geschmakvollen Form seinen Besuchern zu zeigen pflegte.«[36]

Ein weiterer prestigereicher Auftrag seines Herrn führte Lenné im Juli nach Hechingen, wo er sich mit der Lage der verfallenden Stammburg der Hohenzollern persönlich vertraut machte.[37] Schon im folgenden Monat legte er Pläne für die Gartenanlagen der Burg vor, die seit 1850 (und noch bis 1867) nach Stülers Entwurf im neogotischen Stil neu erbaut wurde. Die Gestaltung der Burggärten, die Aufforstung und landschaftliche Formung des bis dahin kahlen Bergkegels wurde alsbald in Angriff genommen, heute jedoch »ist der Burgberg zugewachsen und der Burggarten zerstört, so daß von dem Werk Lennés kaum etwas zu ahnen ist.«[38]

WITWER

Der Tod seiner Gattin Friederike am 20. Oktober 1855 soll »buchstäblich aus Angst vor der Cholera« erfolgt sein. In späteren Lebensjahren hatte die einst so Begehrte deutlich an Attraktivität verloren. »Sie hatte, ohne an Dickigkeit oder Magerkeit zu leiden, die Gestalt eines Quadrats, denn sie war ganz ohne Taille, und senkrecht zogen sich die Linien von den Achselhöhlen zu den Hüften herab.« Womöglich in Erinnerung an die ihr zu Jugendzeiten aufgezwungenen Stützkorsette vermied sie »Schnürleib wie Krinoline« und erschien »in einer überaus aparten und ganz ungenirten Toilette vor den Gästen«. Als »echte deutsche Hausfrau« habe sie »Gastfreundfreundschaft und Geselligkeit« geliebt, »doch hatte sie eigentlich nur Sinn für ihren Mann und ihre Wirthschaft und ging in Beiden auf.«[1] Ihre letzte Ruhestätte fand sie auf dem Selloschen Privatfriedhof auf dem Kirchhof in Bornstedt. Jenny Lind, seit 1852 Frau Goldschmidt, von Amalie Wichmann vom Ableben der 57-Jährigen in Kenntnis gesetzt, bedauerte den trauernden Hinterbliebenen, diesen feinen Mann, wie sie schrieb. Nun sei also auch dieses Haus buchstäblich verschlossen.[2]

Laut Wichmann berief der trauernde Lenné bald schon »eine unverheiratete siebzigjährige Schwester vom Rhein« als Haushälterin nach Potsdam. Tatsächlich war die am 11. November 1800 geborene Anna Margarethe (Gretchen) Mitte 50. Als gläubige Katholikin fühlte sie sich in Potsdam wie in der Diaspora und fortan war ein Pfarrer »täglich im Hause«, was ihrem Bruder gar nicht behagte. Der Ton zwischen den Geschwistern scheint eher reserviert gewesen zu sein. Als Peter Joseph bei Tisch einmal die Serviette vergessen hatte, wurde er prompt von der altjüngferlichen Schwester gemaßregelt: »Du hast Dich ja ganz mit Erbsensuppe besudelt.« Der Bruder, nicht auf dem Mund gefallen, entgegnete bärbeißig: »Das habe ich mit Absicht gethan«.[3]

In der ersten Jahreshälfte 1856 hielt sich der verwitwete Generalgartendirektor einmal mehr in Schwerin auf, wo er die Bekanntschaft mit seinem ehemaligen Auszubildenden Julius Steiner (1816–1889) erneuerte, der umgesattelt hatte und erst Schauspieler und 1855 schließlich technischer Direktor und Oberregisseur am Schweriner Hoftheater geworden war. Der Sohn des Charlottenburger Hofgärtners Georg Steiner hatte Lenné stets als seinen »Protektor« angesehen, seit dieser ihn nach vollendeten Lehrjahren im Tiergarten und in Sanssouci eingesetzt hatte.[4] Zurück in Potsdam ergriff Lenné die günstige Gelegenheit, um wieder einmal in bühnenkünstlerischen Belangen tätig zu werden. Er wolle, schrieb er am 24. Juni an Steiner, »eine Gefälligkeit [...] in Anspruch nehmen, von welcher ich voraussetzen darf, dass Sie sie gerne erfüllen werden.« Seine Wahltochter Wilhelmine wage gerade ihre ersten Schritte auf der Theaterbühne und deren Mutter Charlotte Birch-Pfeiffer wünsche »im Lauf des Herbstes ein Gastspiel für Mina unter Ihrer rühmlichst bekannten Leitung«. Zum Schluss fuhr Lenné noch starkes Geschütz auf: »Ich würde es als Beweis Ihrer fortdauernden Anhänglichkeit für meine Person dankbar erkennen, wenn Sie den Wunsch meiner Freundin wie meinen eigenen zu berücksichtigen geneigt sind.«[5] Wilhelmine Birch sollte tatsächlich eine vielversprechende Karriere als Schauspielerin antreten, die allerdings bereits 1857 in Karlsruhe durch eine ungewollte Schwangerschaft und eine eilig eingegangene Ehe ein vorzeitiges Ende fand.[6] Als verheiratete Frau wurde Wilhelmine von Hillern wie ihre Mutter Schriftstellerin und verfasste 1875 mit ihrem Roman *Die Geierwally* einen wahren Bestseller.

Mit Lennés Gesundheit scheint es nach dem Tod der Gattin nicht mehr zum Besten gestanden zu haben. Der gebürtige Aachner Alfred von Reumont (1808–1887) überlieferte der Nachwelt eine Anekdote, die mit einer Erkrankungen in Zusammenhang steht. Demzufolge habe Lenné »nach seiner Wiedergenesung an einem Sonntage mit einer silbernen Schüssel am Eingange des Marlygartens bei der Friedenskirche« wie zur Kollekte bereitgestanden. Soeben war der Gottesdienst zu Ende gegangen, und als Königin Elisabeth am Generalgartendirektor vorbeiging, fragte sie schelmisch: »Lenné, nehmen Sie viel ein?« Dieser, in Gedanken noch ganz bei medizinischen Dingen, antwortete zerstreut: »Majestät, [...] nur noch Bitterwasser.«[7] Mit dem auf diese Art drastisch entschlackten Kranken konnte man wirklich Mitleid haben. »Armer Lenné«, schrieb Jenny Lind-Goldschmidt am 3. Juli 1856, »es thut mir so leid um ihn!«[8]

Doch das hielt den Generalgartendirektor keineswegs von der Arbeit ab. Als im April 1857 die Stadt Leipzig drei renommierte Landschaftsarchitekten aufforderte, Entwürfe zur Neugestaltung der Promenadenanlagen zu liefern, nahm außer Eduard Petzold in Bad Muskau und Borchert in Hannover-Herrenhausen auch Lenné am Wettbewerb teil und machte das Rennen. Bei Abschluss der

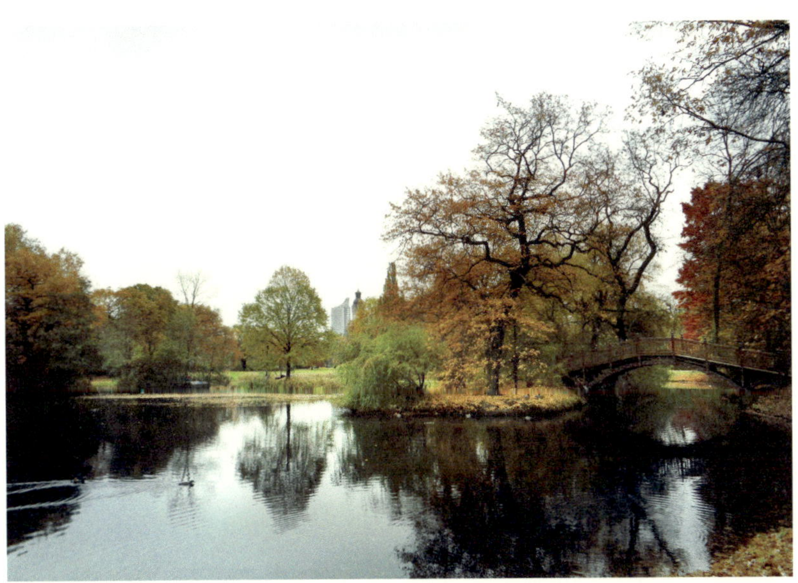

Der Johannapark in Leipzig. Im Hintergrund der Turm des Rathauses und das Universitäts-Hochhaus.

Arbeiten drei Jahre später bekam er als Lohn »eine kunstvoll gearbeitete, große silberne, innen vergoldete Fruchtschaale«.[9]

Im Juli desselben Jahres hielt er sich in Bad Homburg auf, wohin er ein »Badereise« unternommen hatte, wie er Bonns Bürgermeister Leopold Kaufmann (1821–1898) mitteilte, der ihn, den Sohn der Stadt, um ein Konterfei gebeten hatte. Geschmeichelt schrieb der Generalgartendirektor zurück: »In der Voraussetzung daß die in Ihrer gütigen Zuschrift besagte Portrait-Sammlung nicht ausschließlich für solche Männer die in Bonn geboren, zugleich aber auch das Prädicat ›berühmt‹ verdienen, bestimmt ist, gereicht es mir zur großen Freude, Ihnen sehr verehrter Herr und Landsmann in beigehender Rolle einen Abdruck meines Portraits zu übersenden; ich darf die Versicherung hier anschließen, daß die wohlwollende Gesinnung welche Sie durch Ihr gütiges Schreiben dargelegt haben, mir eine große Freude bereitet hat, indem ich dieselbe als ein Zeugnis erkenne: wenn auch nicht zu den berühmten, doch zu den würdigen Söhnen meiner theuren Vaterstadt gezählt zu werden.«[10] Doch Lenné weilte nicht bloß zur Kur in Homburg, sondern befasste sich darüber hinaus auch mit der Erweiterung des von Maximilian Friedrich Weyhe entworfenen Brunnenparks, die in den kommenden Jahren nach seinen Planungen durchgeführt wurde.

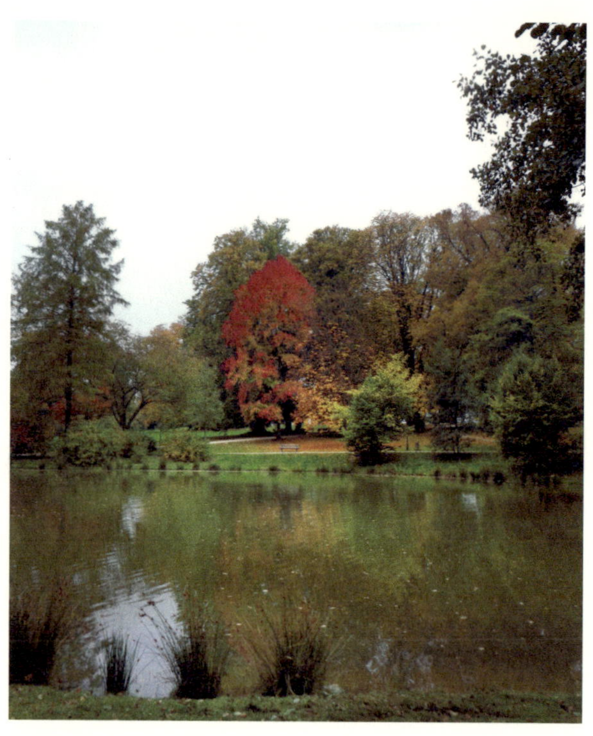

Der Park in Bad Homburg.

Ein Jahr darauf konnte er gleich einen ganzen Kurpark von Grund auf entwerfen für einen gänzlich neu anzulegenden Badeort an der Ahr. Höchstwahrscheinlich ging der Auftrag dazu von seinem Schwager aus, denn der mit Schwester Elisabeth Margarethe – Mary genannt – (1799–1882) verheiratete Justizrat Franz Adams (1800–1868) war Mitglied des Gründungskomitees von Bad Neuenahr. Ein erster im November gezeichneter Plan konnte jedoch nicht umgesetzt werden, da sich der Erwerb der dazu benötigten Grundstücke als zu schwierig erwies. Erst neue Planungen im Frühjahr 1858 wurden den Gegebenheiten vor Ort gerechter, und am 28. Juli wurde das projektierte Bad mit einem Festakt ins Leben gerufen, bei dem Prinzessin Augusta anwesend war. Diese habe »die Gartenpläne von Herrn Generalgartendirektor Lenné in Augenschein« genommen, vermeldete die *Kölnische Zeitung*, ein liberales Blatt, das Lenné sehr zum Leidwesen seiner Schwester in Potsdam abonniert hatte.[11] In den folgenden Jahren konnte der Plan Lennés nur teilweise umgesetzt werden, weil auch diesmal nicht alle dazu erforderlichen Grundstücke erworben werden konnten. Obergärtner Ferdinand Schroeder setzte Lennés Entwurf getreulich um, wenngleich er Oberhofmarschall von Pückler gegenüber bald schon einräumen musste, die Gartenanlagen wären »dem vorhandenen Capital gegenüber viel zu weit gegriffen« und müssten »daher nothwendig eingeschränkt« werden.[12] Graf Pückler führte in einem Brief an Lenné allerdings noch einen weiteren Grund für Sparmaßnahmen an: »Das Bad Neuen-Ahr hatte sich nicht eines solchen Erfolges zu erfreuen, daß man einen Gärtner dort dauernd halten kann«.[13] Von 1863 bis 1893 war Lennés Neffe August (1814–1894) Kurdirektor in Bad Neuenahr, das in dieser Zeit einen rasanten Aufschwung nahm. Gegenwärtig, darin ist Nadja Hormisch zustimmen, macht die Anlage, deren »Wegesystem, der Bachlauf und die Wiesen- und Gehölzstrukturen bis heute auf den Plan von 1858 zurückzuführen sind«, mit ihrer Vielzahl an Bänken, Hinweistafeln und Kunstobjekten einen eher überfüllten Eindruck.[14]

Ein auf den ersten Blick eher unscheinbarer Brief des Generaldirektors an eine »Sehr geschätzte Freundin« wird dann interessant, wenn man Vermutungen anstellt, um wen es sich bei der Adressatin handeln könnte. Einen Hinweis auf deren Identität liefert die in dem Schreiben vom 25. März 1858 genannte »Cousine Henselt«, der Lenné Obstbäume auf ihr Gut ins niederschlesische Gersdorf (heute: Gierałtów) schicken sollte. Dabei handelte es sich um Rosalie Henselt (gest. 1893), die in zweiter Ehe mit dem Klaviervirtousen Adolph Henselt

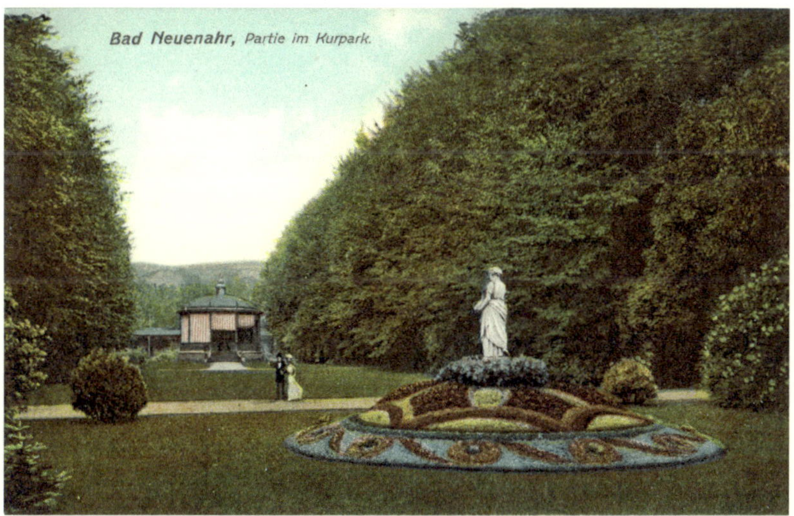

Historische Postkarte mit Ansicht des Kurparks in Bad Neuenahr, um 1900.

(1814–1889) verheiratet war. Dieser schrieb am 22. September desselben Jahres an den Berliner Musikschriftsteller Heinrich Schlesinger: »Meine Frau bewirtschaftet das Gut jetzt selbst, das ist alles, was ich Ihnen Neues mitzutheilen habe.«[15] Rosalie war eine geborene Manger, ihr Vater Heinrich Conrad war ein Sohn von Garteninspektor Heinrich Ludwig Manger, mithin war eine ihrer Cousinen niemand anderes als Karoline Schulze. Sollte diese ihre Kontakte genutzt und sich an Lenné um Hilfe gewandt haben? Sein freundlicher Ton im Antwortbrief lässt seinerseits jedenfalls keinerlei Animositäten spüren. »Mit dem Wunsch daß diese Zeilen Sie wohlauf antreffen mögen, zeichne ich mit bekannter Hochachtung und Freundschaft«, schloss er, nachdem er ihrem Wunsch bereitwillig nachgekommen war.[16]

Vom 15. bis zum 17. Juli hielt sich der Generalgartendirektor in Kamenz (heute: Kamieniec) auf, wo er für das dort von Schinkel errichtete Schloss Gartenanlagen entwerfen sollte, deren Pläne er zwei Jahre später lieferte. Kurz darauf wurde die Teilnahme am Wettbewerb zur Erweiterung der inneren Stadt Wien für Lenné und seinen Mitarbeiter Gustav Meyer zum Debakel. Am 21. Juli lieferten sie 10 Blätter mit Planzeichnungen, die großzügige Grünflächen vorsahen, konnten damit aber noch nicht einmal einen der drei ersten, mit Geldprämien dotierten Plätze erringen, lediglich eine lobende Erwähnung sprang dabei heraus. Laut Kreuter, der sich ebenfalls mit einem Entwurf an der Ausschreibung beteiligt hatte, waren die im Auswahlgremium vertretenen Architekten gegen Lennés Plan eingenommen gewesen, wohingegen der Entwurf ansonsten allgemein Anklang gefunden habe: »Wie Sie wissen waren alle Pläne öffentlich ausgestellt, allein, es war ein öffentliches Geheimnis, wer die Verfasser sind. Ihr wundervoller Plan hat allgemein am besten gefallen. Selbst der Magistrat hat sich in einer Sitzung dahin ausgesprochen, daß dieser der schönste und zweckmäßigste sey, um einen späteren definitiven Plane als Grundlage zu dienen. – Allein das Corps der sogenannten Architekten war wüthend hierüber, und da sie in der Beurtheilungskommission die Majorität besassen, so stellen sie diesen schönen Plan zurück.«[17]

Doch nicht genug damit, dass sein Plan durchgefallen war, ein Jahr später musste Lenné es sich auch noch gefallen lassen, in der *Wiener Zeitung* von oben herab als Ausländer abgewatscht zu werden, »der mit den spezifisch-lokalen und in diesem Falle sicher maßgebenden Interessen nicht so vertraut sein kann, wie ein einheimischer Architekt, welcher die Bedürfnisse der Bevölkerung aus einer jahrelangen Praxis kennt«.[18] Als Trostpflaster verlieh ihm Kaiser Franz Joseph I. im Februar 1860 das Ritterkreuz des Franz-Josephs-Ordens, dem vier

Jahre später das Komturkreuz folgte. Einmal mehr hatte sich Freund Kreuter für ihn ins Zeug gelegt: »Was nun die Stadtplan-Angelegenheit betrifft, so habe ich am 5. März mit Feldmarschalllieutnant Baron Kellner, dem Generaladjudanten des Kaisers gesprochen, derselbe sagte mir, daß Seine Majestät für Sie den Orden bewilligt habe. Er freue sich sehr darüber, da Ihr Plan unstreitig der beste gewesen sei und Sie früher schon für Ischl eine Arbeit gemacht hätten.«[19] Was Lenné von solchen Ehrungen letztlich hielt, zeigt eine Anekdote, die sein Wahlsohn Hermann überliefert hat. Bei einem der Aufenthalte der Familie Wichmann in Potsdam hatte sich der offenbar mit einem trockenen Humor begabte Rheinländer einen ganz besonderen Scherz für Amalies Geburtstag am 20. Mai einfallen lassen: »Er erschien nämlich eines Morgens [...] im Schlafrocke, der sowohl vorne wie hinten mit Kreuzchen, Sternen und grossen Ordensbändern derart bespickt und umwunden war, dass alle diese Herrlichkeiten bis an die Knie herunterschlappten.«[20]

Ebenfalls im Jahr 1858 fiel Lenné die Überarbeitung des Landschaftsgartens am Schloss von Ballenstedt zu. Im Auftrag der regierenden Herzogin Friederike von Anhalt-Bernburg, die mit einem geisteskranken Mann verheiratet war, der außerstande war, Nachkommen zu zeugen, sollte Lenné diesem absterbenden Familienzweig ein letztes Denkmal in Gestalt eines Parks setzen. Er tat dies in Form eines italienischen Terrassengartens, der im östlichen Teil des Parks eine Wasserachse als wesentliches Gestaltungsmittel nutzte. Bereits ein Jahr darauf konnte der Maler Wilhelm von Kügelgen (1802–1867) in seinem Tagebuch von den ersten vollendeten Arbeiten berichten: »Unser Schloßgarten wird jetzt beträchtlich erweitert und ganz neu angelegt. Die große Terrasse ist mit Pavillons verziert, die durch einen bedeckten Gang miteinander verbunden sind. Mitten auf der Terrasse ist ein schön geformtes Bassin entstanden mit einer Hebe, welche das Wasser aus einem Kruge in die Trinkschale gießt, aus der es dann ins Bassin strömt. Etwa 100 Fuß tiefer speit ein gigantisches Ungeheuer einen starken Wasserstrahl aus, der bis 80 Fuß Höhe aufsteigt und wieder in ein weites Bassin fällt; von hier aus stürzt ein Wasserfall in die Tiefe und führt das Wasser in ein drittes Bassin, das jetzt noch mitten im Gemüsegarten liegt, der aber im nächsten Jahre verschwinden und freien englischen Anlagen Platz machen wird. Die Neugestaltung wird drei Jahre dauern und kostet ein Heidengeld, das die Herzogin ebensogut in ihrer Tasche behalten könnte. Das Bestreben geht aber überall dahin, dauernde Denkmale an den letzten Herzog zu hinterlassen.«[21] Gegenwärtig ist geplant, den Park bis 2021 für 3,5 Millionen Euro zu sanieren.

Auch bei der Dresdner Bürgerwiese erwies sich Lenné als Meister der schmalen Form. Anfang 1859 übernahm er die weitere Ausgestaltung einer südöstlich an die niedergelegten Befestigungsanlagen der Stadt angrenzenden Viehweide. Bereits von 1838 bis 1850 hatte der königliche Hofgärtner Carl Adolph Terscheck (1782–1869), der 1801 als Gartengeselle im Pillnitzer Garten die berühmte Kamelie an ihren heutigen Standort verpflanzt und wie Lenné seine Lehrjahre in Laxenburg absolviert hatte, die Innere Bürgerwiese nahe der Altstadt in biedermeierlichem Stil mit Statuen und Blumenbeeten ausgestaltet. Als Preußens Generalgartendirektor sich auf Bitten von Stadtrat Hempel vom 21. bis zum 24. Februar 1859 in Dresden aufhielt, um ein Gutachten zur weiteren Anlage des Parks anzufertigen, kritisierte er, dass Terschecks Aufschüttungen die natürliche Nivellierung des Geländes beeinträchtigt hätten. Lennés wie auf einer Bühne gestaffelte Gartenräume der Inneren Bürgerwiese nebst ihrem Erweiterungsteil täuschen dagegen auf dem sichelförmig geschwungenen Terrain eine Tiefe vor, die real gar nicht existiert. Ein kleiner See mit Fontäne, der malerisch mäandrierende Kaitzbach sowie Anhöhen, Mulden und raffiniert Breite suggerierende Baumgruppen lassen niemals den Eindruck aufkommen, dass man sich in einem Park befindet, der an seiner schmalsten Stelle 45 Meter misst. Der Park wurde bis 1869 nach Lennés Plänen fertiggestellt und von 1989 bis 1993 nach längerer Vernachlässigung unter gartendenkmalpflegerischen Gesichtspunkten wiederhergestellt. Zum Dank für seine Planungen bekam der Generalgartendirektor damals eine Prunkvase aus Meißner Porzellan mit Dresdner Stadtansichten geschenkt.[22] Es war weder sein erster noch sein letzter Kontakt mit der Stadt an der Elbe. Bereits am 2. Juni 1842 hatte die »verehrliche Gesellschaft für Botanik und Gartenbau«, die Dresdner Flora, Lenné zum »correspondirenden Mitgliede« ernannt, was der solcherart Geehrte dankend angenommen und zugesagt hatte, »an wohlderselben Bestrebung soweit als möglich« teilzunehmen.[23] Und 1860 plante er auch noch die Außenanlagen des unmittelbar an die Bürgerwiese anschließenden Zoologischen Gartens.

Prinz Wilhelm von Preußen residierte seit 1850 als Generalgouverneur der Rheinprovinz in Koblenz, wo er gemeinsam mit seiner Gattin im Stadtschloss wohnte, dessen Gärten 1842 von Lenné entworfen worden waren. Augusta hatte sich am Rheinufer sofort wohlgefühlt, wäre da am Fluss nicht die wenig einnehmende Aussicht auf Holzlagerplätze und Weidengebüsch gewesen. So war in der Prinzessin von Preußen der Entschluss gereift, unmittelbar am Ufer eine ausgedehnte Parkanlage schaffen zu lassen. Zu deren Verwirklichung hatte sie

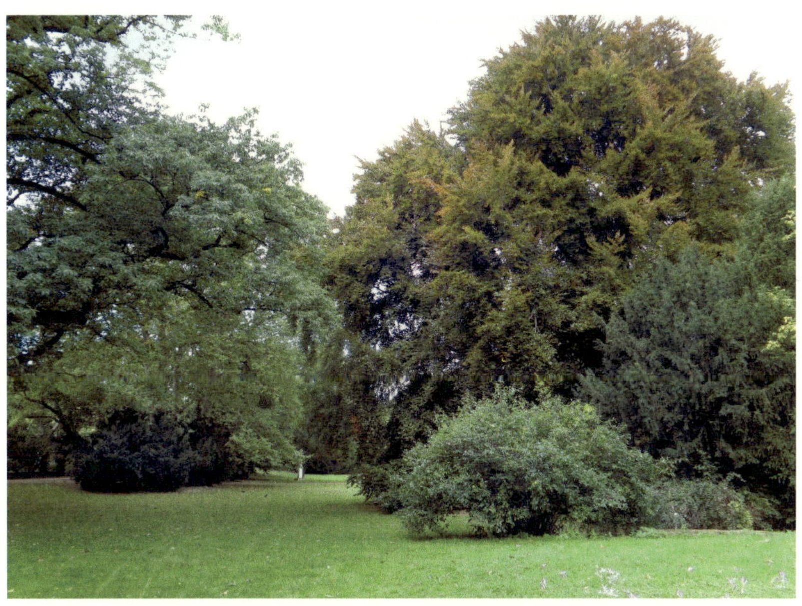

Die Bürgerwiese in Dresden mit dem 1911 errichteten Denkmal für Otto Ludwig.

zunächst Pückler um Rat gebeten, der gelegentlich in Koblenz ihr Gast war. »Das Schloß ist schön und groß«, notierte die ebenfalls in Koblenz zu Besuch weilende Marie von Olfers (1826–1924) am 23. Oktober 1854 im Tagebuch und fuhr fort: »Es ist nur der Hof und Pückler-Muskau anwesend.« Doch scheint die Stimmung manchmal alles andere als gut gewesen zu sein, und es herrschte in dem klassizistischen Riesenbau oft lähmende Langeweile. »Die ergriff mich denn den Abend auch so gründlich«, schrieb Marie, »daß ich vor Müdigkeit keinen Gedanken mehr hatte als den des schönen blauen Aras, der in dem hellen Saal saß und an der Kette rasselte.«[24] Zu Pücklers Verdruss betraute Augusta ab 1858 erneut Lenné mit den Parkarbeiten. In einem Brief mokierte sich der Fürst darüber, »qu'Elle ne me croit capable et utile que pour planter des arbres«.[25] Zur Bepflanzung des Rheinufers hatte er damals rotblättrige amerikanische Eichen und rotblühende Kastanien vorgeschlagen. Letztere konnte Lenné aber leider nicht besorgen, wie er am 3. März 1859 brieflich mitteilte.[26] Aber so leicht gab sich Pückler nicht geschlagen. Er versuchte, den ihm gewogenen Gustav Meyer zum Leiter der Arbeiten in Koblenz ernennen zu lassen, um so doch Einfluss auf die Gestaltungen nehmen zu können. Aber das gestattete Lenné nicht. Noch einmal versuchte der Fürst unter Aufbietung aller Beredsamkeit, Augusta eine

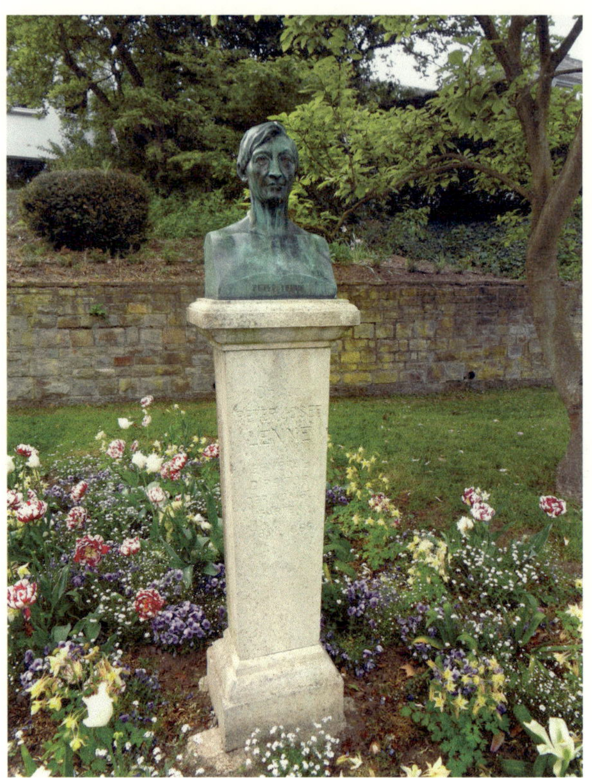

Auch das in den Koblenzer Rheinanlagen aufgestellte Lenné-Denkmal bedient sich der 1847 von Christian Daniel Rauch modellierten Büste des Gartendirektors.

gemeinsam mit Meyer geplante Umgestaltung des ausgedehnten Schlosshofes zum »landschaftlichen pleasure ground« schmackhaft machen, der »die angenehmsten Promenaden, wie aus den Fenstern die mannichfaltigsten Blicke auf das frischeste Grün, auf laubreiche hohe Baumgruppen, und auf blendende Massen von in allen Farben spielenden Blumen und blühenden Strauchpartien bieten müßte, auch leicht vom Rhein aus durch Springbrunnen geziert werden könnte. Ueberdieß ein Areal für Illuminationen, das kaum reicher zu finden wäre, und nur einiger Gasröhren bedürfte«. Auch wenn der Fürst vorsorglich eine »wenig kostspielige Ausführung« in Aussicht stellte, unterblieben die vorgeschlagenen Verschönerungen.[27]

Bereits im Februar 1859 hatte sich Pückler in eigenen Parkangelegenheiten an Lenné gewandt. Da beschäftigte sich der 72-Jährige gerade mit der Errichtung seines Grabmals im Branitzer Park. Für den von einem See umgebenen Tumulus wandte er sich »als collegialischer Diletant« mit der Bitte »an den Meister«, ihm aus Potsdams Baumschule wilde Weinpflanzen zu schicken, deren Blätter sich im Herbst rot färben würden. Im selben Brief erinnerte er an die Führung durch den Park von Sanssouci und sprach eine Gegeneinladung nach Branitz aus. »Ihr Lob wird mich belohnen und Ihr Tadel belehren«, schrieb Pückler in diesem ausgesucht höflichen Brief, in dem nur derjenige einen Hauch von Ironie verspürt, der um des Fürsten abschätzige Meinung über den Potsdamer Generalgartendirektors weiß.[28] In seinem ehrerbietigen Antwortschreiben versprach der eben aus Dresden zurückgekehrte Lenné, die Aufträge Pücklers gewissenhaft zu erledigen, auch wenn in seiner Baumschule bedauerlicherweise gerade nicht genug wilder Wein zu haben sei. Branitz zu sehen, so schrieb er, sei schon lange sein Wunsch: »Durch die eben so gütige wie mich ehrende Einladung nach Branitz, sind Eur Durchlaucht einem von mir längst gehegten Wunsch zuvorgekommen; es bedarf wohl nicht des Zusatzes, daß es für mich im weiten Bereich anziehender Orte die sich nur zur Erholung und Erheiterung darbieten, keinen giebt, der mir so vielerlei Genus und Belehrung gewähren kann, wie Branitz und dessen geistreicher Schöpfer.«[29] 14 Tage später erwiderte Pückler diesbezüglich seinem »verehrteste[n] Gönner«: »Auf Ihren Besuch in Branitz freue ich mich wirklich wie ein Kind, das ein Freund auffordert ihm seine Spielsachen zu zeigen.« Und dann öffnete er in einer bemerkenswerten Captatio benevolentiae dem ewigen Konkurrenten sein Herz: »Mängel werden Sie übrigens genug hier finden, mein geehrter Meister, aber so viel ich sie selbst kenne, liegen sie mehr in der traurigen Nothwendigkeit als in meinem Willen, das Ganze aber war eigentlich ein halb tolles, übermüthiges Unternehmen das ich nicht zum zweitenmale beginnen möchte! In einer glatten, vom dürftigen Kiefernwald umschlossenen Ebene, ohne einen Hügel, selbst am Horizont, ohne Aussichten, ohne guten Boden, ohne Wasser, ohne mehr als ein paar Dutzend alter Bäume auf mehreren tausend Morgen Landfelder, Bruch oder unfruchtbaren schwerem Lehm vertheilt, und alles dies unter dem ungünstigsten Clima – grenzen solche Schwierigkeiten nicht fast an das Unmögliche, um trotz ihrer eine anmuthige Landschaft aus diesem Nichts hervorzurufen? und dennoch muß ich nach den allgemeinen Urtheil glauben, daß es mir so ziemlich, wenn auch auf einer sehr geringen Stufe der Naturschönheit, gelungen ist. An sich also können meine hiesigen Anlagen nur wenig bieten. aber als difficulté vai[n]cue müssen sie für den Techniker und Künstler, wie Sie beides sind, einiges Interesse haben, das ich sonst kaum im Anspruch nehmen dürfte.«[30] Dass Lenné nach diesem Herzenserguss wohl doch nicht nach Branitz kam, mag den Fürsten womöglich noch mehr gegen den Generalgartendirektor eingenommen haben.

Gleichfalls noch im März wurde Lennés einziger Gartenplan für ein Projekt südlich der Alpen fertig. In seinem Brief vom 11. Januar war Franz Jakob Kreuter nicht bloß auf die Wiener Stadterweiterungspläne zu sprechen gekommen, sondern auch auf ein anderes Projekt, für das er Lenné heranzuziehen gedachte: »Ich brachte das verflossene Jahr die Weihnachten nicht zu Hause sondern in Venedig zu [...]. Nächst dem Sinaschen Palais wird ein kleiner Garten von 1000 qmeter Oberfläche angelegt. Ich bin gerade mit der Richtigstellung des Situationsplanes beschäftigt. Wie dieser vollendet ist, werde ich demselben senden u[nd] um eine Planscizze bitten.«[31] Der märchenhaft reiche Bankier und Unternehmer Simon von Sina (1810–1876) hatte Kreuter drei Jahre zuvor mit der Innenausstattung seines Wiener Palais am Hohen Markt beauftragt, dessen klassizistische Fassade von dem dänischen Architekten Theophil Hansen umgestaltet werden sollte. Auch den 1857 erworbenen barocken Palazzo Grassi in Venedig, der damals als Hotel diente, sollten Kreuter und Hansen modernisieren, wofür insbesondere Ersterem das Beste gerade gut genug schien. So waren die Bauarbeiten in Venedig bereits in vollem Gange, als sich der Architekt an den preußischen Generalgartendirektor wandte. Man hatte hinter dem am Canal Grande gelegenen Palazzo einige gotische Gebäude angekauft und abreißen lassen, um Platz für einen Stadtgarten zu schaffen, dort sollte nun ein prächtiger Ziergarten die rückseitig eher nüchtern-strenge Palastarchitektur abmildern. Nachdem Lenné seine Zeichnung abgeliefert hatte, schrieb ihm Kreuter am 25. März: »Ihren lieben Brief erhielt ich gestern und heute den Plan [...]. So klein der Plan so sehr bekundet er den großen Meister. Baron Sina bringt den Winter in der Schweiz zu, ich lasse den Plan copiren u[nd] schicke die Copie damit das kostbare Original nicht verloren geht. Mein Praeliminare von 16.000 fl. für diesen Garten ist schon genehmigt u[nd] ich werde sogleich mit der Ausführung beginnen. [...] Ich hoffe diese Schöpfung wird Ihnen Freude machen unter Italiens blauem Himmel. – Ich bitte nun sagen Sie mir ganz frei u[nd] unverhohlen, welches Cadeau Ihnen am angenehmsten für diesen Plan wäre, da Baron Sina ein sehr generöser Herr ist.«[32]

Im selben Monat erwiesen sich auch die Bonner Beziehungen ein weiteres Mal als tragfähig. Der ehemalige Bonner Professor August von Bethmann-Hollweg (1795–1877) war im Oktober des Vorjahres neuer preußischer Kultusminister geworden, nun wurde Lenné persönlich bei dem gebürtigen Frankfurter vorstellig, um den Plan zu vereiteln, das von der Universität Bonn zum Verkauf angebotene Parkstück am Alten Zoll als Bauland auszuweisen. Lenné ließ Oberbürgermeister Kaufmann am 26. März wissen: »Vertraulich kann ich Euer Wohlgeboren die beruhigende Nachricht geben, daß der Herr Minister die Gründe, welche ich gegen das Vorhaben der Universität auszusprechen nicht versäumt habe, als vollwichtig anerkannt hat, und derselbe hiernach den ihm vorliegenden Anträgen: das in Rede stehende Areal ganz oder auch nur theilweise durch Verkauf in Privatbesitz übergehen zu lassen, seine Zustimmung versagen wird. Ich halte es für rathsam, vorläufig diese vertrauliche Mittheilung zu secretiren, indem ich die Zusicherung beifüge, daß ich wie im vorliegenden Falle, jederzeit bemüht sein werde die Interessen meiner theuren Vaterstadt auf das wärmste zu vertreten.«[33] So ist es der tätigen Mithilfe Lennés zu verdanken, dass sich das Areal vor seinem Bonner Geburtshaus bis auf den heutigen Tag als Park erhalten hat.

Zu Sommerbeginn verlor auch Lennés Freundin Amalie Wichmann ihren Ehepartner. Trotzdem führte sie nach geziemender Trauerzeit die geselligen Zusammenkünfte in ihrer neuen Wohnung in Berlins Viktoriastraße weiter, wenn auch in weniger großem Rahmen. Jetzt, so Sohn Hermann, sei Lenné ihm »ein zweiter Vater« geworden.[34] In seiner Würdigung eines anderen Habitués des Salons seiner Mutter, Leopold von Ranke (1795–1886), schilderte er, wie die Abende nach dem Tod seines Vaters verliefen: »Da gedenke ich denn der kleinen Diners bei meiner seligen Mutter, die als Wittwe sich ihre Existenz in einem sehr leidenden Zustande dadurch zu verschönern suchte, dass sie von Zeit zu Zeit einen intimen Zirkel geistvoller Menschen um sich zu versammeln wusste. Ranke fehlte fast nie. Unvergesslich werden mir die objektiven Phillipiken sein, deren Zeuge ich als Theilnehmer an diesem heimlichen Kreise gewesen bin. Der Historiker beherrschte jede Materie. Zum Staunen aller Anwesenden war er in allen Gegenständen so zu Hause, wie vielleicht nur Humboldt bisher. In beredten Worten wusste er auf jedes Thema, welches berührt wurde, einzugehen, sei es nun, dass Werder über Dramaturgie, H. Grimm über Renaissance, Helmholtz über eine neue Erfindung in der Akustik oder Optik, P. Reichensperger über Protestantismus und Katholizismus, Förster über Astronomie, Otto Bähr oder Adolf Stölzel, die berühmten Juristen, über römisches Recht, A. Reichensperger über Architektur, Lenné, der Gärtner, über neue botanische Erzeugnisse, Taubert und Ehlert über Wagner die nie ausbleibende Diskussion zu eröffnen begannen.«[35]

Im September war Lenné einmal mehr auf Reisen. »Bis jetzt ist das 14tägige Vagabundiren mir gut bekommen, troz mancher körperlichen Anstrengung und der ungewohnten Lebensart die nothwendig damit verbunden ist«, ließ er den Rendanten der Landesbaumschul-Kasse Carl Friedrich Jancke (1807–1888) in Potsdam wissen. Bei der Familie im Koblenz kamen er und seine ihn begleitende Schwester zur Ruhe: »Meine hiesigen lieben Angehörigen habe ich wohlauf und in heiterer Stimmung angetroffen, und meiner Schwester Marg. hat die vaterländische Luft sichtbar wohlgethan.« Spätestens Anfang Oktober wollte er wieder zurück in Potsdam sein, war sich aber noch nicht sicher, ob er an »der am 3ten Oct. stattfindenden Einweihungsfeier der neuen Köllner Rheinbrücke« teilnähme.[36] Zugleich mit der vom Volksmund wegen ihrer wenig ansprechenden Architektur spöttisch Muusfall – Mäusefalle genannten Dombrücke wurde auch der neue Kölner Centralbahnhof, der heutige Hauptbahnhof, in Betrieb genommen. Dessen Errichtung unmittelbar neben dem Kölner Dom hatte die Verlegung des Botanischen Gartens erforderlich gemacht, mit dessen Neuanlage in Riehl Lenné beauftragt werden sollte.

LETZTE PROJEKTE

Am 2. Januar 1860 bekam Lenné Besuch vom amerikanischen Biographen Beethovens, Alexander Wheelock Thayer (1817–1897), der den Generalgartendirektor aufsuchte, um Informationen über den Komponisten aus erster Hand zu bekommen. Dass der Biograph eines großen Zeitgenossens und Landsmanns bei ihm vorstellig wurde, muss bei Lenné Gedanken an den eigenen Nachruhm geweckt haben. Wer, so mag er sich gefragt haben, sollte dereinst eigentlich seine Biographie verfassen? Sein Schüler Gustav Meyer? Doch der zierte sich. Der Gartenschriftsteller Rudolf W. A. Wörmann wurde ebenso verworfen. Am Ende versprach ihm der Erfurter Handelsgärtner Ferdinand Jühlke diesen Freundschaftsdienst, wofür ihn Lenné als seinen Nachfolger auf dem Posten des Gartendirektors empfahl. Dass Jühlke dann doch keine Lenné-Biographie verfasste, steht auf einem anderen Blatt.[1]

Als Alfred von Reumont im Mai nach Preußen zurückkehrte, fand er König Friedrich Wilhelm IV. nach mehreren Schlaganfällen in Sanssouci in schlimmer Verfassung vor: »In dem Säulenhemicyclus auf der Nordseite des Schlosses saß er in einem Rollstuhl, halb nach der Linken vornübergesunken, im Gesicht geröthet, mit glanzlosem Auge. […] Der König versuchte zu sprechen, aber die Laute fügten sich meist nicht mehr zu Silben, die Silben nicht mehr zu Worten, sondern blieben oft ohne Zusammenhang, gleichsam inarticulirt, was den peinlichsten Eindruck machte.«[2] Oft fuhr man den Kranken auf die andere Seite des Schlosses und hoffte auf den wohltuenden Einfluss der schönen Aussicht, ohne zu wissen, was der König überhaupt noch wahrnahm: »Der König schien sich der Luft und des ihn umgebenden Glanzes zu erfreuen, wie ihm die Terrasse mit dem Blick nach der Friedenskirche am liebsten war, aber wie wenig ließ sich doch auf die Eindrücke in seinem Inneren schließen!«[3] Den prachtvollen Landschaftsgarten vor Augen dämmerte Friedrich Wilhelm IV. seinem Tod entgegen, der ihn schließlich am 2. Januar 1861 von seinen Leiden erlöste. Seine letzte Ruhestätte fand er, wie 1854 verfügt, in der geliebten Friedenskirche.

Sein Generalgartendirektor musste sich allerdings von der Teilnahme an der Trauerfeier für den Verblichenen freistellen lassen, denn er war einmal mehr erkrankt. Brieflich erteilte ihm die Hofdame Königin Augustas, Editha von Hacke (1821–1889), in deren Namen Dispens: »Ihre Majestät die regierende Königin hat erfahren, daß Sie so unwohl sind, und trägt mir auf, Sie ja zu bitten, am Sonntag nicht der Trauerfeierlichkeit beizuwohnen. Sie müssen sich ja recht schonen u in Acht nehmen um recht bald wieder gesund zu sein.«[4] Nach Friedrich Wilhelm IV. trat sein Bruder, der bereits gut zwei Jahre die Regentschaft innegehabt hatte, als Wilhelm I. die Nachfolge an.

Exakt einen Monat vor dem Ableben des Monarchen hatte sich Julie von der Heydt, Schwägerin des preußischen Staatsrats und zeitweiligen Finanzministers August von der Heydt (1801–1873), brieflich an Lenné gewandt. Sie habe noch die »herzgewinnende Freundlichkeit« des Gartendirektors anlässlich einer Parkbesichtigung in Sanssouci im Dezember 1849 gut in Erinnerung. Jetzt ging es, wie könnte es anders sein, um die Anlage des eigenen Gartens. »Vor meinem kleinen Landhause«, schrieb die Bankiersgattin, »was wir hier angesichts des Siebengebirges bewohnen, liegt ein Garten, den unser nächster Nachbar (eine Wasserheilanstalt) in Begriff ist neu anzulegen.« Die von der Heydts bezogen damals in Godesberg das ehemalige, nun zu Wohnzwecken umgebaute Hoftheater direkt an der Redoute. Die Wasserheilanstalt nahm die neben dem Theater liegenden kurfürstlichen Gästehäuser in Beschlag. Julie bat Lenné, »für den auf beiliegendem Papier vorgezeichneten Raum eine Skizze zu entwerfen«, was der Generalgartendirektor postwendend tat. Ein Vermerk vom Sekretär der Gartenintendantur J. E. Koschny (1812–1871) besagt, dass der »Plan mittelst Anschreiben des Herrn Generaldirct.« bereits am 7. Dezember nach Godesberg geschickt wurde.[5] Heute erstreckt sich hinter der Redoute und dem ehemaligen Hoftheater eine der schönsten Parkanlagen von Bad Godesberg, die 1856 nach einem Plan von Konrad Wilhelm Nelle (1813–1902) angelegt wurde.[6] Vor den Häuserfronten befinden sich Parkplätze mit altem Baumbestand, gegenüber der Kurfürstenallee erstreckt sich der Stadtpark. Denkbar wäre, dass zumindest Teile der ab 1880 erweiterten Anlage auf Denkanstöße von Lenné zurückgehen.

Anfang der 1860er-Jahre machte sich Lenné ernsthaft Gedanken über seinen Altersruhesitz. Seine Wahl fiel auf Koblenz, wo er an der Mainzer Straße ein Grundstück erwarb, auf dem er sich in den nächsten Jahren ein Haus erbauen ließ. Ein Grund für seine Rückzugsgedanken mag gewesen sein, dass mit dem Regierungsantritt von König Wilhelm I., der in Gartenangelegenheiten kein so freigiebiger Enthusiast wie sein Bruder war, Aufträge für Berlin und Potsdam ausblieben. Begonnenes führte er wohl zu Ende, Neues plante er jedoch nicht. Fortan war Lenné mehr denn je mit auswärtigen Projekten befasst, wie zum Beispiel der Fertigstellung der Rheinanlagen in Koblenz. Nach Beendigung derselben überließ Lenné deren Obhut Garteninspektor Wrede. Das wiederum war ganz und gar nicht im Sinne Pücklers, der hier lieber Gustav Meyer gesehen hätte. Am 3. April 1861 schrieb er Königin Augusta, er wage es »im Interesse Euer beiderseitigen Majestäten [...] für alle Verschönerungen in Coblenz, wie für die endliche Vollendung des Babelsberges – wenn dieser nicht immer dem unvollendbaren Thurm zu Babel gleichen soll – Allerhöchstdenenselben den Hofgärtner Meier [...] auf das angelegentlichste zu empfehlen, weil er, meiner Ueberzeugung nach, der einzige unter den Dienern Euer Majestäten in seinem Fach ist, der vollkommen zu genügen vermag«. Neben allen fachlichen Vorzügen sei er vor allem »mit dem begabt welches nie zu erlernen ist, sondern angeboren seyn muß – mit gutem, gesundem Geschmack.« Das war wieder einmal ein Seitenhieb auf Lenné, dem in den Augen Pücklers wohl gerade eben dieser abging. »Sollte«, fuhr der Fürst fort, »Preußen einst das Unglück haben, den großen und berühmten Künstler, von dem der hochselige König mir mit Enthusiasmus sagte: ›Das ist der Napoléon der Gartenkunst‹ – Euer Majestät errathen, daß hier nur von dem Herren Gartendirektor Lené [!] die Rede seyn konnte – sollte, sage ich, dieser außerordentliche Mann nicht mehr seyn, so wüßte ich keinen unter dessen Schülern, der ihn zu ersetzen vermöchte als der Hofgärtner Meier, um so mehr da der Kennerblick des kundigen Direktors Herren Meier schon oft als alter ego für die schwierigsten Aufgaben auswählte.«[7]

Der, um dessen Nachfolge hier bereits gefeilscht wurde, beteiligte sich derweil in Potsdam an andersartigen Unternehmungen, so im September an einer, die die Stadtgeschichte aufarbeiten sollte, wie einem in den *Mittheilungen des Vereins für die Geschichte Potsdams* veröffentlichten Aufruf zu entnehmen ist. Treibende Kraft dahinter war der ehemalige Vorleser Friedrich Wilhelms IV., Louis Schneider. Am 30. September fand in der Potsdamer Garnisonschule eine erste konstituierende Sitzung statt, an der neben vielen anderen auch Lenné, Carl Friedrich Jancke, J. E. Koschny sowie Emil Sello (1816–1893) und sein Bruder Hermann teilnahmen. In der Pause präsentierte Lenné ein Gemälde aus seinem Besitz. Dargestellt war der »Brand der alten Nicolaikirche am 3. September 1795«. Es weckte »nicht allein mit Bezug auf die Örtlichkeit und den Vorgang selbst« Interesse, »sondern auch durch die Portraits der dabei gegenwärtigen

Personen […]. So König Friedrich Wilhelm II. zu Pferde, General Bischofswerder, der bekannte Castellan Knopff etc.«[8] Bereits in der zweiten Sitzung am 28. Oktober meldete sich Karoline Schulze brieflich zu Wort, fortan sollte sie zur Beiträgerin der *Mittheilungen* werden, die zu einem Preis von einem Taler pro Exemplar bezogen werden konnten.

Und noch etwas brachte das Jahr 1861: eine Ehrendoktorwürde. Die *Hamburger Garten- und Blumenzeitung* vermeldete zu der am 4. August erfolgten Verleihung: »Generaldirector Lenné ist bei der Jubelfeier der K. Universität zu Breslau von der philosophischen Facultät zum Doctor Philosphiae artium liberalium magister honoris causa promovirt worden, und zwar weil, wie es in dem betreffenden Diplome heißt: Quoniam novam hortorum exornadorum artem condidit disciplina non minus quam diturno harum rerum usu egregie temperatam et ab omni imitatione alienam germanorumque vere propriam.«[9] Wimmer verweist darauf, dass es sich nicht um eine gezielte Würdigung der Leistungen Lennés handelte, sondern um »eine Massenpromotion anlässlich des Fests zum 50-jährigen Bestehen der Schlesischen Friedrich-Wilhelms-Universität«, bei der gleich 46 Männer auf einmal ausgezeichnet wurden.[10]

Das wohl wichtigste Gartenprojekt in den letzten Lebensjahren Lennés führte ihn zurück ins Rheinland. Im Herbst 1862 entstand der Plan für die Kölner Flora. Nachdem der alte botanische Garten der Stadt Köln 1857 dem Bau des neuen Hauptbahnhofs hatte weichen müssen, bestand in der Bürgerschaft das Bedürfnis nach einem geeigneten Ersatz. Auf Betreiben des Bankiers Eduard von Oppenheim (1831–1909) bildete sich ein Komitee, das eine Aktiengesellschaft »zur Anlage eines botanischen Zier- und Lustgartens« gründete. Am 5. September fragte ein Komiteemitglied, Dombaumeister Richard Voigtel (1829–1902), bei dem »geborene[n] Rheinländer« Lenné an, ob er gewillt sei, die Planung desselben zu übernehmen, was dieser freudig zusagte.[11] Der am 18. Oktober der Öffentlichkeit präsentierte Plan, da ist man sich heute einig, ging in weiten Teilen auf Lennés Meisterschüler Gustav Meyer zurück, der ihn auch gezeichnet hatte. Mit seiner Unterschrift autorisierte der Generalgartendirektor diesen Entwurf aus seinem »Atelier«.[12] Meyer selbst erklärte später dem ihn protegierenden Fürsten Pückler, warum er beim preußischen Generalgartendirektor letztendlich in Ungnade gefallen war: »Mein Vergehen besteht darin, daß ich einigen Freunden resp. die Frage, ob ich nach dem Tode Lennés dessen Lebensgeschichte schreiben werde, mit ›Nein‹ antwortete, da ich unmöglich hierbei verschweigen könne was sein, und was mein von seinen Werken sei.« Dies sei Lenné »böswilligerweise hinter-

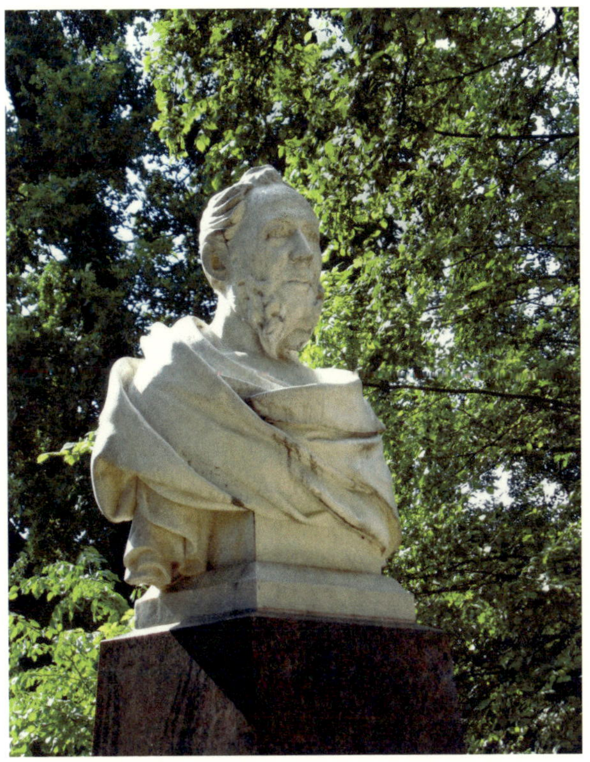

1890 schuf Albert Manthe das im Treptower Park für Gustav Meyer aufgestellte Denkmal.

bracht worden«, weshalb ihm von »dem ehrgeizigen alten schwachen Manne« die Empfehlung als Nachfolger verwehrt worden sei.[13] Bei Weitem versöhnlicher klang in dieser Hinsicht das Fazit von Heinrich Fintelmann (1825–1895), ebenfalls Absolvent der Gärtnerlehranstalt: »Lenné war im wahren Sinne des Wortes eine vornehm abgeschlossene Künstlernatur und zugleich ein Genie, welches auch Anderen gönnte, im Schutze seines weit überragenden Geistes und seines Wohlwollens emporzugedeihen und sich ihren Kunstantheil zu erwerben.« Seine Untergebenen hätten »ihm nicht nur als Fachgenossen zur Seite, sondern auch seinem Herzen« nahegestanden.[14]

Als die Pflanzarbeiten in Köln nach nur zehn Monaten beendet waren, bot die Flora »von vornherein den Eindruck eines längst bestandenen Gartens, weil die Bepflanzung zum größten Theil mit hohen alten Bäumen, die von nah und fern auf Verpflanzmaschinen herbeigeschafft wurden, vorgenommen worden

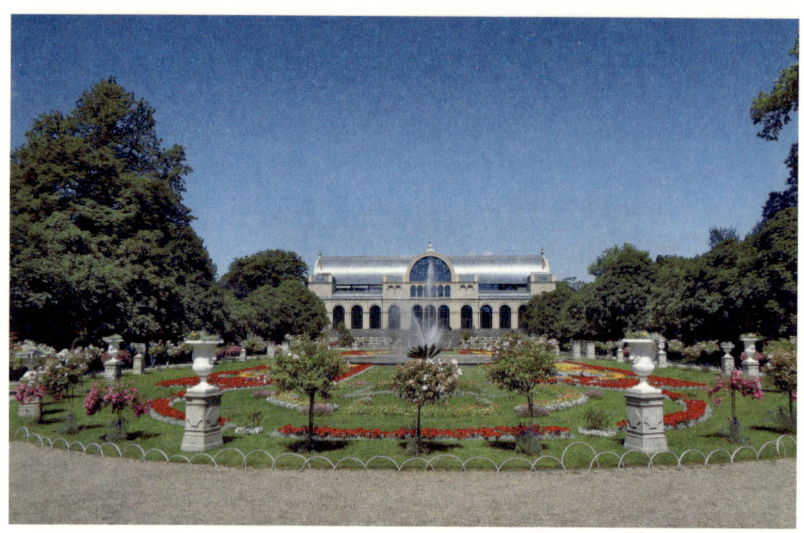

Die Kölner Flora.

war.«[15] Doch am spektakulärsten war wohl das nach barocken Vorbildern angelegte formale Teppichbeet unmittelbar vor dem ein Jahr später fertiggestellten Wintergarten. Dieses reich mit Blumen bepflanzte französische Parterre war geradezu ein Paradebeispiel für den eklektischen, gemischten Stil des gerade beginnenden Historismus, der auch in der Zusammenstellung der übrigen Gärten in englischem, holländischem und italienischem Stil zum Ausdruck kam. »Das ganze scheint mir«, schrieb der Eisenacher Hofgärtner Hermann Jäger (1815–1890) in der Zeitschrift *Gartenflora,* »ein Garten im ›modernsten Styl‹ zu sein, denn das Ziel eines vernünftigen künstlerischen Strebens kann nur sein, die eigenthümlichen Schönheiten der verschiedenen Stylrichtungen zu benutzen und bei hinlänglichem Raum zu einem schönen Ganzen zu verschmelzen. Diese Verschmelzung der regelmässigen mit den unregelmässigen natürlichen Scenen und Formen ist in diesem Floragarten auf eine bewunderungswürdige Weise gelungen. Hiermit will ich jedoch keineswegs diesen Garten mit seinen regelmässigen Prachtstücken als Musteranlage für einen modernen Privatgarten hinstellen, denn dies würde ganz gegen die Absicht des Künstlers sein, und was man sich in einem als brillantes Schaustück für das Publikum bestimmten Garten erlauben kann, würde in einem Privatgarten sehr unpassend sein.«[16]

Anlässlich der Vorstellung des Plans für die Flora weilte Preußens Generalgartendirektor natürlich auch in Bonn. Zu Gast bei der Familie des Kölner Kaufmanns und preußischen Landtagsabgeordneten Peter Michels (1801–1870), für den er 1859 einen Garten für das neu zu erbauende Landhaus in Endenich bei Bonn entworfen hatte, versah er am 12. Oktober 1862 ein im Atelier des Leipziger Hofphotographen Carl Schaufuß entstandenes Porträt auf der Rückseite mit folgender Aufschrift:

> Gottes Natur mein Meister
> Sein Himmel meine Heimath
> Und meine Werkstadt
> Seine weite schöne Erde[17]

Diese etwas pathetisch geratene Widmung sagt etwas über das Selbstverständnis des reifen Gartengestalters aus, der auf der Vorderseite in korrektem dunklem Gehrock samt Malakka-Stock abgebildet war, auf dem Beistelltisch Zylinder und Handschuhe, das Haar mittlerweile schlohweiß. In den beiden Dreiklängen Natur–Himmel–Erde und Meister–Heimat–Werkstatt lieferte er wohl eine Art Credo ab. Knapp ein halbes Jahr später, am 22. März 1863, war in den »Lokal-Nachrichten« der *Bonner Zeitung* zu lesen: »Bonn, 21. März. Wie uns mitgetheilt wird, verweilt der General-Direktor der k. Gärten, Hr. Lenné, augenblicklich in unserer Stadt, um einem an ihn ergangenen Antrage gemäß in der projektirten Verschönerung des Hofgartens seinen fachkundigen Rath den betreffenden Behörden zu ertheilen.«[18] Allem Anschein nach war dies der letzte Besuch des Generalgartendirektors in seiner Geburtsstadt.

Bereits 1855 hatte die Gewehrfabrik, auf deren Gelände sich die katholische Kirche Potsdams befand, ihre Pforten geschlossen und war nach Spandau umgezogen. Mit der neuen Nutzung des Areals als Kaserne musste die Kirche verlegt werden, so dass Hofbaurat Stüler ein Jahr später beauftragt wurde, zusammen mit Lenné einen geeigneten neuen Standort zu ermitteln. Jetzt legte die preußische Regierung das zugeschüttete Bassin, auf das die Brandenburger Straße zuführte, als Bauplatz fest. Ein durchaus heikler Baugrund, wie sich bis zur Grundsteinlegung der von Stüler entworfenen Kirche am 4. Juli 1867 herausstellen sollte, waren doch diverse Vorarbeiten nötig, um auf dem morastigen Boden ein Gebäude errichten zu können.

Als am 28. April 1863 die Sitzung des Vereins für die Geschichte Potsdams im Potsdamer Domizil Lennés stattfand, wurde sie so ganz nebenbei zur Werbung in eigener Sache: »»Der Verabredung gemäß, versammelte sich der Verein um 5 Uhr Nachmittags in der Dienstwohnung des Königlichen General-Garten-Directors Lenné in Sanssouci, welcher dieselbe in freundlichster Weise zur Disposition gestellt hatte. Für die Vorträge war ein Saal vorbereitet, in welchem mancherlei werthvolle Zier an Vasen und Bildern, Ehrengeschenke fürstlicher Personen, an die lange und erfolgreiche Thätigkeit des zuvorkommenden Wirthes erinnerten und Gegenstand der Aufmerksamkeit wurden.« Noch vor der Verlesung des Protokolls, »hatte der General-Garten-Director eine Reihe von Mittheilungen begonnen, welche sich auf die nach und nach erfolgte Vergrößerung des ursprünglichen Territoriums von Sanssouci bezogen.« Dazu legte er vier Pläne vor: Den Kupferstich von Johann David Schleuen »Prospect des K. Lustschloß Sanssoucy bei Potsdam« von 1750, den Salzmannschen Plan von Sanssouci aus dem Jahr 1783, die Lithographie seines eigenen Plans von Sanssouci und Charlottenhof von 1836 sowie den 1853 von Meyer angefertigten Situationsplan der Anlagen. »Der Vortragende gab auf den Grund dieser Pläne Mittheilungen über das Anwachsen der Territorien, welches seit 26 Jahren unter seiner Leitung und Vermittelung statt gefunden. Der Vortrag wurde ohne schriftliche Aufzeichnung in freier Rede gehalten«. Um 18 Uhr besichtigte man »bei zwar nicht ganz günstigem, aber auch nicht hinderlich ungünstigem Wetter« die »theils in dem eben gehörten Vortrage erwähnten Örtlichkeiten unter Führung des Schöpfers dieser reizenden Anlage in ihrer jetzigen Form, des Herrn General-Directors Lenné. Zunächst wurden die Überreste des alten Schießhauses, zwei jetzt zu Wirthschafts-Zwecken benutzte Pavillons, dann die Scheibenmauer an der Friedenskirche, die alte Verbindung des Hopfengartens mit dem Küchengarten, und im Vorüberwandeln jeder einzelne Punkt der gartenkünstlerischen Anlagen besichtigt.« Besondere Aufmerksamkeit wurde dem Platanenhain an der Friedenskirche zuteil, über den Lenné zu berichten wusste: »Als Friedrich Wilhelm II., Anfangs der neunziger Jahre, eine Avenüe nach dem Neuen Garten anlegen und durch Platanen bepflanzen ließ, wurde gleichzeitig eine Reihe dergleichen Bäume durch den damaligen Hofgärtner Eiserbeck, wahrscheinlich in Dessau angekauft, in der jetzigen Eisenhartstraße angepflanzt. Bei Regulirung dieser Straße, 1847, sollten diese Bäume, weil sie die Straße verengten, durch die Axt beseitigt werden. Um diese schönen Bäume nicht der Vernichtung anheim fallen zu lassen, unternahm ich das große Wagestück, da auf meinen Vorschlag die Stadt Potsdam die Platanen Seiner Majestät dem Könige zur Disposition gestellt hatte, sie, obgleich über 60 Jahr alt, zu verpflanzen, um damit an der Nordseite der Friedenskirche einen schattigen Hain zu bilden. Das

Unternehmen gelang auf das Vollkommenste, alle Bäume wuchsen und gediehen freudigst zu einer der schönsten Partieen des Marly-Gartens.«[19]

Ein Brief Koschnys vom 16. September 1863 belegt, dass Lenné im Sommer jenes Jahres schwer erkrankte: »Hier ist alles noch beim Alten und befindet sich unser guter Meister Lenné seit circa 8 Tagen in Co[blenz ?] um sich von seiner, Gott seis gedankt überwundenen Krankheit zu erholen. Gott gebe seinen Segen, damit Hochderselbe wohl erhalten zur Zeit wieder nach Sanssouci zurückkehrt.« Vielleicht handelte es sich um die von Koch erwähnte Unterleibserkrankung. Dass Lenné damals ein Testament machte, spricht für sich. Der Brief berichtet aber auch noch von einer besonderen Ehrung durch die Stadt Potsdam: »Am St. Peter Pauls Tage wurde unserem hochverehrten Meister die höchste Auszeichnung von Seiten der Residenzstadt Potsdam zu Theil und wurde ihm an diesem Tage der Ehrenbürgerbrief in herzerhebender Weise von den Spitzen der Stadt überreicht. Das Diplom ist kostbar u. kü[nstle]risch schön!«[20] Im Dezember scheint der Generalgartendirektor dann wieder so weit wiederhergestellt gewesen zu sein, dass er sich mit den Planungen für eine Gartenanlage an der Provinzial-Irrenanstalt in Lengerich befassen konnte, obgleich er die Gegebenheiten vor Ort nicht hatte in Augenschein nehmen können.[21]

Knapp zwei Jahre später war Lenné beinahe wieder ganz der Alte. Als er sich im September nach Erfurt zur Internationalen Pflanzenausstellung und zum Zweiten Gärtner- und Botanikerkongress begab, bewunderte Koch »die Frische seines noch jugendlichen Geistes«. Er sei so »lebens- und thatkräftig« wie eh und je gewesen und habe auf »dem dortigen Banket« seinem ehemaligen Dienstherren, Friedrich Wilhelm IV., den nötigen Dank »für die ihm dargebrachten Aufmerksamkeiten« gezollt. Im Anschluss reiste er »nach seiner kaum fertigen Villa bei Koblenz, wo er dereinst sein vielbewegtes Leben zu schliessen gedachte.«[22] Als er jedoch im Oktober nach Potsdam zurückgekehrt war, wurde im November erneut von jener überwunden geglaubten Unterleibserkrankung heimgesucht, nachdem er sich im Park bei der Reinigung der Gewässer eine Erkältung zugezogen hatte. Am 20. Dezember stand es offenbar so schlimm, dass ein Notar gerufen wurde, um letzte Verfügungen aufzunehmen. Währenddessen befanden sich die Vorbereitungen für sein 50-jähriges Dienstjubiläum in vollem Gange, das am 15. Februar 1866 – etwas verfrüht – begangen werden sollte. Zu dieser Feier sollte es nicht mehr kommen. Nach viertägigem Sterbelager verschied Peter Joseph Lenné am 23. Januar an einem Gehirnschlag. Für Karoline Schulze war dies einmal mehr Wasser auf ihre Mühlen: »Gottes allmächtige

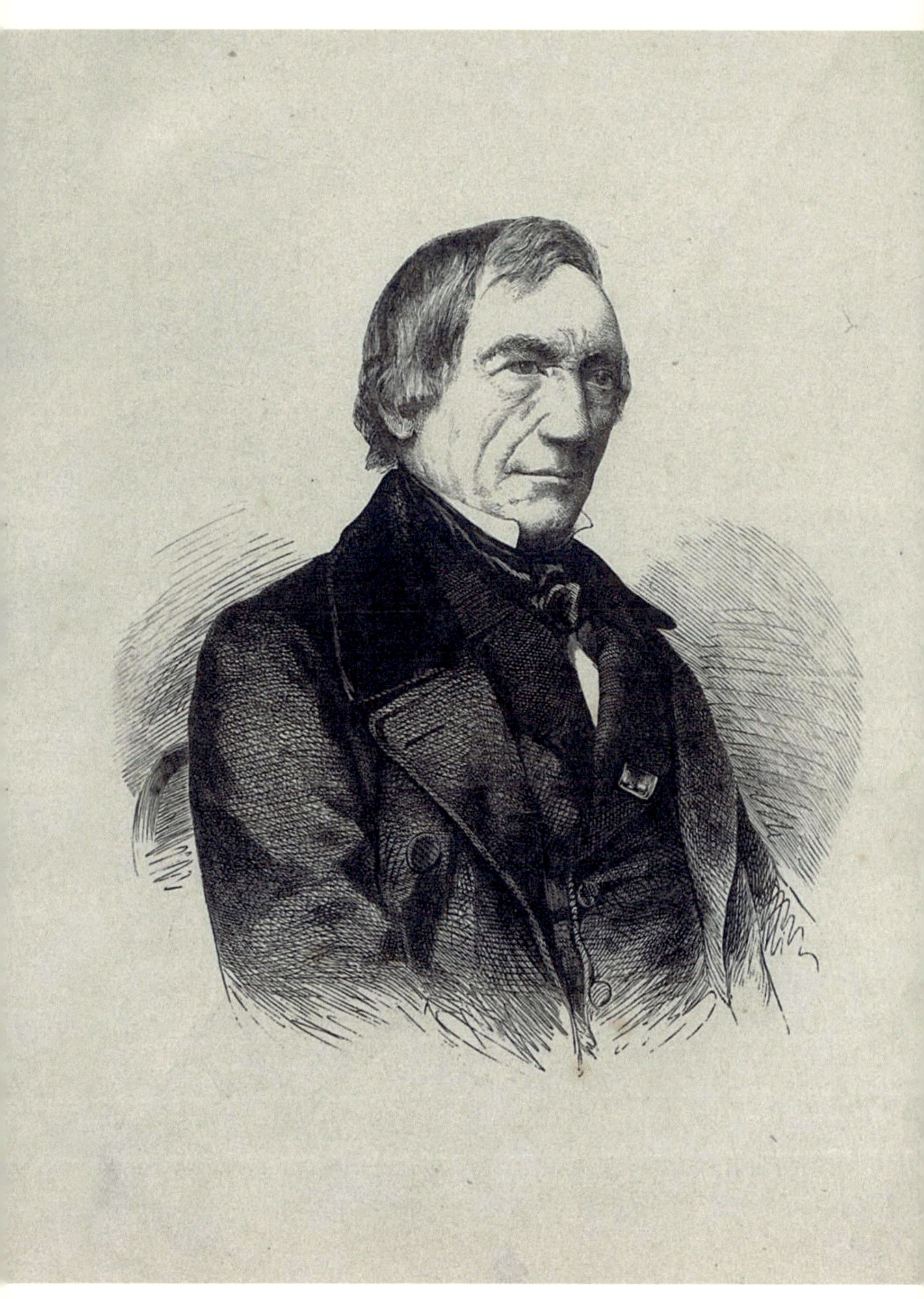

Peter Joseph Lenné, Holzstich, um 1860.

Hand, die alle Intriguen und Lügen« – am Rand fügte sie noch hinzu: »u Betrügereien« – »bisher in seiner Gnade zugelassen hat, rief ihn vor Erreichung dieses erlogenen Festes ab, er starb den 22. oder 23. Januar 1866, und wurde den 26. Januar in Bornstedt beerdigt. Gott sei seiner armen verirrten Seele gnädig! – dem Manne, den ich 50 Jahre gekannt, und gewürdigt habe, was zu würdigen war.«[23]

Drei Tage lang wurde der Leichnam im Potsdamer Haus aufgebahrt. »Seine sterbliche Hülle lag im offenen, mit umflorten Blumen und Laubgewinden, Kränzen und Palmenzweigen reich und anmuthsvoll geschmückten Sarge, zu dessen Häupten ein Crucifix sich erhob, während der ganze Saal [...] von Kerzen freundlich erhellt und mit Gewächsen sinnig decorirt war.«[24] Nachdem der Tote gesegnet und der Sarg verschlossen worden war, bewegte sich ein langer Trauerzug an den Terrassen von Sanssouci vorbei in Richtung Bornstedt. König Wilhelm I. und sein Sohn sahen oben vom Fenster aus zu; der Kronprinz notierte in seinem Tagebuch: »Lenné's Begräbniß vom Westflügel in Sanssouci aus angeschaut mit S. M.«[25] Auf einem Samtkissen trug Gustav Meyer der vierspännigen Kutsche mit dem Sarg den vergoldeten Lorbeerkranz voran, der eigentlich eine Jubiläumsgabe für den Generalgartendirektor hätte werden sollen, auf jedem seiner Blätter waren Namen von Gartenschöpfungen Lennés eingraviert. Auf einem anderen von Carl Friedrich Jancke getragenen Kissen lagen seine zahlreichen Orden. Ihnen zur Seite gingen Koschny und Büroassistent Alexander Bethge (geb. 1824). »Hinter dem Leichenwagen, der nun folgte, schritten die Leidtragenden und das ganze Trauergefolge zu Fuß, den Schluß bildeten die Gallawagen Sr. Majestät des Königs und einer Ihrer Majestät der Königin Wittwe Elisabeth und endlich eine lange Reihe von Trauerkutschen.«[26] Unter Chorgesängen und Trompetenschall wurde der Sarg an einer großen Menge Schaulustiger vorbei zum Privatfriedhof der Familie Sello geleitet, wo Lenné gegen halb fünf an der Seite seiner Gattin beigesetzt wurde.

Testamentarisch hatte der Generalgartendirektor 1863 verfügt, dass jede seiner noch lebenden Schwestern Margarethe, Gertrud, Elisabeth und Franzisca je 5000 Taler erhalten sollte, außerdem erbten sie gemeinsam das Koblenzer Haus. Auch Lennés Lieblingsneffe August wurde mit 2000 Talern bedacht, die verwitwete Schwägerin Mathilde Lehnert und deren Tochter Antonie erhielten insgesamt 1500 Taler, der Schwager Gustav Voss und seine beiden Kinder insgesamt 2000 Taler. Von Lennés Mitarbeitern erhielten Koschny, Carl Friedrich Jancke und Meyer je 500 Taler, Hermann Sello erbte ein »Oelbild vom Maler Elsener – Blumen und Früchte«[27]. Auch das Potsdamer Waisenhaus wurde mit 500 Talern

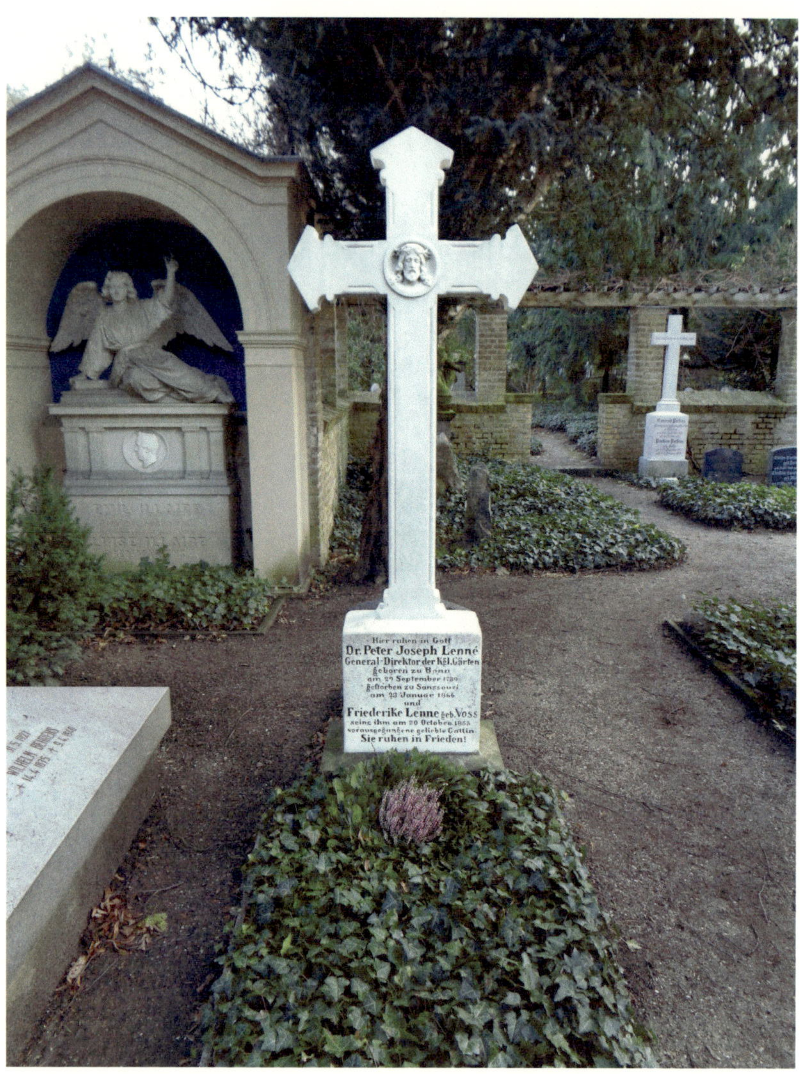

Das Grab Peter Josephs und Friederike Lennés auf dem Privatfriedhof der Familie Sello in Potsdam-Bornstedt.

bedacht. Alle Möbel, das Silberzeug und Porzellan, die Wäsche, Gemälde und den Schmuck erbten die Schwestern, wobei Lenné eine bestimmte Vorstellung hatte, was damit nach seinem Tod geschehen sollte: »Ich spreche hierbei den Wunsch aus, daß sämmtliche Familienportraits, die mit Stickereien meiner sel. Frau versehenen Möbel, Porzellan, Vasen und Gemälde und alle Gegenstände, welche in die Kategorie von Nippsachen gehören in meinem zu Coblenz erbauten Wohnhause eine angemessene Stelle erhalten sollen.«[28]

Da vom Berliner Stadthaus in der Lennéstraße im Testament nicht mehr die Rede ist, war es wohl bereits zuvor veräußert worden. In einem Kodizill hatte der Generalgartendirektor noch im Dezember 1865 verfügt, dass auch der letzte noch lebende Bruder Clemens 5000 Taler erhalten sollte, hatte dieser inzwischen doch ein noch offenes Darlehen beglichen, dessen Rückzahlung ihm bei Ableben des Bruders erlassen worden wäre. Und jetzt sah er auch noch 1000 Taler für ein Altarbild für die katholische Kirche in Potsdam vor, »welches durch [eine] Künstler-Concurrenz beschafft werden« sollte.[29] Später konnte mit diesem Geld die Apsis nach einer Vorlage seines Freundes Peter von Cornelius ausgemalt werden.

Nun hatte also der greise Fürst Pückler seinen Konkurrenten auf dem Gebiet der Gartenkunst überlebt, daher sei ihm auch das letzte Wort gestattet. Er würde »von Herzen gern« der neue Gartendirektor werden, schrieb er an Königin Augusta nach Lennés Tod, »wenn nur Allerhöchstdero mir verliehenes Zauberstäbchen es feenartig bewerkstelligen könnten, daß der alte langweilige überständige Fürst Pückler sofort begraben würde, und aus ihm ein junger Ingenieur Lenné (doch ohne dessen Pockennarben) aufzuerstehen vermöchte, um dann dessen so paisiblen, schönen Wirkungskreis viele Jahre lang auszufüllen, was für meine Mittelmäßigkeit eine eben so beneidenswerthe Stellung seyn würde, als sie es für den verstorbenen Besitzer derselben gewesen ist.«[30]

ANMERKUNGEN

EINLEITUNG

1 Theodor Fontane an Hermann Wichmann, Berlin, 16. Februar 1893, in: Wichmann 1898, S. 31. Bei seinen belletristischen Werken wählte Wichmann »Herman« als Schreibweise seines Vornamens, seine Kompositionen veröffentlichte er jedoch unter der gemeinhin üblichen Schreibweise, Briefe unterschrieb er ebenso. Vgl. Hermann Wichmann an eine Unbekannte, Berlin, 7. Juli 1857, Privatbesitz.

2 Vgl. Hinz 1977; Günther 1985; Ohff 2003. Die erste Ausgabe von Ohffs Lenné-Biographie erschien 1981.

3 Ohff 2003, S. 13.

4 Generell sieht Hettche in Lenné einen Zukurzgekommenen: »Und tatsächlich haftete Lennés ganzer Karriere etwas an, das mit seiner Zierlichkeit zu tun haben mochte, eine gewisse Leichtgewichtigkeit, die in eklatantem Widerspruch zu den Dimensionen seiner Arbeit stand, zum Zuschnitt seiner Planungen und zu dem Heer von Gehülfen, Zeichnern und Gärtnern, das er dirigierte.« Hettche 2014, S. 119f. Laut Wimmer war Lenné jedoch alles andere als zierlich. Er habe es auf ein Körpermaß von 1,80 Meter gebracht, was anhand der bekannten Abmessungen des auf einer Photographie zusammen mit dem Generalgartendirektor abgebildeten und in Schloss Glienicke noch vorhandenen Potsdamer Ehrenbürgerbriefes geschlossen werden könne. Vgl. Wimmer 1989 a, S. 211 und 222, Anm. 15. Und ein Zeitgenosse schrieb unmissverständlich: »Lenné war schlank gebaut und hoch gewachsen«. Stramberg 1869, S. 578.

5 Vgl. dazu Seiler 1989. August Kopisch schrieb über die »Sehenswürdigkeiten« der Pfaueninsel: »Zu den Seltenheiten der Insel kamen in dieser Zeit [1822] auch der Riese Carl Licht und sein etwas kleinerer Bruder, und von Professor Zeune empfohlen zwei Zwerge Friedrich Strackow und Marie Strackow.« Kopisch 1854, S. 170f.

6 Wimmer 2004, S. 41.

7 H. Devrient 1909, S. 443.

8 Heinrich Fintelmann schrieb diesbezüglich: »Von Lenné kann man mit Recht behaupten, daß er unter Einfluß von Skell und Repton den landschaftsgärtnerischen Stil Norddeutschlands durch sich selber und durch seine vielen Schüler nicht nur beeinflusst, sondern demselben eine ganz charakteristische Form in Bezug auf Wegeführung, Physiognomie des Bodens und der Vertheilung der Gehölz- und Wassermassen gegeben hat.« Fintelmann 1889, S. 207.

RHEINISCHE PFLANZSCHULE

1 Im Jahr 1665 war Augustin Le Nain »aus Lüttich nach Bonn als Kurfürstlicher Hofgärtner berufen« worden und hatte so die Bonner Gärtnerdynastie Lenné begründet. Lenné 1853, S. 13.

2 Hier zitiert Beckford John Miltons Gedicht *Il Penseroso* von 1645.

3 Beckford 2006, S. 67f. (Übersetzung von mir, D. H.) Der Autor traf am 10. Juli 1780 im Verlauf seiner Grand Tour in Bonn ein. Zu Beckford allgemein vgl. Miller 2012.

4 Die Hochzeit hatte am 21. Juni 1786 stattgefunden.

5 Anna Catharina Lennés Mutter Bernhardine trug den Mädchennamen Brandt. Vgl. Pieper 1949, S. 53.

6 Anonym 1793, S. 31.

7 Ebd., S. 24.

8 Ebd., S. 50f.
9 Ebd., S. 14.
10 Wimmer 2016, S. 24f.
11 Zit. n. von der Dollen 1977, S. 139.
12 Wimmer 2016, S. 29.
13 Lenné 1853, S. 13. Lenné war am 30. April 1853 ehrenhalber zum Mitglied der Berliner Akademie der Künste ernannt worden. Offenbar war eine Wahl zum ordentlich Mitglied nicht möglich gewesen, »da Gärtner nicht als ebenbürtige Künstler betrachtet wurden.« Wimmer 2016, S. 191.
14 Lenné 1858, S. 147.
15 Dieses und das voranstehende Zitat: K. Schulze 1874, S. 22 u. 564.
16 Sein Nachruhm beruht darauf, den jungen Ludwig van Beethoven im Geigenspiel unterrichtet zu haben.
17 Am 24. Dezember 1822 schrieb Ries aus London an Lenné in Potsdam: »Wahrscheinlich kömmt dir dieser Brief unerwartet, doch da ich dir meinen Bruder empfehlen will, so hoffe und weiß ich, als alter Landsman und Schulkamerad kömmt er dir nicht unangenehm – wenigstens schmeichle ich mir so.« Ries 1982, S. 165. Da Ferdinands Bruder Hubert, von dem hier die Rede ist, am 1. April 1802 geboren wurde, ist es eher unwahrscheinlich, dass Lenné und er zusammen in Bonn die Schulbank gedrückt haben.
18 »At a very early age, Mr. Ries had lost the sight of an eye from the effects of the smallpox«. Anonym 1824, S. 34.
19 Ferdinand Ries an Peter Joseph Lenné, Bonn, 23. Dezember 1824, in: Ries 1982, S. 201.

LEHR- UND WANDERJAHRE

1 Müllejans-Dickmann 1994, S. 15.
2 Vgl. Stramberg 1869, S. 571.
3 Lenné 1853, S. 13.
4 Vgl. Wimmer 2016, S. 52.
5 Lenné 1853, S. 13.
6 K. Schulze 1874, S. 31.
7 Koch 1866, S. 58.
8 So die Bezeichnung auf dem von Boos ausgestellten Zeugnis. Zit. n. Penning 2004, S. 196.
9 Konzept eines Briefs von Peter Joseph Lenné an Burchard Friedrich von Maltzahn, Mai 1818. GStA PK, BPH Rep. 192 Nl Lenné, P. J., Nr. 4, Bl. 3. Grammatik und Orthographie folgen in allen zitierten Archivalien den Originalen.
10 Thayer 1879, S. 223.Hans Schmidt, der Beethovens Beziehungen zum Rheinland untersucht hat, merkt diesbezüglich an: »Unverkennbar blieb Beethovens Zungenschlag bis an sein Lebensende und rheinischen Ursprungs war sicherlich auch die Sprache seines Herzen.« Schmidt 1978, S. 82. Das Gebäude des Gasthauses »Zum weißen Schwan« in der Kärntner Straße 24 im ersten Wiener Bezirk stammte noch aus dem Mittelalter, um 1700 war hier ein Gasthaus aufgemacht worden, in dem 1809 auch Madame de Staël einkehrte. 1846/47 wurde das Gebäude abgerissen.
11 Thayer 1879, S. 223.
12 Wegeler/Ries 1838, S. 121f.
13 Wichmann 1887, S. 164.
14 Vgl. Nehring 1979, S. 123
15 Vereinigte Ofner und Pester Zeitung, 5 (17. Januar 1813), S. 47.
16 Butenschön 2017, S. 22.
17 Zit. n. Wimmer 2016, S. 62.
18 Peter Joseph Lenné d.Ä. an seinen Sohn, Koblenz, 17. Januar 1814. Der Brief ist bei Habrock-Henrich 2011 a auf S. 58 abgebildet, danach erfolgte die Transkription. Offenkundig erkrankten auch Lennés Schwestern Elisabeth und Gertrud, überlebten aber.
19 Peter Joseph Lenné d.Ä. an seinen Sohn, Koblenz, 24. Januar 1814. Zit. n. Wimmer 2016, S. 67.
20 Lenné 1853, S. 13.
21 Vgl. dazu Hajós 2001.
22 K. Schulze 1874, S. 561.
23 Fürst Pückler kritisierte sie später als »menschenleere Straße, geradeaus gereckt wie ein Stiel«. Hermann von Pückler-Muskau an Augusta von Preußen, Berlin, 3. April 1861. GStA PK, BPH Rep. 51 T. Lit. P. Nr. 13, Bl. 48.

GESELLE IM POTSDAMER NEUEN GARTEN

1 K. Schulze 1874, S. 715.
2 Augusta von Preußen an Maria Pawlowna, Großherzogin von Sachsen-Weimar-Eisenach, Berlin, 23. Februar [1835]. GStA PK, BPH Rep. 51 T. Lit. S. Nr. 12b. Zur Familie Maltzahn allgemein vgl. Maltza(h)nscher Familienverein 1979: Dort findet sich auf S. 233f. Näheres zu Burchard Friedrich von Maltzahn.
3 Vgl. Koch 1859, S. 57 u. 59; Wichmann 1887, S. 136.
4 Burchard Friedrich von Maltzahn an Friedrich Wilhelm III. von Preußen, 8. Oktober 1816. Zit. n. Hinz 1937, S. 36.
5 Belani 1855, S. 52.
6 Lenné 1858, S. 147.
7 Zit. n. Wimmer 2016, S. 78.
8 Konzept eines Briefes von Peter Joseph Lenné an Burchard Friedrich von Maltzahn, Sanssouci, 29. November 1822. GStA PK, BPH Rep. 192 Nl Lenné, P. J., Nr. 3, Bl. 151.
9 K. Schulze 1874, S. 563.
10 Dieses und die voranstehenden Zitate: ebd., S. 5.
11 Zu Leben und Werk Mangers vgl. K. Schulze 1869.
12 Spätere Fachkollegen gingen hart mit Schulze ins Gericht. Georg Sello sprach vom »zaghaften phantasielosen Schulze« (Sello 1888, S. 119) und Wimmer schrieb: »Mit den Aufgaben eines Gartendirektors scheint Schulze überfordert gewesen zu sein.« Wimmer 2004, S. 62.
13 Zu Recht wurde darauf hingewiesen, dass Karoline Schulze »kaum als unparteiisch gelten« könne, dass man ihr aber zugutehalten müsse, »daß sie Lenné aus nächster Nähe kannte«. Wimmer 1989 b, S. 98.
14 K. Schulze 1874, S. 565.
15 Ebd., S. 6.
16 Eylert 1842, S. 445f.
17 K. Schulze 1874, S. 6.
18 Vgl. Kopisch 1854, S. 190.
19 Ebd., S. 566. Alfred von Reumont bezeichnet Glienicke als die erste Anlage Lennés in Potsdam. Vgl. Reumont 1885, S. 187f.
20 Wimmer 2016, S. 97.
21 Lenné 1858, S. 147. Vier Jahre zuvor war geschrieben worden: »Die Anlage erregte durch ihre neue Anmuth Aufsehn und war für die Gartenkunst der Umgebung nicht ohne gute Folgen.« Kopisch 1854, S. 190.
22 Zit. und transkribiert n. der Abb. bei Heegewaldt 2004, S. 100.
23 K. Schulze 1874, S. 570.
24 Zit. n. Günther 1985, S. 11f.
25 Zit. n. ebd, S. 12.
26 K. Schulze 1874, S. 33.
27 Ebd., S. 11.
28 Ebd., S. 21f.
29 Vgl. Wimmer 2016, S. 89.

AUF FREIERSFÜSSEN

1 K. Schulze 1874, S. 13.
2 August Lenné in einem Leserbrief an eine Tageszeitung 1877. Zit. n. Buttlar 1989, S. 191.
3 K. Schulze 1874, S. 17.
4 ......e, Der Tausch, in: Potsdamsches Wochenblatt, 57 (16. Juli 1817), S. 223f. Vielleicht ließe sich die Autorenangabe gemäß der sechs Auslassungspunkte auf *Schulz*e ergänzen und man könnte Karoline als Urheberin dieses Gedichts vermuten.
5 K. Schulze 1874, S. 19.
6 Lehnert 1845, S. 15. Generell zu den Schöpfern von Schloss und Garten merkt Lehnert an: »Die Anordnung des Ganzen war dem hierzu vorzüglich geeigneten Hofmarschall von Massow auf Steinhövel übertragen und ihm der Oberbaurath Gilly zur Anfertigung der baulichen Entwürfe sowie der neuangestellte Hofgärtner Garmatter für die Park- und Garten-Anlagen zugesellt worden.« Ebd., S. 3.
7 Dieses und die voranstehenden Zitate: K. Schulze 1874, S. 44.
8 Zit. n. Hinz 1937, S. 140.
9 Zit. n. ebd., S. 51.
10 K. Schulze 1874, S. 44f.
11 Ebd., S. 45.
12 Redern 2003, S. 63.
13 Das Haus brannte im Zweiten Weltkrieg aus, die Ruine wurde in den 1960er-Jahren abgetragen. Vgl. dazu und zu der Fabrik Feilners allgemein: Mende 2013.
14 Mackowsky 1923, S. 186.
15 Dieses und die voranstehenden Zitate: Wichmann 1887, S. 133f. und 151.

RINGEN UM DIE VORMACHT IM GARTENREVIER

1 Dieses und das voranstehende Zitat: K. Schulze 1874, S. 638f.
2 Reisepass für Peter Joseph, Friederike und Gertrud Lenné, 4. Juni 1821. GStA PK, BPH Rep. 192 Nl Lenné, P. J., Nr. 2, Bl. 16.
3 Peter Joseph Lenné an Johann Gottlob Schulze, 5. Juni 1821. Zit. n. Wimmer 2016, S. 92. Abschrift des heute im Niedersächsischen Landesarchiv in Oldenburg befindlichen Originals mit kleineren Abweichungen in: K. Schulze 1874, S. 48.
4 K. Schulze 1874, S. 639f.
5 Lenné an Burchard Friedrich von Maltzahn, 21. Februar 1822. Zit. n. Jühlke 1872, S. 32.
6 Peter Joseph Lenné an Johann Philipp von Ladenberg, 24. Mai 1836. Zit. n. Hinz 1937, S. 156f.
7 J. G. Schulze 2001, S. 60.
8 K. Schulze 1874, S. 131.
9 Kopisch 1854, S. 173.
10 Schneider 1866, S. 352.
11 K. Schulze 1874, S. 131.
12 Schneider 1866, S. 352.
13 K. Schulze 1874, S. 53.
14 Ebd., S. 698.
15 Stramberg 1869, S. 578.
16 Schneider 1866, S. 352.

FRÜHE PRIVATAUFTRÄGE

1 Dieses und die vorangegangenen Zitate: Wilhelm von Hake an Peter Joseph Lenné, Berlin, 10. März 1821. GStA PK, BPH Rep. 192 Nl Lenné, P. J., Nr. 2, Bl. 8. Für Altranft sandte Hake Lenné zumindest einen »geomethrischen Plan von Ranft und seinen Umgebungen« als Entwurfsgrundlage zu, der sich aber wohl nicht erhalten hat. Vgl. Wilhelm von Hake an Peter Joseph Lenné , Berlin, 22. April 1822. GStA PK, BPH Rep. 192 Nl Lenné, P. J., Nr. 2, Bl. 60.
2 Carl von Treskow an Peter Joseph Lenné, Friedrichsfelde, 15. September 1821. GStA PK, BPH Rep. 192 Nl Lenné, P. J., Nr. 2, Bl. 81.
3 Felix Merk, Bad Freienwalde, in: Karg/Dreger 2005, S. 19–24, hier S. 22.
4 Konzept eines Briefes Peter Joseph Lennés vom 10. März 1823 auf einem Brief von August Treumann. GStA PK, BPH Rep. 192 Nl Lenné, P. J., Nr. 4, Bl. 67.
5 Hermann von Pückler-Muskau an Hermann von Pückler-Groditz, Schloss Branitz, 8. Juni 1846. BLHA, Pr. Br. Rep. 37 Branitz Nr. 815, Bl. 20.

FRÜCHTE DER FREUNDSCHAFT

1 Niemann 2006, S. 37.
2 Hermann Pückler-Muskau an seine Frau Lucie, 15. April 1822, in: Assing 1873–1876, Bd. 5, S. 309.
3 Dieses und die voranstehenden Zitate: Eylert 1845, S. 354ff.
4 Statuten 1824, S. 7.
5 Dieses und die voranstehenden Zitate: Peter Joseph Lenné an Karl August von Hardenberg, Sanssouci, 22. Juni 1822. Zit. n. Seiler 1986, S. 84.
6 Dieses und die voranstehenden Zitate: Lenné 1824, S. 85ff.
7 Vgl. dazu Cowell 2010.
8 Lenné 1824, S. 90.
9 Vgl. Ries 1982, S. 165.
10 Lenné 1824, S. 91.
11 Ebd., S. 88.
12 Zit. n. Jühlke 1872, S. 34. Jühlke lag Lennés inzwischen verschollenes Reisetagebuch damals offenbar noch vor.
13 Assing 1873–1876, Bd. 6, S. 236.
14 Pückler-Muskau 1831, Bd. 3, S. 252.
15 Loudon 1826, S. 310f. »Wir entnehmen der Abhandlung von Herrn Lenné [...], dass er keine klare Vorstellung davon hat, was der Englische Gartenbau ist oder sein sollte. [...] Damit ein Ausländer mit unserem Gartenbau vertraut wird, wäre es erforderlich, dass er einige Jahre in dem Land lebt und lernt, die Sprache zu beherrschen.« (Übersetzung von mir, D. H.)
16 Vgl. George Voorhelm Schneevogt an Peter Joseph Lenné, Harlem, 25. November 1825. GStA PK, BPH Rep. 192 Nl Lenné, P. J., Nr. 2, Bl. 83.

17 Hermann Sello an Peter Joseph Lenné, Paris, 15. März 1823. GStA PK, BPH Rep. 192 Nl Lenné, P. J., Nr. 10, Bl. 44.
18 Dieses und das voranstehende Zitat: Konzept eines Schreibens Peter Joseph Lennés an Burchard Friedrich von Maltzahn, 19. April 1823. GStA PK, BPH Rep. 192 Nl Lenné, P. J., Nr. 10, Bl. 54.
19 Konzept eines Briefs von Peter Joseph Lenné an Burchard Friedrich von Maltzahn, Sanssouci, 3. April 1823. GStA PK, BPH Rep. 192 Nl Lenné, P. J., Nr. 10, Bl. 83.
20 Wimmer 2016, S. 108.
21 Hermann Sello an Peter Joseph Lenné, Paris, 15. März 1823. GStA PK, BPH Rep. 192 Nl Lenné, P. J., Nr. 10, Bl. 46.
22 Redern 2003, S. 42 und 46.
23 Ferdinand Ries an Peter Joseph Lenné, London 24. Dezember 1822. Ries 1982, S. 165.
24 Peter Joseph Lenné an Wilhelm von Hake, Sanssouci, 9. November 1822. GStA PK, Rep. 192 Nl Lenné, P. J., Nr. 2, Bl. 85.
25 Günther/Harksen 1993, S. 152f.
26 Vgl. Wimmer 2004, S. 72.
27 Wimmer 2016, S. 124.
28 Helm 1832, S. 144.
29 Maximilian Friedrich Weyhe an Peter Joseph Lenné, Düsseldorf, 6. November 1823. GStA PK, BPH Rep. 192 Nl Lenné, P. J., Nr. 3, Bl. 84.
30 Maximilian Friedrich Weyhe an Peter Joseph Lenné, Düsseldorf, 26. Oktober 1823. GStA PK, BPH Rep. 192 Nl Lenné, P. J., Nr. 3, Bl. 82.
31 Wimmer 2004, S. 74.
32 Präsidium des Königl. Landes-Oeconomie-Collegiums 1850, S. 344.

VOLKSPARK UND PRINZENGARTEN

1 Lenné 1858, S. 147.
2 Lenné 1826, S. 159.
3 Ebd., S. 160.
4 Ebd., S. 148f.
5 Ebd., S. 158.
6 Ebd., S. 158f.
7 Peter Joseph Lenné an August Wilhelm Francke, 15. Januar 1825. Zit. n. Junecke u.a. 2014, S. 84.
8 Karl Friedrich Schinkel an August Wilhelm Francke, Berlin, 12. November 1828. Zit. n. ebd., S. 94
9 Bethge 1889, S. 543.
10 Belani 1855, S. 99.
11 Zit. n. Hinz 1937, S. 35.
12 Belani 1855, S. 99.
13 Bethe 1826, S. 270. Gröning weist nachdrücklich darauf hin, dass der Text von »unmissverständlich von Bethe verfasst wurde« und nicht von Lenné, »wie es manche Gartenhistoriker gerne sähen«. Gröning 2016, S. 80.
14 Bethe 1826, S. 297.
15 Ebd., S. 302.
16 Ebd., S. 323.10

FELDWANDERUNGEN

1 C. Kühne an Peter Joseph Lenné, München, 18. Februar 1826. GStA PK, BPH Rep. 192 Nl Lenné, P. J., Nr. 4, Bl. 152 und 145 (Abb.)
2 Günther/Harksen 1993, S. 155.
3 Redern 2003, S. 275f.
4 Friedrich Wilhelm IV. an Friedrich Wilhelm von Redern, Potsdam, 21. August 1847, in: ebd., S. 276.
5 Hermann von Pückler-Muskau, Tagebucheintrag September 1847, in: Assing 1873–1876, Bd. 9, S. 254.
6 »La C[omtesse] Rossi a particulièrement bien chanté. Le Vendredi après un déjeuner pris en commun nous avons fait une excursion en voiture où nous avons été mouillés grâce au mauvais temps.« Augusta von Preußen an Maria Pawlowna, Großherzogin von Sachsen-Weimar-Eisenach, Boitzenburg, 5. September 1847. GStA PK, BPH Rep. 51 T. Lit S. Nr 12b.
7 Hermann von Pückler-Muskau, Tagebucheintrag September 1847, in: Assing 1873–1876, Bd. 9, S. 254.
8 Riemer 1834 a, S. 196.
9 Ebd., S. 202.
10 Censur von Michaelis bis Neujahr 1827. Staatsbibliothek zu Berlin – Preußischer Kulturbesitz, Nachl. 489 (Slg. Runge) 4: Lenné, Peter Joseph, Bl. 4.

11 Vgl. Wimmer 2016, S. 95.
12 Vgl. Handbuch über den Königlich Preussischen Hof und Staat für das Jahr 1828, Berlin o. J., S. 14.
13 Karl von Wylich und Lottum an seinen Sohn Hermann Friedrich, Berlin, 4. September 1827. GStA PK, IV. HA Nl Wylich-Lottum Nr. 2.
14 Vgl. Bowman 2010, S. 109.
15 Joseph Sabine an Hermann Friedrich von Wylich und Lottum, London, 19. September 1827. GStA PK, BPH Rep. 192 Nl Lenné, P. J., Nr. 4, Bl. 171.
16 Hermann Friedrich von Wylich und Lottum an Peter Joseph Lenné, London, 28. September 1827. GStA PK, BPH Rep. 192 Nl Lenné, P. J., Nr. 4, Bl. 172.

GARTENDIREKTOR IN POTSDAM

1 K. Schulze 1874, S. 711.
2 Ebd., S. 696.
3 Ebd., S. 637.
4 Kronprinz Friedrich Wilhelm (IV.) an Peter Joseph Lenné, Potsdam, 25. März 1829. GStA PK, BPH Rep. 50 J Nr. 733.
5 Peter Joseph Lenné an Burchard Friedrich von Maltzahn, November 1827. Zit. n. Hinz 1937, S. 131.
6 Redern 2003, S. 123.
7 Konzept eines Briefes von Peter Joseph Lenné an Burchard Friedrich von Maltzahn, Sanssouci, 20. August 1829. GStA PK, BPH Rep. 192 Nl Lenné, P. J., Nr. 10, Bl. 74.
8 Aseng und Ahock an Burchard Friedrich von Maltzahn, Potsdam, 23. Oktober 1829. GStA PK, BPH Rep. 192 Nl Lenné, P. J., Nr. 10, Bl. 77.
9 Burchard Friedrich von Maltzahn an Peter Joseph Lenné, 1. November 1829. GStA PK, BPH Rep. 192 Nl Lenné, P. J., Nr. 10, Bl. 78.
10 Dabei handelt es sich wohl um ein Missverständnis, nach 1822 ist keine weitere Englandreise Lennés bekannt.
11 Jacob Heinrich Rehder an Peter Joseph Lenné, Muskau, 10. September 1829. GStA PK, BPH Rep. 192 Nl Lenné, P. J., Nr. 3, Bl. 47f.
12 Vgl. Günther/Harksen 1989, S. 9.
13 Ferdinand Ries an Joseph Ries, Berlin, 13. Dezember 1830, in: Ries 1982, S. 497.
14 Ferdinand Ries an Joseph Ries, Frankfurt am Main, 23. Februar 1831, in: ebd., S. 507.
15 Ebd., S. 507f.

GEWITTERWOLKEN IM GARTENREICH

1 K. Schulze 1874, S. 46.
2 Ebd.
3 Detlef Karg, Peter Joseph Lenné – Anmerkungen zu Leben und Werk, in: Karg/Dreger 2005, S. 9–18, hier S. 16.
4 Hermann von Pückler-Muskau, Tagebucheintrag vom 8. September 1847, in: Assing 1873–1876, Bd. 9, S. 255. Vgl. dazu auch Seiler 2015, S. 477.
5 Peter Joseph Lenné an Hermann von Pückler-Muskau, Sanssouci, 2. Mai 1832, in: Assing 1873–1876, Bd. 7, S. 413.
6 Riemer 1834 b, S. 189.
7 Peter Joseph Lenné an Hermann von Pückler-Muskau, Sanssouci, 24. Juli 1832, in: Assing 1873–1876, Bd. 7, S. 424.
8 Hermann von Pückler-Groditz an Hermann von Pückler-Muskau, Glienicke, 11. Oktober 1832, in: Assing 1873–1876, Bd. 7, S. 438.
9 Rochus August von Lynar an Graf Heinrich Ludwig zu Solms auf Baruth, 16. Juli 1832. BLHA, Rep. 37 Baruth Nr. 69, Bl. 91–92. Die Mutter von Graf Lynar war eine geborene Pückler-Groditz.
10 Alle voranstehenden Zitate: Lenné 1834, S. 281f.
11 Heine 1984, S. 378. Zur Rufmordkampagne Heines gegen Rumohr vgl. Derks 1990, S. 527ff.
12 Carl Friedrich von Rumohr an Adolph Friedrich von Willisen, 21. Oktober 1833. GStA PK, BPH I. HA Rep. 50, Bl. 1581.
13 Börsch-Supan 2011, S. 600.
14 Zit. n. ebd.
15 Schurig 2014, S. 113.

1 Dieses und die voranstehenden Zitate: Königin Augusta 1935, S. 143f.
2 Wilhelm von Preußen an Charlotte von Preußen (Alexandra Fjodorowna von Russland), Berlin, den 7. Dezember 1825, in: Börner 1993, S. 107.
3 »Elles ont reveillé en lui le goût d'une acquisition de campagne avec plus d'ardeur que jamais, et il passe tous ses momens de loisir à dessiner des plans.« Augusta von Preußen an Maria Pawlowna, Großherzogin von Sachsen-Weimar-Eisenach, Marmorpalais, 31. Oktober 1832. GStA PK, BPH Rep. 51 T. Lit. S. Nr. 12b.
4 Ebd. Bei dem Buch von Papworth handelt es sich wohl um *Hints on Ornamental Gardening: Consisting of a Series of Designs for Garden Buildings, useful and decorative Gates, Fences, Railings, etc.; accompanied by Observations on the Principles and Theory of rural Improvement, interspersed with occasional Remarks on rural Architecture* (London 1823).
5 Prinz Wilhelm von Preußen an Friedrich Wilhelm III. von Preußen, Neues Palais, 30. Juli 1833. Zit. n. Sievers 1955, S. 158f.
6 Das Datum ergibt sich unter anderem aus einem Schreiben Augustas vom 4. August 1833, in dem es heißt, Prinz Wilhelm habe tags zuvor die Zusage seines Vaters zum Bau auf dem Babelsberg erhalten: »Il [Wilhelm] m'a fait une surprise fort agreable en écrivant au Roi sans que je le sache, pour obtenir l'autorisation pour nos projets sur le Babelsberg, et hier [...] il a eu une reponse fort gracieuse du Roi qui lui accorda sa demande«. Augusta von Preußen an Maria Pawlowna, Großherzogin von Sachsen-Weimar-Eisenach, Marmorpalais, 4. August 1833. GStA PK, BPH Rep. 51 T. Lit. S. Nr. 12b.
7 Ludwig Persius an Ernst Siegfried Köpke, Potsdam, 3. Februar 1837, in: Persius 2007, S. 248.
8 Dieses und die voranstehenden Zitate: ebd., S. 246f.
9 Vgl. Ritter 2007, S. 211.
10 Vgl. Ferdinand Ries an Joseph Ries, Frankfurt am Main, 6. Oktober 1833, in: Ries 1982, S. 607.
11 Ferdinand Ries an Joseph Ries, Frankfurt am Main, 4. Januar 1834, in: ebd., S. 616f.
12 Peter Joseph Lenné an Ludwig Persius, Sanssouci, 17. Januar 1834, in: Persius 2007, S. 208.
13 Ludwig Persius an Ernst Siegfried Köpke, Potsdam, 3. Februar 1837, in: ebd., S. 249.
14 »La bâtisse du cottage avance, et les plantations sont presque achevées, mais le temps chaud et superbe qui favorise la première n'est pas également favorable aux dernières, puisque elles sont dépourvues de la pluie qui leur est si necessaire.« Augusta von Preußen an Maria Pawlowna, Großherzogin von Sachsen-Weimar-Eisenach, Marmorpalais, 5. Juli 1834. GStA PK, BPH Rep. 51 T. Lit. S. Nr. 12b.
15 Pückler-Muskau 1977, S. 15.
16 Hermann von Pückler-Muskau an Eduard Petzold, o. O., o. D., in: Assing 1873–1876, Bd. 9, S. 11.
17 Hermann von Pückler-Muskau an Carl von Preußen, Muskau, 7. November 1831, in: ebd., Bd. 7, S. 376f.
18 In einem Nekrolog des bereits im Alter von 54 Jahren gestorbenen Rönnenkamp heißt es: »Herangebildet in der Gärtnerlehranstalt zu Sanssouci, noch unter den Augen Lennés, und eingeführt in die bildende Gartenkunst durch den genialen G. Meyer, wurde dem noch jungen Manne die Pflege des schönen sicilianischen Gartens und des berühmten Marlygartens bei der Friedenskirche in Potsdam anvertraut.« Weiter wird eingeräumt, »dass Rönnenkamp das Wesen echter Gartenkunst mit vollem Verständnis erfasst hatte und, ein Feind des jetzt sich breit machenden bunten Schnörkelkrames, dem jede ästhetische Berechtigung abgeht, stets treu die Lehren unserer unübertroffenen deutschen Meister (Lenné und Meyer) beherzigt hat«. Mächtig 1891, S. 172. Rönnenkamp war von 1854 bis 1857 Zögling an der Gärtnerlehranstalt gewesen.
19 Rönnenkamp 1878, S. 58f.
20 Günther 1985, S. 30. Bereits Kopisch schrieb Mitte des 19. Jahrhunderts in Bezug auf Babelsberg: »In der Hauptanlage

ward indess nichts verändert, und das Verdienst des Entwurfs wird immer Lenné bleiben, wenn er auch, da die Bewässerung und vieles Andre noch fehlte, nicht derartige Pflanzungen wagen konnte wie später der Fürst, der mehr aus dem Vollen arbeitete.« Kopisch 1854, S. 216.

21 Vgl. Ludwig Persius an Georg von Meyerinck, Potsdam, 23. Januar 1835, in: Persius 2007, S. 236. Meyerinck war Kammerherr König Friedrich Wilhelms III.

22 Vgl. Prinz Wilhelm von Preußen an Friedrich Wilhelm IV. von Preußen, Koblenz, 25. März 1850, in: Baumgart 2013, S. 304.

23 Eintrag in das verschollene Fremdenbuch des Schlosses Babelsberg. Zit. n. Sievers 1955, S. 173.

24 Augusta von Preußen an Maria Pawlowna, Großherzogin von Sachsen-Weimar-Eisenach, Marmorpalais, 18. Oktober 1835. GStA PK, BPH Rep. 51 T. Lit. S Nr. 12b.

25 Prinz Wilhelm von Preußen an Charlotte von Preußen (Alexandra Fjodorowna von Russland), o. O., 22. Oktober 1835. Zit. n. Sievers 1955, S. 182.

26 Königin Augusta 1935, S. 252.

GERÜHMTER GESTALTER?

1 Ludwig Persius an seine Frau Pauline, Berlin, 7. Februar 1835, in: Persius 2007, S. 869.

2 Schmeißer 1864, S. 20. Der 1835 von Lenné übersandte Plan ist seit Anfang des 20. Jahrhunderts verschollen.

3 Zur Geschichte des Parks und seiner Rekonstruktion vgl. Kleeberg/Dreger 2013.

4 Dieses und die voranstehenden Zitate: Ferdinand Ries an Peter Joseph Lenné, Frankfurt am Main, 29. Oktober 1835, in: Ries 1982, S. 692f.

5 Ludwig von Arnim-Blumberg an Adolph Heinrich von Arnim, 17. Mai 1836. Zit. n. Günther/Harksen 1990, S. 19.

6 »Der schon von Lenné geplante große See im Zentrum der Parkanlage entstand nachträglich in den 1930er Jahren«. Katharina Baumgart, Blumberg, in: Karg/Dreger 2005, S. 32–34, hier S. 34.

7 Christian Rother an Peter Joseph Lenné, 26. Oktober 1835. Zit. n. Grundmann 1941, S. 64.

8 Lenné 1838, S. 288f.

9 Bunsen 1942, S. 61.

10 Augusta von Preußen an Maria Pawlowna, Großherzogin von Sachsen-Weimar-Eisenach, Pfaueninsel, 29. Juli 1837. GStA PK, BPH Rep. 51 T. Lit. S. Nr. 12b.

11 »Le temps me favorise, mais la végétation est abimée par les chenilles qui ont dévoré presque toute la verdure.« Augusta von Preußen an Maria Pawlowna, Großherzogin von Sachsen-Weimar-Eisenach, Babelsberg, 20. Juni 1838. GStA PK, BPH Rep. 51 T. Lit. S. Nr. 12b.

12 Conversations-Lexicon, Leipzig 1838, Bd. 1, S. 461.

13 Friedrich August Stüler setzte sich Ende 1838 für die Aufnahme Kreuters in die preußische Akademie der Künste ein. Knapp elf Jahre später waren Kreuter, Lenné und Stüler bei König Friedrich Wilhelm IV. Tischgäste. Vgl. Hölz 2003, S. 223.

14 Peter Joseph Lenné an Franz Jakob Kreuter, Sanssouci, 14. Juli 1853, mit rückseitiger Adressierung. Bayerische Staatsbibliothek, München, Autogr. Lenné, Peter Joseph.

15 Hermann Hendrichs an Charlotte von Hagn, o. O., o. D. Institut für Theaterwissenschaft der Freien Universität Berlin. Da Hendrichs Charlotte von Hagn »Mein liebes Fräulein« nennt, muss der Brief vor ihrer Hochzeit im Jahr 1848 entstanden sein; Hagn war 1833, Hendrichs 1844 nach Berlin engagiert worden. Auch Wichmann zählt die Dame zum Freundeskreis Lennés. Vgl. Wichmann 1887, S. 133.

16 Redern 2003, S. 180.

17 Karl Friedrich Schinkel an Peter Joseph Lenné, 10. Mai 1840. Zit. n. Rave 1948, S. 30.

1 Redern 2003, S. 165.
2 Geyer 1922, S. 557.
3 Treitschke 1894, S. 215.
4 Lenné 1858, S. 148.
5 Redern 2003, S. 206 und 208.
6 Varnhagen von Ense 1861–1870, Bd. 2, S. 203f.
7 Dieses und das voranstehende Zitat: Redern 2003, S. 210.
8 Friedrich Wilhelm VI. an Elisabeth von Preußen, Sanssouci, 28. Oktober 1841, in: Königin Elisabeth von Preußen Gesellschaft 2015, S. 222.
9 Peter Joseph Lenné an Peter von Cornelius, Sanssouci, 13. Juli 1840. Bayerische Staatsbibliothek München, Ana 353.II.2
10 Wichmann 1887, S. 155.
11 Dieses und die voranstehenden Zitate: Demmler 2005, S. 57.
12 Vgl. LHA Schwerin, 2.26-1/4 Großherzogliches Kabinett II / Personalia, Sign. 6295, Bl. 1a.
13 Demmler 2005, S. 59f.
14 Ebd., S. 58f.
15 Ebd., S. 72 u. 74.
16 Vgl. Günther/Harksen 1993, S. 209f.
17 Großherzog Friedrich Franz II. von Mecklenburg-Schwerin an das Ministerium, Dargun, 28. Oktober 1843. LHA Schwerin, 2.26-1/4 Großherzogliches Kabinett II / Personalia, Sign. 6295, Bl. ad 10. Vgl. auch Klesse 1995, S. 61. Die Vase wurde 1842 angefertigt, wie eine Signatur im Inneren derselben belegt. Heute befindet sich das gute Stück im Bestand des Kölner Museums für angewandte Kunst, wenn auch ohne die ursprünglich angebrachten Bronzehenkel.
18 Peter Joseph Lenné, Testament, Sanssouci, 10. Oktober 1863. SPSG, GK II (17) Nl Lenné, Kassette Nr. VI. 4, Bl. 3.
19 Die Schnupftabakdose hatte 308 Taler gekostet. Vgl. LHA Schwerin, 4.3-1 Mecklenburg-Strelitzsches Fürstenhaus mit Hofbehörden, Sign. I.169 (7/1) Tabatiere für den preußischen Gartendirektor Lenné, 1851.
20 Herzog Georg zu Mecklenburg-Strelitz an Peter Joseph Lenné, Weimar, 2. August 1851. LHA Schwerin, 4.3-2/2 Hausarchiv des Mecklenburg-Strelitzschen Fürstenhauses / Briefsammlung, Sign. 134.
21 Am 7. Januar 1841. Persius 1980, S. 44.
22 Am 6. November 1842 notierte Persius diesbezüglich: »Das kl. Haus von Caroline Schulz wollen Se. Majest. erwerben oder umbauen.« Ebd., S. 67.
23 Am 19. Mai 1843. Ebd., S. 78.
24 T. Devrient 1906, S. 410f.
25 E. Devrient 1964 a, S. 123.
26 E. Devrient 1874, S. 156, Anm.
27 E. Devrient 1964 a, S. 130.
28 Redern 2003, S. 230.
29 Ebd., S. 223.
30 Krosigk 1910, S. 366.
31 Peter Joseph Lenné an Julius Steiner, Sanssouci, 24. Juni 1856. Bayerische Staatsbibliothek München, Autogr. Lenné, Peter Joseph.
32 Giacomo Meyerbeer an Charlotte Birch-Pfeiffer, Berlin, 2. Juni 1855, in: Meyerbeer 2002, S. 550.

PREUSSENS RHEINPROVINZ

1 LHA Koblenz 403, Nr. 9559, Bl. 59. Zit. n. Habrock-Henrich 2011 b, 141ff.
2 Dorothea Herzogin von Dino, Talleyrand-Périgord und Sagan an Adolphe de Bacourt, Berlin, 5. Juni 1843, in: Radziwill 1911, S. 114f.
3 Dieses und die voranstehenden Zitate: zit. n. Rippl 1995, S. 283f.
4 »Le Prince Pückler a fait de fabuleux projets pour le Babelsberg qui demandons toutefois beaucoup de temps, beaucoup d'argent, et beaucoup de patience. Toutefois comme il est vraiment connaisseur on ne peut regretter de l'avoir consulté, d'autant plus que cela n'oblige à rien.« Augusta von Preußen an Maria Pawlowna, Großherzogin von Sachsen-Weimar-Eisenach, Berlin, 16. März 1843. GStA PK, BPH Rep. 51 T. Lit. S. Nr. 12b.
5 Sievers 1955, S. 213. Die Nachfrage im Geheimen Staatsarchiv ergab, dass die Bestände unter der angegebenen Signatur als Kriegsverlust gelten. Zum Brief Prinz Wilhelms vgl. Rippl 1995, S. 96.
6 Kertbeny 1871, S. 113.
7 »Le comte de Puckler met le plus grand

zèle à sa nouvelle vocation«. Augusta von Preußen an Maria Pawlowna, Großherzogin von Sachsen-Weimar-Eisenach, Marmorpalais, 7. Juli 1835. GStA PK, BPH Rep. 51 T. Lit. S. Nr. 12b. Zu anderen Einzelheiten der Biographie des Hofmarschalls vgl. Kiesant 2017.

8 Hermann von Pückler-Muskau an Hermann von Pückler-Groditz, Potsdam, 30. April 1847. BLHA, Pr. Br. Rep. 37 Branitz Nr. 815, Bl. 38/39.

9 Friedrich Wilhelm (IV.) von Preußen an Johann George Philipp von Wussow, 26. November 1838. Zit. n. Werquet 2010, S. 105. Bei einer Sitzung des Vereins zur Beförderung des Gartenbaues erstattete Lenné im »freien Vortrage« Bericht über seine Landschaftsgärten in der Rheinprovinz, wobei er die Anlagen von Stolzenfels ausdrücklich hervorhob, »deren Herstellung ganz dem schöpferischen Kunstsinne Sr. Majestät zu danken ist und die in zauberischer Schönheit als einzig in ihren Art dastehend, die höchste Bewunderung verdienen.« Lenné 1844, S. 25f.

10 Fischer 2011, S. 127 und 130.

11 Strauß 1847.

12 Johann George Philipp von Wussow an Friedrich Wilhelm IV. von Preußen, 27. Juli 1842. Zit. n. Rathke 1979, S. 52.

13 Vgl. Fischer 2011, S. 121.

14 Dohme 1850, 121f.

15 Johann George Philipp von Wussow an Georg Wilhelm Ludwig von Meyerinck, Koblenz, 22. November 1842. GStA PK, BPH Rep. 13. Nr. 347, Bl. 111.

16 Vgl. Meißner 1989, S. 167.

17 Dieses und die voranstehenden Zitate: Peter Joseph Lenné, Promemoria vom 10. Oktober 1842, in: Löhmann 2000, S. 177f.

18 Winkler 2011, S. 193.

19 Vgl. Wimmer 2016, S. 176.

INS LAND, WO DIE ZITRONEN BLÜHN

1 Varnhagen von Ense 1861–1870, Bd. 2, S. 259.

2 E. Devrient 1964 a, S. 200f.

3 Dieses und das voranstehende Zitat: Wichmann 1887, S. 139.

4 Bethge 1882, S. 320.

5 Eduard Devrient an Ludwig Tieck, Dresden, 13. Juli 1846, in: Holtei 1864, Bd. 1, S. 185–187, hier S. 186f.

6 Wittmack 1889, S. 539.

7 Ludwig Tieck an Friederike Lenné, o. O. u. o. D., Staatsbibliothek zu Berlin – Preußischer Kulturbesitz, Nachl. 141 (Slg. Adam), Kasten 80.

8 T. Devrient 1906, S. 412f.

9 Peter Joseph Lenné an Julius Steiner, Sanssouci, 24. Juni 1856. Bayerische Staatsbibliothek München, Autogr. Lenné, Peter Joseph.

10 Theodor Döring an Peter Joseph Lenné, Berlin, den 13. Juli 1848. Institut für Theaterwissenschaft der Freien Universität Berlin.

11 Peter Joseph Lenné an Unbekannt (Ludwig von Massow ?), Sanssouci, 31. Juli 1844. ULB Bonn, Autogr.

12 Alle Zitate: Lenné 1847, S. 25ff.

13 Persius 1980, S. 116.

14 Koch 1866, S. 69.

15 Marianne Spohr, Tagebuchauszug vom Sommer 1845, in: Ederer 1984, S. 85.

16 Kaulbach hatte für seinen Berlin-Aufenthalt in der Potsdamer Straße 120 zwei möblierte Zimmer gemietet.

17 Wilhelm von Kaulbach an seine Frau Josephine, Berlin, 8. August 1847, in: Dürck-Kaulbach 1921, S. 234.

18 Dieses und die voranstehenden Zitate: Lenné 1849, S. 290ff.

REVOLUTION UND REAKTION

1 E. Devrient 1964 a, S. 452. Eintrag vom 10. November 1848.

2 Wichmann 1887, S. 160.

3 Dieses und das voranstehende Zitat: Wilhelm von Schadow an Peter Joseph Lenné, Düsseldorf, 27. April 1848. Heinrich-Heine-Institut, Düsseldorf.

4 Belani 1855, S. 94.

5 Wichmann 1887, S. 144.

6 Ebd., S. 128.

7 Ebd., S. 146.

8 K. Schulze 1874, S. 149.

9 Reumont 1885, S. 189.

10 E. Devrient 1964 a, S. 452.

11 Abschrift eines Briefes von Augusta von Preußen an Charlotte von Preußen (Alexandra Fjodorowna von Russland), [Babelsberg], 30. März 1848. GStA PK, BPH Rep. 51J. Nr. 511 a, Bl. 340f. Noch ganz unter den Eindruck der Ereignisse stehend, schilderte sie ihrer Schwägerin das zuvor Geschehene: »Die furchtbaren Tage des 18. und 19. März kann keine Feder schildern. Am 19. nachmittags als schon alles verloren war, ging ich vom Schloss noch zu Fuss durch das tobende Volk in unser Haus, das man stürmen wollte, und was Tags darauf mit allem was wir besassen zum National Eigenthum geworden ist; ich erreichte glücklich die Hinterthür, gab Vollmacht einige Papiere zu verbrennen und rettete von Wilhelms Tisch Dein Portrait, das der Kaiserin Mutter und Elisa's. – Als ich ins Schloss zurückkehrte, war der Moment gekommen wo man mit der resignation auf Wilhelms Rechte drohte, und er flüchten musste«. Ebd.

12 Kurz nachdem Augusta und Wilhelm sich auf der Pfaueninsel getrennt hatten, schrieb sie über ihrem Aufenthalt in Potsdam: »Je vis ici dans la retraite la plus absolue avec mes enfans, dans une sorte de bivouacq que je peu quitter d'une moment à l'autre suivant les circonstances, sans pourtant jamais quitter le pays.« Augusta von Preußen an Maria Pawlowna, Großherzogin von Sachsen-Weimar-Eisenach, Potsdam, 26. März 1848. GStA PK, BPH Rep. 51 T. Lit. S. Nr. 12b.

13 E. Devrient 1964 a, S. 452.

14 Ebd., S. 454f.

15 Ebd., S. 487.

16 Dieses und die voranstehenden Zitate: Schneider 1866, S. 351f. Bei einer Exkursion des Vereins für die Geschichte Potsdams führte Lenné im April 1863 aus: »Im Hause (später im Besitz der Brüder Heinrich und August Kneib) in der Brandenburger-Vorstadt, in der Louisenstraße dahier, war für Voltaire, da die für ihn bestimmte Wohnung auf Sanssouci noch nicht hergestellt war, ein Domicil eingerichtet worden. Um Schatten zu gewinnen, legte man eine Hainpflanzung von Lindenbäumen an der südlichen Hausfrontseite an. Bei der Veränderung dieses Gebäudes 1847 wurden 2 Stück dieser alten Bäume im Friedensgarten, zunächst der Christuspforte, die übrigen auf dem Babelsberge beim Schlosse angepflanzt. Auch diese Bäume lohnten die aufgewandte Mühe, sie gingen fort und gereichten den bezüglichen Plätzen zur großen Zierde.« Mittheilungen des Vereins für die Geschichte Potsdams, Bd. 1, Potsdam 1864, S. 33.

17 Vgl. Splanemann 1989, S. 41.

18 Gustav Meyer an Hermann von Pückler-Muskau, Sanssouci, 21. März 1866. Zit. n. Forchert 2004, S. 295.

AUFTRÄGE ANDERNORTS

1 Dieses und die voranstehenden Zitate: Salisch 1902, S. 224f. Zu der Anlage in Kratzkau/Kraskòw vgl. Zalewska/Köhler 2016.

2 Peter Joseph Lenné an August Böckh, Sanssouci, 29. September 1850. Staatsbibliothek zu Berlin – Preußischer Kulturbesitz, Nachl. August Boeckh 1, Mappe 2, 20, Bl. 1.

3 Vgl. Verhandlungen der eilften Versammlung deutscher Philologen, Schulmänner und Orientalisten in Berlin, Berlin 1850, S. 5.

4 Kurze Relation [...] ueber das Aufblühen Potsdams und seiner Umgebung, GHA, NL Max II. 78-1-97. Zit. n. Hölz 2003, S. 273. Seiler vermutet, dass die Pfaueninsel Vorbild für die Roseninsel war. Vgl. Seiler 2001, S. 9.

5 Franz Jakob Kreuter an Maximilian II., München, 20. April 1851. GHA Admin. König Otto 1908. Zit. n. Hölz, S. 287.

6 Westenrieder 1784, S. 55.

7 Beyerbach 2001, S. 94.

8 Auch die Säulen im Potsdamer Marlygarten und im Park von Peterhof bei Sankt Petersburg wurden wiedererrichtet. Vgl. dazu Kriewitz 2001.

9 Kobell 1898, S. 403.

10 Hamann 1984, S. 113. 1972 drehte der italienische Regisseur Luchino Visconti Teile seines Films *Ludwig II.* auf der Roseninsel.

11 Peter Joseph Lenné an Unbekannt, Sans-

souci, 26. September 1853. Bayerische Staatsbibliothek, München, Pfistermeisteriana III. Möglicherweise war der Brief an Franz Seraph von Pfistermeister gerichtet, den Hofsekretär Maximilians II.

12 Peter Joseph Lenné an Franz Jakob Kreuter, Potsdam, 14. Juli 1853. Bayerische Staatsbibliothek, München, Autogr. Lenné, Peter Joseph.

13 Peter Joseph Lenné an Unbekannt, Sanssouci, 26. September 1853. Bayerische Staatsbibliothek, München, Pfistermeisteriana III.

14 Peter Joseph Lenné an Franz Jakob Kreuter, Sanssouci, 3. November 1853. Bayerische Staatsbibliothek, München, Autogr. Lenné, Peter Joseph.

15 150 Jahre Lenné-Park Feldafing, Feldafing 2004, S. 12. Dort findet sich eine Abbildung des königlichen Schreibens.

16 Vgl. Hölz 2003, S. 292.

17 Dieses und die voranstehenden Zitate: Briefentwurf Peter Joseph Lennés an König Maximilian II. von Bayern, Sanssouci, 8. Februar 1854. GStA, BPH Rep. 192 Nl Lenné, P. J., Nr. 31, Bl. 1 u. 3. Die Nummerierung der Blätter entspricht nicht der tatsächlichen Seitenfolge des Schreibens.

18 Kreuter 1992, S. 79.

19 Franz Jakob Kreuter an Peter Joseh Lenné, Wien, 25. März 1859. GStA PK, BPH Rep. 192 Nl Lenné, P. J., Nr. 39, Bl. 24 u. 29. Zit. n. Hölz, S. 322. Im Geheimen Staatsarchiv war die Akte mit den Schreiben Kreuters an Lenné im August 2018 leider nicht auffindbar.

20 Franz Jakob Kreuter an Peter Joseph Lenné, Wien, 11. Januar 1859. GStA PK, BPH Rep. 192 Nl Lenné, P. J., Nr. 39, Bl. 25 u. 26. Zit. n. Hölz, S. 323.

21 Ischler-Bade-Blatt und Anzeiger, 76 (27. September 1852).

22 Peter Joseph Lenné an Unbekannt (Franz Jakob Kreuter?), Sanssouci, 26. November 1852. Zit. n. Gschwandtner 1913. Michael Gschwandtner hatte in Berlin fünf Autographen Lennés an einen unbekannten Adressaten erstanden und in einem Artikel im *Ischler Wochenblatt* auszugsweise zitiert. Die Briefe sind im Museumsarchiv von Bad Ischl leider nicht mehr vorhanden. Vgl. Groß 2002, S. 269. Zusammen mit dem weiter unten zitierten Briefen aus dem Bonner Stadtarchiv und der Bayerischen Staatsbibliothek haben sich also mindestens acht Briefe Lennés mit der Ischler Angelegenheit befasst. Mindestens drei von Ihnen waren nachweislich an Kreuter gerichtet, so dass die Vermutung naheliegt, auch die übrigen, in der Tonart sehr ähnlichen Briefe könnten an Kreuter gerichtet gewesen sein.

23 Dieses und das voranstehende Zitat: Peter Joseph Lenné an Unbekannt (Franz Jakob Kreuter?), Sanssouci, 20. Dezember 1852. Stadtarchiv und Stadthistorische Bibliothek Bonn, SN 19/525/1.

24 Peter Joseph Lenné an Unbekannt (Franz Jakob Kreuter?), Sanssouci, 14. Mai 1853. Stadtarchiv und Stadthistorische Bibliothek Bonn, SN 19/525/2. Insbesondere eine Stelle in diesem Schreiben legt die Vermutung nahe, dass es an Franz Jakob Kreuter gerichtet war. »Ueber Drainage sind in jüngster Zeit hier mehrere beachtenswerthe Schriften erschienen, ich habe mich an den General Secretaire des Landesökonomie Collegiums mit der Bitte gewendet mir über diese Schriften nähere Auskunft zu geben, und werde Ihnen diese mittheilen sobald ich sie erhalte.« Kreuter hatte 1851 ein *Praktisches Handbuch der Drainage* veröffentlichtet, dessen »Zweite vermehrte und verbesserte Auflage« drei Jahre später erschien. Vgl. Kreuter 1854.

25 Peter Joseph Lenné an Unbekannt (Franz Jakob Kreuter?), Sanssouci, 24. Februar 1852. Zit. n. Gschwandtner 1913.

26 Peter Joseph Lenné an Unbekannt (Franz Jakob Kreuter?), Sanssouci, 29. Mai 1853. Zit. n. Gschwandtner 1913.

27 Peter Joseph Lenné an Franz Jakob Kreuter, Sanssouci, 3. November 1853. Bayerische Staatsbibliothek, München, Autogr. Lenné, Peter Joseph.

28 Franz Jakob Kreuter, Memorandum über die Park Anlage in der Kaltenbach Au zu Ischl. Zit. n. Groß 2002, S. 255.

29 Zit. n. Hinz 1989, S. 484.

30 Echtermeyer 1899, S. 178.

31 Wimmer 2004, S. 83.

32 Ebd., S. 84.

33 Allgemeine Zeitung, 139 (19. Mai 1855), S. 2223.

34 Müller 1854, S. IV.

35 Proemmel 1864, S. 191.
36 Dieses und die voranstehenden Zitate: Wichmann 1887, S. 153.
37 Vgl. Hinz 1989, S. 524.
38 Günther/Harksen 1993, S. 204. An diesem Zustand hat sich auch 2018 nichts geändert.

WITWER

1 Dieses und die voranstehenden Zitate: Wichmann 1887, S. 159f.
2 Vgl. Jenny Lind-Goldschmidt an Amalie Wichmann, Brighton, 20. Dezember 1855, in: Porter Ware/Lockard 1966, S. 115.
3 Dieses und die voranstehenden Zitate: Wichmann 1887, S. 162ff.
4 Wimmer 1986, S. 58.
5 Peter Joseph Lenné an Julius Steiner, Sanssouci, 24. Juni 1856. Bayerische Staatsbibliothek München, Autogr. Lenné, Peter Joseph.
6 Eduard Devrient, damals in Karlsruhe Theaterintendant, schrieb am 10. August 1854 in sein Tagebuch über die ihm eben vorgestellte Wilhelmine: »eine interessante Häßlichkeit; kann wohl Talent haben.« E. Devrient 1964 b, S. 94.
7 Reumont 1885, S. 189.
8 Jenny Lind-Goldschmidt an Amalie Wichmann, London, 7. Juli 1856. The Morgan Library & Museum New York, MFC L 742. W 635.
9 Hamburger Garten- und Blumenzeitung, 22 (1866), S. 98.
10 Peter Joseph Lenné an Leopold Kaufmann, Sanssouci, 16. Juli 1857. Stadtarchiv und Stadthistorische Bibliothek Bonn, SN 19/51. Bei dem Bild handelte es sich um eine Lithographie von Friedrich Jentzen nach Franz Krügers Gemälde von 1837.
11 Zit. n. Hormisch 2011, S. 176. Zum Zeitungsabonnement vgl. Wichmann 1887, S. 163.
12 Ferdinand Schroeder an Hermann von Pückler-Groditz, 4. November 1861. Zit. n. Günther/Harksen 1993, S. 203.
13 Hermann von Pückler-Groditz an Peter Joseph Lenné, 6. November 1861. GStA PK, BPH Rep. 192 Nl Lenné, P. J., Nr. 10, Bl. 804.
14 Hormisch 2011, S. 186 u. S. 189, Anm. 61.
15 Adolph Henselt an Heinrich Schlesinger, Sankt Petersburg, 22. September 1858, in: Kindl 2010, S. 292.
16 Peter Joseph Lenné an Unbekannt (Karoline Schulze ?), Sanssouci, 25. März 1858. ULB Bonn, Autogr.
17 Franz Jakob Kreuter an Peter Joseph Lenné, Wien, 11. Januar 1859. GStA PK BPH Rep. 192 Nl Lenné, P. J., Nr. 39, Bl. 25/26. Zit. n. Hölz, S. 364.
18 Eitelberger 1859, S. 2746.
19 Franz Jakob Kreuter an Peter Joseph Lenné, Wien, 25. März 1859. GStA PK BPH Rep. 192 Nl Lenné, P. J., Nr. 39, Bl. 24 u. 29. Zit. n. Hölz, S. 365.
20 Wichmann 1887, S. 155. Zu den zwischen 1832 an 1864 an Lenné verliehenen Orden vgl. Buttlar 1989, S. 193f. Zu Amalie Wichmanns Geburtsdatum vgl. Mende 2013, S. 191, Anm. 1154.
21 Wilhelm von Kügelgen an seinen Bruder Gerhard, Ballenstedt, 6. September 1859, in: Kügelgen 1925, S. 279.
22 Vgl. Habrock-Henrich 2011 a, S. 65, Abb. 12.
23 Peter Joseph Lenné an die Gesellschaft für Botanik und Gartenbau, Sanssouci, 11. August 1842. SLUB Dresden, Mscr. Dresd. v, 3, 165.
24 Olfers 1928, S. 144f.
25 Hermann von Pückler-Muskau an Augusta von Preußen, Koblenz, 25. Oktober 1858. GStA PK, BPH Rep. 51 T. Lit. P. Nr. 13, Bl. 41.
26 Vgl. Habrock-Henrich 2011 b, S. 149.
27 Hermann von Pückler-Muskau an Augusta von Preußen, Berlin, 3. April 1861. GStA PK, BPH Rep. 51 T. Lit. P. Nr. 13, Bl. 49.
28 Dieses und das voranstehende Zitat: Hermann von Pückler-Muskau an Peter Joseph Lenné, Branitz, 19. Februar 1859. BHLA, Rep. 37 Branitz Nr. 941, Bl. 2.
29 Peter Joseph Lenné an Hermann von Pückler-Muskau, o. O., 28. Februar 1859. BHLA, Rep. 37 Branitz Nr. 941, Bl. 5.
30 Dieses und die voranstehenden Zitate: Hermann von Pückler-Muskau an Peter Joseph Lenné, Schloss Branitz, 14. März 1859. BHLA, Rep. 37 Branitz Nr. 941, Bl. 4 und 4a.
31 Franz Jakob Kreuter an Peter Joseph Lenné, Wien, 11. Januar 1859. GStA PK, BPH Rep.

192 Nl Lenné, P. J., Nr. 39, Bl. 25/26. Zit. n. Hölz, S. 355.

32 Franz Jakob Kreuter an Peter Joseph Lenné, Wien, 25. März 1859. GStA PK, BPH Rep. 192 Nl Lenné, P. J., Nr. 39, Bl. 27/28. Zit. n. Hölz, S. 355 und 358. Nun war Sina zwar durchaus großzügig, doch die Rechnungen, die Kreuter in seinem Namen anhäufte, brachten ihn immer mehr in Rage und Hansen gegenüber beschwerte er sich über die »kostspielige Genialität« des Architekten. Simon von Sina an Theophil Hansen, Interlaken, 16. u. 18. Oktober 1859. Zit. n. Hölz 2003, S. 334. Mit dem 1949/50 erfolgten Umbau des Palazzo verschwand ein Großteil der verbliebenen Innenausstattung Kreuters ebenso wie der Garten Lennés.

33 Peter Joseph Lenné an Leopold Kaufmann, Sanssouci, 26. März 1859. Schweizerisches Literaturarchiv (SLA), Bern, SLA-Rhyn-06-w/01, Kasten 3. Vgl. dazu Hinz 1989, S. 495f.

34 Wichmann 1898, S. 62.

35 Wichmann 1887, S. 171f.

36 Peter Joseph Lenné an Carl Friedrich Jancke, Koblenz, 26. September 1859. Rheinische Landesbibliothek, Koblenz, Signatur: H 91/48. Vgl. https://www.dilibri.de/dilibri_kalliope/content/pageview/1994129 (Stand 10. September 2018).

LETZTE PROJEKTE

1 In einen Nachruf auf Lenné verkündete Jühlke im April 1866: »Berufen dem theuren Verstorbenen in seinem Wirken zu folgen, bringe ich es auf diesem Wege und an dieser Stelle zur Kenntniß meiner Collegen, daß der litherarische Nachlaß – d. h. die Mappen Lennés mir zur Bearbeitung überwiesen worden sind, und daß, sobald mir nur irgend meine [...] Stellung die erste freie Zeit gewährt, diese sofort in Angriff genommen werden soll. Das bin ich nicht bloß den Freunden der Kunst, sondern mir selbst und ganz besonders dem Könighause schuldig.« Zit. n. Pfennig 2010, S. 37.

2 Reumont 1885, S. 572f.

3 Ebd., S. 574.

4 Editha von Hacke an Peter Joseph Lenné, Sanssouci, 21. Januar [1861]. SPSG, GK II (17) Nl Lenné, Kassette Nr. V. 9, Bl. 1.

5 Dieses und die voranstehenden Zitate: Julie von der Heydt an Lenné, Godesberg, 2. Dezember 1860. GStA, BPH Rep. 192 Nl Lenné, P. J., Nr. 10, Bl. 286 u. 295.

6 Zu Konrad Wilhelm Nelle vgl. Nelle 1991.

7 Hermann von Pückler-Muskau an Augusta von Preußen, Berlin, 3. April 1861. GStA PK, BPH Rep. 51 T. Lit. P. Nr. 13, Bl. 49/50. Nach Lennés Tod schlug Pückler jedoch seinen Schüler Eduard Petzold als dessen Nachfolger vor. »Paetzold wäre der geeignete Nachfolger Lennés gewesen, wegen seiner Leistungen in Muskau, in Weimar, auf schriftstellerischem Gebiete und zumal als Ihr Schüler«, antwortete ihm Augusta, um resigniert fortzufahren: »Aber man hatte andere Personen im Auge und so ist denn ein von Lenné empfohlener, mir unbekannter Mann sein Nachfolger geworden – ainsi va le monde!« Augusta von Preußen an Hermann von Pückler-Muskau, Berlin, 31. März 1866. GStA PK, BPH Rep. 51 T. Lit. P. Nr. 13, Bl. 180/181.

8 Mittheilungen des Vereins für die Geschichte Potsdams,1 (1864), S. 4.

9 Hamburger Garten- und Blumenzeitung, 17 (1861), S. 429. »Da er eine neue Kunst der Gartengestaltung begründet hat, eine Disziplin, die durch ihre besonders langjährige Ausübung vortrefflich entwickelt und, von jeder Nachahmung frei, den Deutschen wahrhaft eigentümlich ist.« Diese Übersetzung greift auf Wimmer 2016, S. 196f. und – in geringerem Maße – Günther 1985, S. 22 zurück.

10 Wimmer 2016, S. 196.

11 Niepraschk 1888, S. 640.

12 Der Weimarer Garteninspektor Julius Hartwig, ein Schüler Meyers, schrieb später, »daß sämtliche in späterer Zeit unter Lennés Namen oder, um mich modern auszudrücken, aus Lennés Atelier hervorgegangenen Arbeiten mit vollem Recht Meyer zugeschrieben werden können.« Hartwig 1895, S. 110.

13 Gustav Meyer an Hermann von Pückler-Muskau, Sanssouci, 21. März 1866. Zit. n. Forchert 2004, S. 294f.

14 Fintelmann 1889/90, S. 206.

15 Niepraschk 1888, S. 640. Der Lenné-Schüler Julius Niepraschk (1825–1890) leitete nicht nur die Gestaltung von Kölns botanischem Garten, sondern war auch bis 1890 Gründungsdirektor der Flora.

16 Jäger 1864, S. 274.

17 Carl Schaufuß, umseitig gestempelte und beschriftete Porträtphotographie Peter Joseph Lennés, Schweizerisches Literaturarchiv (SLA), Bern, SLA-Rhyn-06-w/01, Kasten 3. Vgl. Knopp 2010, S. 107. Leopold Kaufmann, seit 1859 Bonner Oberbürgermeister, war seit 1855 mit Elisabeth, einer Tochter von Peter Michels, verheiratet.

18 Bonner Zeitung (22. März 1863).

19 Dieses und die voranstehenden Zitate: Mittheilungen des Vereins für die Geschichte Potsdams,1 (1864), S. 30ff.

20 Die Zitate entstammen einem 2013 in Privatbesitz entdeckten Brief Koschnys an einen unbekannten Adressaten, der im Internetforum Ahnenforschung.Net eingescannt und zur Diskussion gestellt wurde. Vgl. http://forum.ahnenforschung.net/showthread.php?p=705229#post705229 (Stand 2. April 2017). Das darin erwähnte Sonett zu Ehren Lennés, das am 29. Juni 1865 im *Potsdamer Intelligenz-Blatt* erschienen war, konnte nicht ausfindig gemacht werden, da sich offenbar kein Exemplar dieser Ausgabe erhalten hat. Zur Unterleibserkrankung vgl. Koch 1866, S. 57.

21 Vgl. Günther/Harksen 1993, S. 204.

22 Koch 1866, S. 57.

23 K. Schulze 1874, S. 562.

24 Stramberg 1869, S. 579.

25 Kronprinz Friedrich Wilhelm, Lett's Diary. GStA, BPH Rep. 52. F I, Nr. 7f. Vgl. dazu Wimmer 1998, S. 6.

26 Anonym, Dr. Peter Joseph Lenné, in: Hamburger Garten- und Blumenzeitung, 22 (1866), S. 97–100, hier S. 99.

27 Peter Joseph Lenné, Testament, Sanssouci, 10. Oktober 1863. SPSG, GK II (17) Nl Lenné, Kassette Nr. VI. 4, Bl. 3.

28 Ebd., Bl. 2.

29 Peter Joseph Lenné, Kodizill zum Testament, Sanssouci, 20. Dezember 1865. SPSG, GK II (17) Nl Lenné, Kassette Nr. VI. 4, Bl. 4.

30 Hermann von Pückler-Muskau an Augusta von Preußen, Bolzano, 12. April 1866. GStA PK, BPH Rep. 51 T. Lit. P. Nr. 13, Bl. 60.

BIBLIOGRAPHIE

ABKÜRZUNGEN

BLHA = Brandenburgisches Landeshauptarchiv Potsdam
LHA Koblenz = Landeshauptarchiv Koblenz
LHA Schwerin = Landeshauptarchiv Schwerin
GHA = Geheimes Hausarchiv im Bayerischen Hauptstaatsarchiv München
GStA PK = Geheimes Preußisches Staatsarchiv Preußischer Kulturbesitz Berlin
SLUB = Sächsische Landesbibliothek – Staats- und Universitätsbibliothek Dresden
ULB = Universitäts- und Landesbibliothek Bonn

RHEINISCHE PFLANZSCHULE

Anonym, Briefe eines Reisenden an seinen Freund ueber den Aufenthalt beim Godesberger Gesundbrunnen, Godesberg 1793

Anonym, Memoir of Ferdinand Ries, in: The Harmonicon, Bd. 2, Teil 1 (1824), S. 33–35

Assing, Ludmilla (Hg.), Aus dem Nachlaß des Fürsten Pückler-Muskau. Briefwechsel und Tagebücher des Fürsten Hermann von Pückler-Muskau, 9 Bde., Bd. 1–2: Hamburg 1873; Bd. 3–9: Berlin 1874–1876

Baumgart, Winfried (Hg.), Friedrich Wilhelm IV. und Wilhelm I. Briefwechsel 1840–1858, Paderborn u.a. 2013

Beckford, William, Dreams, Waking Thoughts and Incidents, hg. v. Robert J. Gemmett, Stroud, überarbeitete Neuauflage 2006

Belani, H. R. E. [= Häberlin, Carl Ludwig], Sanssouci, Potsdam und Umgegend, Berlin u. Potsdam 1855

Bethe, Carl Gottlieb, Ueber Trift- und Feld-Pflanzungen, in: Verhandlungen des Vereins zur Beförderung des Gartenbaues in den Königlich Preußischen Staaten, Bd. 2 (1826), S. 270–349

Bethge, Alexander, Peter Joseph Lenné, in: Der Bär, 8 (1882), S. 318–321

Ders., Dr. Peter Joseph Lenné, General-Direktor der Königlich Preussischen Hofgärten. Gedächtnisrede, gehalten im Gartenbau-Verein zu Potsdam am 29. September 1889, in: Gartenflora, 38 (1889), S. 542–547

Beyerbach, Clarissa, Ein Lenné-Garten im Starnberger See – Der Park auf der Roseninsel, in: HypoVereinsbank 2001, S. 88–101

Börner, Karl-Heinz (Hg.), Prinz Wilhelm von Preußen an Charlotte. Briefe 1817–1860, Berlin 1993

Börsch-Supan, Eva, Karl Friedrich Schinkel, Arbeiten für König Friedrich Wilhelm III. von Preußen und Kronzprinz Friedrich Wilhelm (VI.), Berlin u. München 2011 (= Karl Friedrich Schinkel Lebenswerk, 21)

Bowman, Peter James, The Fortune Hunter. A German Prince in Regency England, Oxford 2010

Brandenburger, Ellen, Zur Geschichte und Theorie der Gartendenkmalpflege. Vergleichende Analysen an Beispielen in Bamberg, Brühl und Großsedlitz, Bamberg 2011 (= Schriften der Fakultät Geistes- und Kulturwissenschaften der Otto-Friedrich-Universität Bamberg, 6)

von Bunsen, Marie, Kaiserin Augusta, Berlin 1942

Butenschön, Sylvia, Der früheste Entwurfsplan Lennés. Ein Wettbewerbsbeitrag für den Stadtpark in Budapest, in: Die Gartenkunst 29/1 (2017), S. 1–24

von Buttlar, Florian (Hg.), Peter Joseph Lenné. Volkspark und Arkadien, Ausst.-Kat. Berlin, Berlin 1989

Cowell, Fiona, Richard Woods (1715–1793): Master of the Pleasure Garden, Martlesham 2010

Demmler, Georg Adolph, Einige Notizen aus meinem Leben 1804–1886, hg. v. Sabine Bock u. Rudolf Conrades, Schwerin 2005

Derks, Paul, Die Schande der heiligen Päderastie. Homosexualität und Öffentlichkeit in der deutschen Literatur 1750 – 1850, Berlin 1990 (= Homosexualität und Literatur, 3)

Devrient, Eduard, Geschichte der Deutschen Schauspielkunst, Bd. 5: Das Virtuosentum, Leipzig 1874 (= Dramatische und dramaturgische Schriften, 9)

Ders., Aus seinen Tagebüchern. Berlin – Dresden 1836–1852, hg. v. Rolf Kabel, Weimar 1964 a

Ders., Aus seinen Tagebüchern. Karlsruhe 1852–1870, hg. v. Rolf Kabel, Weimar 1964 b

Devrient, Hans (Hg.), Briefwechsel zwischen Eduard und Therese Devrient, Stuttgart o. J. (1909)

Devrient, Therese, Jugenderinnerungen, Stuttgart ²1906

Dohme, Robert, Beschreibung der Burg Stolzenfels. Zur Erinnerung für Rhein-Reisende, Berlin 1850

von der Dollen, Busso, Zur Erhaltung der kurfürstlichen Anlagen und Alleen von Bonn in französischer Zeit. Zwei Schriftstücke des Hofgärtners Peter J. Lenné aus den Jahren 1797/98, in: Bonner Geschichtsblätter, 29 (1977), S. 131–141

Dürck-Kaulbach, Josefa, Erinnerungen an Wilhelm Kaulbach und sein Haus, München ³1921

Echtermeyer, Theodor, Die königliche Gärtner-Lehranstalt am Wildpark bei Potsdam 1824–1899, Berlin 1899

Ederer, Walter, Louis Spohr in Berlin. Ein Beitrag zur preußischen Musikgeschichte, in: Louis Spohr. Festschrift und Ausst.-Kat. zum 200. Geburtstag, hg. v. Hartmut Becker u. Rainer Krempien, Kassel 1984, S. 65–90

[Eitelberger, Rudolf], Projekt des Direktor Lennés in Berlin, in: Wiener Zeitung, 144 (23. Juni 1859), S. 2746

Eylert, Rulemann Friedrich, Charakter-Züge und historische Fragmente aus dem Leben des Königs von Preußen Friedrich Wilhelm III., Bd. 1, Magdeburg 1842

Ders., Charakter-Züge und historische Fragmente aus dem Leben des Königs von Preußen Friedrich Wilhelm III., Bd. 2, Magdeburg 1845

Fintelmann, Heinrich, Ein Erinnerungsblatt an den 100jährigen Geburtstag des General-Directors der Königl. Preußischen Hofgärten Peter Joseph Lenné, in: Jahrbuch für Gartenkunde und Botanik, 7 (1889/90), S. 205–207

Fischer, Doris, Park und Schlossgärten von Schloß Stolzenfels am Rhein. Genese – Bedeutung – Maßnahmen, in: Peter Joseph Lenné 2011, S. 119–137

Förster, Ernst, Peter Cornelius. Ein Gedenkbuch aus seinem Leben und Wirken, mit Benutzung seines künstlerischen, wie handschriftlichen Nachlasses, nach mündlichen und schriftlichen Mittheilungen seiner Freunde und eigenen Erinnerungen und Aufzeichnungen, Bd. 2, Berlin 1874

Forchert, Mayako, Naturalismus und Historismus. Gustav Meyer (1816–1877) und sein Lehrbuch der schönen Gartenkunst, Weimar 2004

Geyer, Albert, König Friedrich Wilhelm IV. von Preußen als Architekt, in: Deutsche Bauzeitung, 56/95–104 (29.11. – 29.12.1922), S. 525–542, 545–554, 557–562

Gröning, Gert, Reichenbach als Muster einer Ornamented Farm und nationalsozialistischen Ideallandschaft?, in: Köhler/Haase 2016, S. 78–83

Groß, Barbara, »Entwurf zur landschaftlichen Ausgestaltung der Kaltenbach-Au in Ischl« von Peter Joseph Lenné. Eine unvollendet gebliebene Parkanlage für den Kaiser von Österreich, in: Jahrbuch des oberösterreichsichen Musealvereines, 147/1 (2002), S. 248–311

Grundmann, Günther, Schlesien, Berlin 1941 (= Karl Friedrich Schinkel Lebenswerk, 3)

Gschwandtner, Michael, Ein Verschönerungsplan von Ischl und Umgebung, in: Ischler Wochenblatt, 35 (31. August 1913), S. 1f.

Günther, Harri, Peter Joseph Lenné. Gärten, Parke, Landschaften, Berlin 1985

Ders. u. Harksen, Sibylle, Peter Joseph Lenné. Pläne für Potsdam und Umgebung. Bestandskatalog der Lennépläne in Plankammer der Staatlichen Schlösser und Gärten Potsdam-Sanssouci. Teil I: Potsdam und Umgebung, Postdam ²1989

Dies., Peter Joseph Lenné. Pläne für Stadt und Land. Bestandskatalog der Lennépläne in der Plankammer der Staatlichen Schlösser und Gärten Potsdam-Sanssouci, Potsdam 1990

Dies., Peter Joseph Lenné. Katalog der Zeichnungen, Ausst.-Kat. Frankfurt am Main 1993, Tübingen u. Berlin 1993
Habrock-Henrich, Petra, Peter Joseph Lenné – Im Rheinland tief verwurzelt, in: Peter Joseph Lenné 2011 (a), S. 55–67
Dies., Peter Joseph Lenné als Stadt- und Gartenplaner in Koblenz. Schlossstraße, Schlossgarten und Rheinanlagen, in: Peter Joseph Lenné 2011 (b), S. 139–153
Hajós, Géza, Peter Joseph Lenné und Laxenburg. Die Bedeutung des wiederaufgefundenen Lenné-Planes für den kaiserlichen Park in Laxenburg bei Wien, in: Die Gartenkunst 13/1 (2001), S. 1–14
Hamann, Brigitte (Hg.): Kaiserin Elisabeth. Das poetische Tagebuch, Wien 1984 (= Fontes Rerum Austriacarum, Abt. 1/21)
[Hartwig, Julius], Ein Beitrag zur Klarstellung des Verhältnisses zwischen Lenné und Meyer, in: Zeitschrift für Gartenbau und Gartenkunst, 14 (6. April 1895), S. 109f.
Heegewaldt, Werner, Archivalische Quellen als Hilfsmittel der Denkmalpflege – ein Spezialinventar zur Baugeschichte brandenburgischer Herrenhäuser und ihrer Gartenanlagen, in: Gartenkunst und Gartendenkmale – Zur aktuellen Situation der Gartendenkmalpflege im Land Brandenburg, hg. v. Landesdenkmalamt Berlin, Brandenburgischen Landesamt für Denkmalpflege und Archäologischen Landesmuseum, Petersberg 2004, S. 93–101
Heine, Heinrich, Briefwechsel 1815–1856, Säkular-Ausgabe, Bd. 20, Berlin 1984
Helm, [Carl], Vortrag [...] am 1ten Mai 1830, in: Verhandlungen des Vereins zur Beförderung des Gartenbaus in den Königlich Preußischen Staaten, Bd. 8 (1832), S.137–146
Hettche, Thomas, Pfaueninsel, Köln 2014
Hinz, Gerhard, Pückler und Peter Joseph Lenné, in: Rave 1935, S. 67–76
Ders., Peter Joseph Lenné und seine bedeutendsten Schöpfungen in Berlin und Potsdam, Berlin 1937
Ders., Peter Joseph Lenné. Landschaftsgestalter und Städteplaner, Göttingen, Zürich, Frankfurt 1977
Ders., Peter Joseph Lenné. Weitere Arbeiten in Deutschland und Österreich, Hildesheim u.a. 1989
Hölz, Christoph, Der Civil-Ingenieur Franz Jakob Kreuter. Tradition und Moderne 1813–1889, München u. Berlin 2003
von Holtei, Karl (Hg.), Briefe an Ludwig Tieck, 3 Bde, Breslau 1864
Hormisch, Nadja, »Der Kurgarten ist hier viel schöner wie in Carlsbad«. Entstehung und Entwicklung des Kurparks Bad Neuenahr, in: Peter Joseph Lenné 2011, S. 173–189
HypoVereinsbank (Hg.), Königliche Träume. Casino und Park auf der Roseninsel im Starnberger See, München 2001
Jäger, [Hermann], Der neue Garten der Gesellschaft Flora in Cöln, in: Gartenflora, 13 (1864), S. 273f.
Jühlke, F[erdinand], Die Königliche Landesbaumschule und Gärtnerlehranstalt zu Potsdam. Geschichtliche Darstellung ihrer Gründung, Wirksamkeit und Resultate nebst Cultur-Beiträgen, Berlin 1872
Junecke, Hans; Abri, Martina; Dolgner, Dieter; Börsch-Supan, Eva, Karl Friedrich Schinkel. Die preußische Provinz Sachsen, Berlin u. München 2014 (= Karl Friedrich Schinkel Lebenswerk, 22)
Karg, Detlef, Die Landschaftsgestaltung Peter Joseph Lennés am Kloster Chorin, in: Badstübner, Ernst u. Sachs, Hannelore (Hg.), Denkmale in Berlin und in der Mark Brandenburg. Ihre Erhaltung und Pflege in der Hauptstadt der DDR und in den Bezirken Frankfurt/Oder und Potsdam, Weimar 1987, S. 287–302
Ders. u. Dreger, Hans-Joachim, Peter Joseph Lenné. Parks und Gärten im Land Brandenburg. Werkverzeichnis, Worms 2005
[Kertbeny, Karl Maria], Hermann Fürst Pückler-Muskau, in: Der Salon für Literatur, Kunst und Gesellschaft, 8/7 (1871), S. 109–116
Kiesant, Silke, »Märkischer Landjunker« und »Herzog vom Blumenbrett«. Fürst Pücklers Verhältnis zum Berliner Hof in der Korrespondenz mit seinem Vetter, dem Hofmarschall Pückler, in: Stiftung Fürst-Pückler-Museum Park und Schloss Branitz 2017, S. 21–29
Kindl, Gebhard, Adolph von Henselts Briefe. Erstausgabe des im Henselt-Archiv des Stadtmuseums Schwabach gesammelten Briefwechsels von Adolph und Rosalie Henselt. Transliteriert von Gebhard u. Ursula Kindl, Schwabach 2010 (= Schriftenreihe des Stadtmuseums Schwabach, 8)

Kleeberg, Jürgen u. Dreger, Hans-Joachim, Der Lennépark in Frankfurt an der Oder. Wallanlage – Bürgerpark – Gartendenkmal, hg. v. Brandenburgischen Landesamt für Denkmalpflege und Archäologisches Landesmuseum, Worms 2013 (= Arbeitshefte des Brandenburgischen Landesamtes für Denkmalpflege und Archäologischen Landesmuseums, 30)

Klesse, Brigitte, Berliner Veduten-Porzellane in Köln, in: Keramos, 150 (Oktober 1995), S. 53–82

Knopp, Gisbert, Peter Joseph Lenné (1789–1866) – der berühmte königlich-preußische Generalgartendirektor und seine *vielgeliebte Vaterstadt* Bonn, in: Bonner Geschichtsblätter, 60 (2010), S. 107–138

von Kobell, Louise, König Ludwig II. von Bayern und die Kunst, München 1898

Koch, Karl, Peter Joseph Lenné, General-Direktor der Königlichen Gärten, in: Wochenschrift des Vereines zur Beförderung des Gartenbaues in den Königlich Preußischen Staaten für Gärtnerei und Pflanzenkunde, 8–11 (24. Februar–17. März 1866), S. 57–60, 69–72, 78–80, 85–88

Köhler, Marcus u. Haase, Christoph, Die Gärten Peter Joseph Lennés im heutigen Polen. Eine Spurensuche jenseits von Oder und Neiße, hg. v. Deutschen Kulturforum östliches Europa e. V. und der Stiftung Preußische Schlösser und Gärten Berlin-Brandenburg in Kooperation mit der technischen Universität Dresden, o. O. [Dößel] o. J. [2016] (= Edition GartenReich, 2)

Königin Augusta von Preußen, Bekenntnisse an eine Freundin, Aufzeichnungen aus ihrer Freundschaft mit Jenny von Gustedt, Dresden 1935

Königin Elisabeth von Preußen Gesellschaft (Hg.), Friedrich Wilhelm IV. von Preußen & Elisabeth von Baiern. Briefwechsel des Königspaares, Bd 2: 1840–1843: Preussens erster moderner König, Berlin 2015

Kopisch, August, Die königlichen Schlösser und Gärten zu Potsdam, Berlin 1854

Kordt, Walter, Die Gärten von Brühl, Köln 1965

Kreuter, Franz, Praktisches Handbuch der Drainage, oder Anleitung zur Trockenlegung nasser und kalter Gründe und zur dauernden Bodenverbesserung nach englischer Art, Wien, 2. vermehrte und verbesserte Auflage 1854

Kreuter, Franz Xaver, Chronik. Rückblicke auf meinen Lebensweg, hg. v. Gerhard Kreuter, o. O. 1992

Kriewitz, Jutta, Ein Geschenk Preußens an Bayern – Die Glassäule im Rosarium, in: Hypo-Vereinsbank 2001, S. 102–111

von Krosigk, Hans, Karl Graf von Brühl. General-Intendant der Königlichen Schauspiele, später Museen in Berlin, und seine Eltern. Lebensbilder auf Grund der Handschriften des Archivs zu Seifersdorf, Berlin 1910

von Kügelgen, Wilhelm, Lebenserinnerungen des alten Mannes in Briefen an seinen Bruder Gerhard 1840–1867, hg. v. Paul Siegwart von Kügelgen u. Johannes Werner, Leipzig 1925

Lehnert, J[ohann] H[einrich], Das Leben Friedrich Wilhelm III., König von Preußen in Paretz, Potsdam 1845

Lenné, Peter Joseph, Allgemeine Bemerkungen über die Brittischen Parks und Gärten. Fragmente aus dem Reise-Journal, in: Verhandlungen des Vereins zur Beförderung des Gartenbaues in den Königlich Preußischen Staaten, 1 (1824), S. 82–96

Ders., Über die Anlage des Volksgartens bei der Stadt Magdeburg, in: Verhandlungen des Vereins zur Beförderung des Gartenbaues in den Königlich Preußischen Staaten, 2 (1826), S. 144–162

Ders., Auszug aus der Verhandlung, aufgenommen in der 123. Versammlung des Vereins den 13. Oktober 1833, in: Verhandlungen des Vereins zur Beförderung des Gartenbaues in den Königlich Preußischen Staaten, 10 (1834), S. 279–282

Ders., Auszug aus der Verhandlung vom 12. November 1837 in der 161. Versammlung des Vereins zur Beförderung des Gartenbaues, in: Verhandlungen des Vereins zur Beförderung des Gartenbaues in den Königlich Preußischen Staaten, 13 (1838), S. 288–290

Ders., Auszug aus dem Sitzungs-Protokoll des Vereins zur Beförderung des Gartenbaues in Berlin, in der 206. Versammlung am 30. October 1842, in: Verhandlungen des Vereins zur Beförderung des Gartenbaues in den Königlich Preußischen Staaten, 17 (1844), S. 25f.

Ders., Auszug aus dem Sitzungs-Protokoll des Vereins zur Beförderung des Gartenbaues in der 224. Versammlung de dato Berlin 27. Oktober 1844, in: Verhandlungen des Vereins zur Beförderung des Gartenbaues in den Königlich Preußischen Staaten, 18 (1847), S. 25–27

Ders., Auszug aus dem Sitzungs-Protokoll des Vereins zur Beförderung des Gartenbaues in den Königl. Preuß. Staaten; aufgenommen in der in der 225. Versammlung zu Berlin am 16. Januar 1848, in: Verhandlungen des Vereins zur Beförderung des Gartenbaues in den Königlich Preußischen Staaten, 19 (1849), S. 290–293

[Ders.], Lebenslauf (1853), in: Buttlar 1989, S. 13f.

[Ders.], Peter Joseph Lenné und seine Werke im Gebiete der Gartenkunst und der landschaftlichen Verschönerung, in: Illustrirte Zeitung, 792 (4. September 1858), S. 147–150

Löhmann, Bernd, Ein Garten für König und Volk. Peter Joseph Lenné und der Brühler Schloßgarten, Köln 2000

Loudon, John Claudius, Transactions of the Prussian Gardening Society, in: Gardener's Magazine, 1 (1826), S. 308–312

Mackowsky, Hans, Häuser und Menschen im alten Berlin, Berlin 1923

Mächtig, [Hermann], Emil Rönnenkamp, in: Gartenflora, 40 (1891), S. 172.

Maltza(h)nscher Familienverein (Hg.), Die Maltza(h)ns 1194–1945. Der Lebensweg einer ostdeutschen Adelsfamilie, Köln 1979

Meißner, Jan, Schloßpark und Garten zu Stolzenfels, in: Rheinische Heimatpflege, 23/3 (Juli–September 1989), 161–167

Mende, Jan, Die Tonwarenfabrik Tobias Chr. Feilner in Berlin. Kunst und Industrie im Zeitalter Schinkels, Berlin u. München 2013

Meyerbeer, Giacomo, Briefwechsel und Tagebücher, hg. u. kommentiert v. Sabine Henze-Döhring unter Mitarbeit von Panja Mücke, Bd. 6: 1853–1855, Berlin u. New York 2002

Miller, Nobert, Fonthill Abbey. Die dunkle Welt des William Beckford, München 2012

Müllejans-Dickmann, Rita, Leben und Werk des Malers Carl Joseph Begas (1794–1854), in: Dies.; Haffner, Dorothee; Felbinger, Udo, Carl Joseph Begas (1794–1854). Blick in die Heimat, Heinsberg 1994 (= Museumsschriften des Kreises Heinsberg, 15), S. 13–48

Müller, J. E., Anleitung den Gemüse- und Obstbau durch zweckmäßigen Betrieb auf den höchsten Ertrag zu bringen, Berlin 1854

Nehring, Dorothee, Stadtparkanlagen in der ersten Hälfte des 19. Jahrhunderts. Ein Beitrag zur Kulturgeschichte des Landschaftsgartens, Diss. Berlin 1978, Hannover u. a. 1979 (= Geschichte des Stadtgrüns, 4)

Nelle, Johannes, Der Godesberger Gartenmeister Konrad Wilhelm Nelle (1813–1902), in: Godesberger Heimatblätter, 29 (1991), S. 183–186

Niemann, Alexander, Der Park Neuhardenberg, in: Stiftung Fürst-Pückler-Park Bad Muskau (Hg.), Fürst Pückler. Parkomanie in Muskau und Branitz. Ein Führer durch seine Anlagen in Sachsen, Brandenburg und Thüringen, Hamburg u. Berlin 2006, S. 234–243

Niepraschk, Julius, Die Flora in Köln, in: Köln. Festschrift für die die Mitglieder und Theilnehmer der 61. Versammlung deutscher Naturforscher und Aerzte, Köln 1888, S. 639–644

Ohff, Heinz, Peter Joseph Lenné. Eine Biographie, Berlin 2003

von Olfers, Marie, Briefe und Tagebücher 1826–1869, hg. v. Margarete von Olfers, Berlin 1928

Penning, Wolf D., Die kurkölnischen Hofgärtner-Dynastien Lenné und Weyhe. Dokumente und Materialien zu ihrer Geschichte (1665–1866), in: Bonner Geschichtsblätter, 53/54 (2004), S. 153–202

Peter Joseph Lenné. Eine Gartenreise im Rheinland, Ausst.-Kat. Koblenz, Regenburg 2011

Persius, Ludwig, Das Tagebuch des Architekten Friedrich Wilhelms IV.: 1840–1845, hg. u. kommentiert v. Eva Börsch-Supan, München 1980

Ders., Bauberichte, Briefe und archtektonische Gutachten – eine kommentierte Quellensammlung, hg. v. der Stiftung Preußische Schlösser und Gärten Berlin-Brandenburg. Bearbeitet von Andreas Meinecke. Mit Beiträgen von Eva Börsch-Supan und Andreas Kitschke, München u. Berlin 2007

Pieper, Elisabeth, Organisation und Verwaltung des kurkölnischen Hofstaats in den Jahren 1784–1795, Diss. Bonn 1949

Pfennig, Angela, Gartenbau als Kulturaufgabe. Der Einfluss von Ferdinand Jühlke (1815–1893) auf die Entwicklung der Gartenkultur im 19. Jahrhundert, Diss. Hamburg 2010

Porter Ware, W. u. Lockard, C. Thaddeus Jr. (Hg.), The Lost Letters of Jenny Lind, London 1966

Präsidium des Königl. Landes-Oeconomie-Collegiums (Hg.), Votum zu der Beschwerde mehrerer Kunst- und Handelsgärtner vom 3. Mai d. Js. über Beeinträchtigung ihres Gewerbebetriebes durch die Landesbaumschule, in: Annalen der Landwirthschaft in den Königlich Preußischen Staaten, 8/15 (1850), S. 323–345

Proemmel, H., Albrecht Philipp Thaer, weiland königl. preußischer Landes-Oekonomie-Rath und Direktor der Akademie des Landbaues zu Möglin. Ein Lebensbild, in: Annalen der Landwirthschaft in den Königlich Preußischen Staaten, 22/43 (1864), S. 177–194

[von Pückler-Muskau, Hermann], Briefe eines Verstorbenen, 4 Bde., Bd. 1–2: München 1830, Bd. 3–4: Stuttgart 1831

Ders., Andeutungen über Landschaftsgärtnerei verbunden mit der Beschreibung ihrer praktischen Anwendung in Muskau, Stuttgart 1977. Nachdruck der Ausgabe Stuttgart 1834

Fürstin Anton Radziwill (Hg.), Aus der Chronik der Herzogin von Dino, späteren Herzogin von Talleyrand und Sagan 1840–1862. Mit Anmerkungen und biographischen Index versehen, einzig autorisierte Übersetzung von Freiherr von Cramm, Berlin o. J. [1911]

Rathke, Ursula, Preußische Burgenromantik am Rhein. Studien zum Wiederaufbau von Rheinstein, Stolzenfels und Sooneck (1823–1860), München 1979 (= Studien zur Kunst des 19. Jahrhunderts, 42)

Rave, Paul Ortwin (Hg.), Fürst Hermann Pückler-Muskau, Breslau 1935 (= Schriften der Pückler-Gesellschaft)

Ders., Karl Friedrich Schinkel. Berlin. Stadtbaupläne, Brücken, Straßen, Tore, Plätze, Berlin 1948 (= Karl Friedrich Schinkel Lebenswerk, 5)

von Redern, Friedrich Wilhelm, Unter drei Königen. Lebenserinnerungen eines preußischen Oberstkämmerers und Generalintendanten. Aufgezeichnet von Georg Horn. Bearbeitet und eingeleitet von Sabine Giesbrecht, Köln, Weimar, Wien 2003 (= Veröffentlichungen aus den Archiven Preußischer Kulturbesitz, 55)

von Reumont, Alfred, Aus König Friedrich Wilhelms IV. gesunden und kranken Tagen, Leipzig 1885

Riemer, Friedrich Wilhelm (Hg.), Briefwechsel zwischen Goethe und Zelter, 4. Teil: Die Jahre 1825 bis 1827, Berlin 1834 a

Ders., Briefwechsel zwischen Goethe und Zelter, 6. Teil: Die Jahre 1830 Juli bis 1832, Berlin 1834 b

Ries, Ferdinand, Briefe und Dokumente, bearbeitet von Cecil Hill, Bonn 1982 (= Veröffentlichungen des Stadtarchivs Bonn, 27)

Rippl, Helmut (Hg.), Der Parkschöpfer Pückler-Muskau. Das gartenkünstlerische Erbe des Fürsten Hermann Ludwig Heinrich von Pückler-Muskau, 2. überarbeitete und veränderte Auflage, Weimar 1995

Ritter, Margret, Maximilian Friedrich Weyhe 1775–1846. Ein Leben für die Gartenkunst, Düsseldorf 2007 (= Quellen und Forschungen zur Geschichte des Niederrheins, 7; Veröffentlichungen aus dem Stadtarchiv Düsseldorf, 13)

Rönnenkamp, [Emil], Literatur. Lehrbuch der Gartenkunst oder von der Anlage, Ausschmückung und künstlerischen Unterhaltung von Gärten und freien Anlagen. Von H. Jäger, in: Monatsschrift des Vereines zur Beförderung des Gartenbaues in den Königlich Preußischen Staaten für Gärtnerei und Pflanzenkunde, 21 (1878), S. 57–59

von Salisch, Heinrich, Forstästhetik, 2. vermehrte Auflage Berlin 1902

Schmeißer, Friedrich, Geschichtliche Mittheilung über die Entstehung und Herstellung der Park-Anlage an der westlichen Seite der Stadt Frankfurt a. O., Sonderdruck der Hofbuchdruckerei von Trowitsch und Sohn, Frankfurt a. O., o. J. [1864]

Schmidt, Hans, Beethoven und das Rheinland, in: Bonner Geschichtsblätter, 30 (1978), S. 82–94

Schneider, Louis, König und Gärtner, in: Daheim, 2/24 (März 1866), S. 350–352

Katrin Schröder: »... auf dem Babelsberge pflanzend und inspizierend ...« Pücklers künstlerischer Anteil an der Gestaltung des Parks Babelsberg, in: Christian Friedrich u. Ulf Jacob (Hg.), » ... ein Kind meiner Zeit, ein ächtes, bin ich ...«. Stand und Perspektiven der Forschung zu Fürst Pückler, Berlin 2010 (= edition branitz, 6), S. 65–85

Schulze, Johann Gottlob, Einige Bruchstücke von der Verfassung des Königl. Gartenwesens zu Sans-Souci, in: Stiftung Preußische Schlösser und Gärten Berlin-Brandenburg (Hg.), Die Zier- und Nutzgärten in Sanssouci von 1744 bis 1801, o. O. 2001, S. 16–94

Schulze, Karoline, Heinrich Ludwig Manger, Ober-Hofbaurath und Garten-Inspector, in: Mittheilungen des Vereins für die Geschichte Potsdams, 4, Potsdam 1869, S. 182–204

Dies., Geschichte der Verwaltung der Königlichen Gärten unter der Regierung Friedrich des Großen bis zum Jahre 1828. Vorwort datiert auf 1874. GStA PK, I. HA, Rep. 94, Nr. 814

Schurig, Gerd, Das italienische Kulturstück, in: Königliche Gartenkunst im Park Sanssouci. Inszenierung, Ernte und Genuss, hg. v. der Generaldirektion der Stiftung Preußische Schlösser und Gärten Berlin-Brandenburg, Berlin u. München 2014, S. 111–113

Seiler, Michael, Die Entwicklungsgeschichte des Landschaftsgarten Klein-Glienicke 1796–1883, Diss. Hamburg 1986

Ders., Der Kirchhof zu Nikolskoe und die Pfaueninsel, in: Evangelische Kirche St. Peter und Paul auf Nikolskoe 1837–1987. Festschrift zur 150-Jahr-Feier, hg. v. Wilfried F. Heidemann, Berlin, zweite durchgesehene Auflage 1989, S. 49–54

Ders., Von der Havel zum Starnberger See. Die Roseninsel – ein Gartendialog zwischen Bayern und Brandenburg, in: HypoVereinsbank 2001, S. 8–16

Ders., Fürst Hermann von Pückler-Muskau und Generaldirektor Peter Joseph Lenné – eine fruchtbrigende Konkurrenz, in: Mitteilungen des Vereins für die Geschichte Berlins, 111 (2015), S. 462–477

Sello, Georg, Potsdam und Sans-Souci. Forschungen und Quellen zur Geschichte von Burg, Stadt und Park, Breslau 1888

Sievers, Johannes, Die Arbeiten von K. F. Schinkel für Prinz Wilhelm späteren König von Preußen, Berlin 1955 (= Karl Friedrich Schinkel Lebenswerk, 9)

Splanemann, Andreas, Peter Joseph Lenné und seine Zeit, in: Buttlar 1989, S. 31–48

Statuten für den Verein zur Beförderung des Gartenbaues im Preuß. Staate, in: Verhandlungen des Vereins zur Beförderung des Gartenbaues in den Königlich Preußischen Staaten, 1 (1824), S. 7–15

Stiftung Fürst-Pückler-Museum Park und Schloss Branitz (Hg.), Augusta von Preußen. Die Königin zu Gast in Branitz, Branitz 2017 (= edition branitz, 13)

Stoverock, Helga, Der Poppelsdorfer Garten. Vierhundert Jahre Gartengeschichte, Diss. Bonn 2001

von Stramberg, Christian, Denkwürdiger und nützlicher Rheinischer Antiquarius, Bd. 14, Koblenz 1869

Strauß, David Friedrich, Der Romantiker auf dem Throne der Cäsaren, oder Julian der Abtünnige, Mannheim 1847

Thayer, Alexander Wheelock, Ludwig van Beethoven's Leben, Bd. 3, Berlin 1879

Thouin, Gabriel, Plans raisonné de toutes les espèces de jardins, Paris [3]1838

von Treitschke, Heinrich, Deutsche Geschichte im Neunzehnten Jahrhundert, Bd. 5: Bis zur März-Revolution, Leipzig 1894

Varnhagen von Ense, Karl August, Aus dem Nachlaß von Karl August Varnhagen von Ense. Tagebücher, 14 Bde., Bd. 1–6: Leipzig 1861, Bd. 7–8: Zürich 1865, Bd. 9–14: Hamburg 1868 –1870

Wegeler, F. G.; Ries, Ferdinand Ries, Biographische Notizen über Ludwig van Beethoven, Koblenz 1838

Werquet, Jan, Historismus und Repräsentation. Die Baupolitik Friedrich Wilhelms IV. in der preußischen Rheinprovinz, Berlin u. München 2010

von Westenrieder, Lorenz, Beschreibung des Wurm- oder Starenbergersees und der umherliegenden Schlößer, München 1784

Wichmann, Herman, Gesammelte Aufsätze, Bd. 2, Leipzig 1887
hier besonders: – Peter Lenné hinter dem grünen Gitter, S. 126–166 – Meine Beziehungen zu Leopold v. Ranke, S. 167–186

Ders., Gesammelte Aufsätze, Bd. 3, Florenz, Turin und Rom o. J. (1890)
hier besonders: – Aus den Protokollen der »Grünen Grotte«, S. 171–191

Ders., Frohes u. Ernstes aus meinem Leben, Leipzig 1898

Wimmer, Clemens Alexander, Aus den Memoiren des Theaterdirektors Julius Steiner (1816–1889), in: Der Bär von Berlin. Jahrbuch

des Vereins für die Geschichte Berlins, 35 (1986) S. 45–69
Ders., Aus dem Leben Peter Joseph Lennés, in: Mitteilungen des Vereins für die Geschichte Berlins, 85 (1989 a), S. 210–223
Ders., Lenné: Ruhmsüchtiger Schurke oder Großer Deutscher? Urteile im Wandel der Zeit, in: Buttlar 1989 b, S. 98–111
Ders., Kaiserin Friedrich und die Gartenkunst, in: Mitteilungen der Studiengemeinschaft Sanssouci e. V., 3/2 (1998), S. 3–27
Ders., Zur Geschichte der Verwaltung der königlichen Gärten in Preußen, in: Preußisch Grün. Hofgärtner in Brandenburg-Preußen, Ausst.-Kat. Berlin, Berlin 2004, S. 41–105
Ders., Der Gartenkünstler Peter Joseph Lenné. Eine Karriere am Preußischen Hof, Darmstadt 2016
Winkler, Christiane, Peter Joseph Lenné im Park von Schloss Augustusburg in Brühl: Bemerkungen zu seinen Planungen und zum gartenpflegerischen Umgang. I. Notizen zur Historie, in: Peter Joseph Lenné 2011, S. 191–194
Wittmack, L., Die Lennéfeier in Potsdam, in: Gartenflora, 38 (1889), S. 538–540
Zalewska, Magdalena und Köhler, Marcus, Kratzkau, Kreis Schweidnitz, Provinz Schlesien, in: Köhler/Haase 2016, S. 148–151
Zilliken, Peter, Der Brühler Park und seine Hofgärtner in drei Jahrhunderten, in: Brühler Heimatblätter, 13/2 (April 1956), S. 9–12

DANKSAGUNG

Dieses Buch hatte viele Helfer. Angefangen bei den für jede Frage offenen Mitarbeitern des Geheimen Staatsarchiv Preußischer Kunstbesitz in Berlin, wobei insbesondere Frau Dr. Ingeborg Schnelling-Reinicke für die freundliche Genehmigung, die Zeichnung auf S. 74 abdrucken zu dürfen, an dieser Stelle gedankt sei. Frau Dr. Nino Nodia von der Bayerischen Staatsbibliothek in München, Frau Margit Gigerl vom Schweizerischen Literaturarchiv in Bern, Herrn Dr. Martin Schoebel vom Landeshauptarchiv in Schwerin danke ich für die Bereitstellung von Kopien dringend benötigter Briefe und Photographien. Herrn Randolf Kantimm und Herrn Sven Olaf Oehlsen von der Stiftung Preußische Schlösser und Gärten in Potsdam danke ich für die Hilfe, als es um den Nachlass Lennés und das Archiv der Familie Sello ging. Frau Ulrike Hohn vom Kölnischen Stadtmuseum verdanke ich den Hinweis,wo sich die Prunkvase, die Lenné von Friedrich Franz II. von Mecklenburg-Schwerin geschenkt bekam, gegenwärtig befindet. Gedankt sei auch den Mitarbeitern und Mitarbeiterinnen der Staatsbibliothek zu Berlin, des Instituts für Theaterwissenschaften der Freien Universität Berlin, des Stadtarchivs und Stadthistorischen Bibliothek Bonn, der Bonner Universitäts- und Landesbibliothek, des Düsseldorfer Heinrich-Heine-Instituts, der Sächsischen Landesbibliothek – Staats- und Universitätsbibliothek in Dresden und dem Brandenburgischen Landeshauptarchiv in Potsdam, die mir ihre Autographen vorgelegt beziehungsweise Digitalisate derselben zur Verfügung gestellt haben. Gabriela Wachter vom Parthas Verlag Berlin danke ich sehr herzlich dafür, dass sie von Anfang an von dem Buchprojekt überzeugt war und in den Jahren seiner Entstehung immer ein offenes Ohr für neue Entdeckungen in Sachen Lenné hatte. Zu ganz besonderem Dank bin ich Gabriele Miller und ihrer Tochter Stephanie Ecker verpflichtet, deren finanzielle und praktische Unterstützung das Erscheinen dieses Buches überhaupt erst ermöglichte. Allen Helfern sei von Herzen gedankt.

REGISTER

ABBILDUNGSNACHWEIS

S. 6: © bpk / Nationalgalerie, SMB / Andres Kilger

S. 9, 11, 13, 14, 20, 29, 43, 52, 53, 61, 68, 69, 78, 82, 86, 101, 102, 108, 113, 114, 135, 143, 145, 146, 151, 152, 157, 158, 167, 168, 174: © Dino Heicker

S. 15, 26, 31, 49, 70, 75, 81, 89, 92, 97, 117, 121, 122, 128, 133, 153, 172: Archiv Parthas Verlag

S. 17: Ferdinand Ries, Briefe und Dokumente, bearbeitet von Cecil Hill, Bonn 1982, Tafel 14

S. 23: Gabriel Thouin, Plans raisonné de toutes les espèces de jardins, Paris [3]1838, Tafel 20

S. 32: Harri Günther, Peter Joseph Lenné. Gärten, Parke, Landschaften, Berlin 1985

S. 38: Peter Joseph Lenné. Eine Gartenreise im Rheinland, Ausst.-Kat. Koblenz, Regensburg 2011

S. 44: © bpk / Kupferstichkabinett, SMB / Volker-H. Schneider

S. 58: Humphry Repton, Fragments on the Theory and Practice of Landscape Gardening, London 1816

S. 65: Ferdinand Jühlke, Die Königliche Landesbaumschule und Gärtnerlehranstalt zu Potsdam, Berlin 1872

S. 72: Verhandlungen des Vereins zur Beförderung des Gartenbaues in den Königlich Preußischen Staaten, Bd. 2 (1826), Tafel 19

S. 74: © GStA PK, BPH, Rep. 192 Nl Lenné, P. J., Nr. 4, Bl. 145 recto

S. 105: Harri Günther und Sibylle Harksen, Peter Joseph Lenné. Pläne für Berlin. Bestandskatalog der Lennépläne in der Plankammer der Staatlichen Schlösser und Gärten, Potsdam-Sanssouci, Potsdam 1984

S. 138: HypoVereinsbank (Hg.), Königliche Träume. Casino und Park auf der Roseninsel im Starnberger See, München 2001